Δώρο Αναστασίας
28/7/15

Έγραψαν...

"Αυτό το βιβλίο μάς προσφέρει ένα υπέροχο δώρο, και χρειάζεται να το αδράξουμε. Σας προτρέπω να δεχτείτε αυτό το δώρο. Πιστεύω ότι η ίδια μας η επιβίωση πάνω σε τούτο τον πλανήτη εξαρτάται από το εσωτερικό ταξίδι που ο Έκχαρτ Τόλε μάς παροτρύνει να κάνουμε".

Μπιλ Κάρπεντερ,
επιχειρηματίας και πνευματικός αναζητητής

"Έψαχνα για νόημα, ευεξία, υγεία και ζωή, αλλά δυστυχώς τα έψαχνα έξω από τον εαυτό μου. «*Η δύναμη του Τώρα*» μού έδειξε πώς να βρίσκω μέσα μου όλους αυτούς τους άπιαστους θησαυρούς της ζωής".

Τζον Κούχενθαλ,
σύμβουλος ανάπτυξης επιχειρήσεων

"Αυτό το βιβλίο μού έδωσε παρηγοριά και έμπνευση δίχως τέλος, αλλά και τη μια έμπνευση μετά την άλλη σε σχέση με το δικό μου προσωπικό ταξίδι. Το διάβασμά του ήταν για μένα αποκάλυψη και χαρά".

Άλμπερτ Κούπμαν,
στέλεχος επιχειρήσεων

"Αυτό το βιβλίο δίνει μια υπέροχη προοπτική σε ανθρώπους σαν κι εμένα, που επιθυμούν να ολοκληρώσουν το μήνυμα πού μας δόθηκε τόσο εύγλωττα στους «*Επτά πνευματικούς νόμους της επιτυχίας*», του Ντίπακ Τσόπρα, και στα «*Μαθήματα θαυμάτων*». Κάθε φορά που ξαναγυρίζω σε ένα μέρος του βιβλίου, ανακαλύπτω έκπληκτος ένα μήνυμα πιο βαθύ από εκείνο που πήρα την προηγούμενη φορά που το είχα διαβάσει".

Ζαν–Πιερ ΛεΜπλάν,
διευθύνων σύμβουλος της Saje
(εταιρεία κατασκευής και πώλησης φυσικών προϊόντων υγείας)

"Ετούτο το βιβλίο είναι σαν μια συλλογή «Επιούσιου Άρτου», με την έννοια ότι τα σταχυολογήματα της γνώσης που μας προσφέρει ο Έκχαρτ δίνονται σε μορφή ερωταποκρίσεων, που μας είναι εύκολο να καταλάβουμε και να αφομοιώσουμε. Αυτά τα πολύτιμα δώρα συνειδητής επίγνωσης είναι απαραίτητο να διαβαστούν στην εποχή μας, την εποχή των αναζητητών της αλήθειας".

Ντέιβιντ Λ. Τζόουνς,
συγγραφέας του "A warrior in the land of disease"

Η ΔΥΝΑΜΗ
ΤΟΥ ΤΩΡΑ

Η ΔΥΝΑΜΗ ΤΟΥ ΤΩΡΑ

Eckhart Tolle

Μετάφραση
Ρένα Καρακατσάνη

ΕΚΔΟΣΕΙΣ
Η ΔΥΝΑΜΙΚΗ ΤΗΣ ΕΠΙΤΥΧΙΑΣ

THE POWER OF NOW
A Guide to Spiritual Enlightenment, by Eckhart Tolle

Original English Language Publication 1997
by Namaste Publishing Inc., Vancouver, B.C.
Revised English Language Edition published 1999
by New World Library in California, USA

Για αυτό το βιβλίο συνεργάστηκαν:
Γενική επιμέλεια: Βένα Παπασταύρου
Διόρθωση — Επιμέλεια: Άρλα Φύτρου
Σελιδοποίηση: Σοφία Μάλλη
Εξώφυλλο: Γιώργος Σταματιάδης
Εκτύπωση βιβλίου: Πρωτοπαπά Α.Ε
Βιβλιοδεσία: Γεώργιος Μπετσώρης

ΠΡΩΤΗ ΕΚΔΟΣΗ ΣΤΗΝ ΕΛΛΗΝΙΚΗ ΓΛΩΣΣΑ
ΙΟΥΝΙΟΣ 2001 ©
ΔΕΚΑΤΗ ΤΡΙΤΗ ΕΚΔΟΣΗ ΣΤΗΝ ΕΛΛΗΝΙΚΗ ΓΛΩΣΣΑ
ΙΑΝΟΥΑΡΙΟΣ 2015 ©

Εκδόσεις: Η Δυναμική της Επιτυχίας
Πανόρμου 70-72, 115 23 Αθήνα
Τηλ: 210 6459500, Fax: 210 6471050
e-mail: info@apofasizo.gr - www.apofasizo.gr

ISBN: 960–7604–50–4

Βρίσκεσαι εδώ
για να δώσεις τη δυνατότητα
στο θεϊκό σκοπό του σύμπαντος
να ξεδιπλωθεί.
Τόσο σημαντικός είσαι!

Έκχαρτ Τόλε

ΠΕΡΙΕΧΟΜΕΝΑ

Κεφάλαιο δύο

Συνειδητότητα:

Ο δρόμος που σε οδηγεί μακριά από τον πόνο

Κεφάλαιο τρία

Προχωρώντας βαθιά μέσα στο Τώρα

Κεφάλαιο τέσσερα

Στρατηγικές του νου για να αποφεύγει το Τώρα

Κεφάλαιο εννιά

Πέρα από την ευτυχία και τη δυστυχία υπάρχει γαλήνη

Κεφάλαιο δέκα

Το νόημα της παράδοσης

ΣΗΜΕΙΩΜΑ ΤΗΣ ΜΕΤΑΦΡΑΣΤΡΙΑΣ

"Οι λέξεις δεν είναι παρά οδικές πινακίδες" λέει ο Έκχαρτ Τόλε, και ως ένα βαθμό συμφωνώ μαζί του. Τι γίνεται όμως με τη μετάφραση των "οδικών πινακίδων"; Μερικές φορές μπορεί να προκληθεί σύγχυση, αφού, για παράδειγμα, όπως πολύ καλά ξέρουμε όσοι ταξιδεύουμε στην Ελλάδα, δύο οδικές πινακίδες μπορεί να γράφουν "Νιοχώρι", αλλά το ένα Νιοχώρι να βρίσκεται στην Πελοπόννησο και το άλλο στη Μακεδονία!

Σε ένα βιβλίο με τόσο σημαντικό περιεχόμενο, μια τέτοια σύγχυση ως προς την κατεύθυνση θα ήταν ίσως καταστροφική. Γι' αυτό θα ήθελα, πριν ξεκινήσετε την ανάγνωση αυτού του βιβλίου, να ξεκαθαρίσω τη χρήση, εκ μέρους μου, ορισμένων όρων.

Στα Αγγλικά, υπάρχουν οι όροι "consciousness" και "conscience" οι οποίοι και οι δύο σημαίνουν "συνείδηση". Ο πρώτος σημαίνει την κατάσταση της εγρήγορσης, στην οποία το άτομο έχει πλήρη επίγνωση και αίσθηση για κάτι, και ο δεύτερος αυτό που στα Ελληνικά ονομάζουμε "ηθική συνείδηση", όπως χρησιμοποιείται π.χ. στη φράση "έχω τύψεις συνειδήσεως" ή "έχω ένα βάρος στη συνείδησή μου". Για να αποφευχθεί η σύγχυση μεταξύ των δύο εννοιών της λέξης "συνείδηση", έχει επικρατήσει να μεταφράζεται ο όρος "consciousness" ως "συνειδητότητα".

Κάτι ανάλογο συμβαίνει και με τις λέξεις "unconscious" και "unconsciousness", δηλαδή, "ασυνείδητος" ή "μη συνειδητός" και "ασυνειδησία". Η λέξη "ασυνειδησία", στα Ελληνικά, έχει αποκτήσει την έννοια της ψυχικής πώρωσης, της απουσίας ηθικής συνείδησης, αλλά στο κείμενο του Τόλε χρησιμοποιείται με την έννοια της μη εγρήγορσης, της μη επίγνωσης, και με αυτό τον τρόπο θα πρέπει να ερμηνεύεται όταν υπάρχει στη μετάφραση, διαφορετικά θα οδηγήσει σε εσφαλμένες "ηθικές" αξιολογήσεις.

Βέβαια, η ελληνική γλώσσα, που είναι η γλώσσα που υπηρέτησε και υπηρετήθηκε από τη φιλοσοφία επί αιώνες, σωστά δεν διαχωρίζει αυτές τις δύο "συνειδήσεις" (από το ρήμα συνοίδα, που σημαίνει γνωρίζω από ίδια αντίληψη και έχω σύμφυτη εσωτερική γνώση), αφού αυτή η γνώση δεν μπορεί παρά να οδηγεί στην ενότητα, και, κατά συνέπεια, στην "ηθική" συνείδηση. Όμως με το χρόνο, οι αρχικές έννοιες των ελληνικών λέξεων έχουν φθαρεί, κι έτσι κρίνεται απαραίτητη αυτή η διευκρίνηση.

Μια άλλη έννοια, πολύ σημαντική για την κατανόηση αυτού του βιβλίου, είναι η λέξη "Unmanifested", που κυριολεκτικά σημαίνει "αυτό που δεν έχει φανερωθεί, που δεν έχει εκδηλωθεί", την οποία απέδωσα με τη λέξη Άδηλο. Η λέξη αυτή, κάνοντας χρήση και των τριών λειτουργιών του "α", που είναι η στερητική, η αθροιστική και η επιτατική (από τις οποίες δυστυχώς οι περισσότεροι Νεοέλληνες γνωρίζουμε μόνο τη στερητική), σημαίνει α) το μη δήλο, β) όλα τα δήλα και γ) το πέραν του δήλου, και αποδίδει πολύ πιστότερα και πληρέστερα την έννοια που προσπαθεί να εκφράσει ο Τόλε με διάφορες επεξηγήσεις και περιφράσεις.

Χρειάστηκε επίσης να κάνω χρήση ορισμένων νεολογισμών, μεταφράζοντας τους αγγλικούς νεολογισμούς του συγγραφέα, όπως οι λέξεις "egoic" και "pain-body", τους οποίους απέδωσα αντίστοιχα ως "εγωικός", αυτός δηλαδή που ανήκει στο εγώ, κινείται και αντλεί υπόσταση από το εγώ, και "πονο-σώμα", ένα δευτερεύον δηλαδή σώμα που έχει δημιουργηθεί από τον πόνο, κουβαλάει τον πόνο, τρέφεται και ζει από αυτόν και τον διαιωνίζει.

Χρησιμοποίησα ακόμα τους όρους "σκεπτο-μορφές" και "νοομορφές" αποδίδοντας τις λέξεις "thought forms" και "mind forms". Ο συγγραφέας τις χρησιμοποιεί με την έννοια "μορφών" που είναι αποκυήματα της σκέψης και του νου, που δεν έχουν βέβαια πραγματική υπόσταση, αλλά που η συνεχής τροφοδότησή τους με νοητική ενέργεια τις κάνει "πραγματικές" για τον άνθρωπο.

Όλα τα παραπάνω, βέβαια, δεν είναι παρά υποσημειώσεις σε οδικό χάρτη για την κατανόηση των πινακίδων με... περισσότερες πινακίδες. Ας μην προσκολληθούμε σ' αυτές, όπως μας συμβουλεύει και ο Έκχαρτ Τόλε, κι ας εστιάσουμε την προσοχή μας στο ταξίδι που θα μας επιτρέψει να αποκτήσουμε πρόσβαση στη δύναμη του Τώρα!

Ρένα Καρακατσάνη

Κέα

Οκτώβριος 2000

ΠΡΟΛΟΓΟΣ

*από τον Μαρκ Άλεν**

Ίσως μια φορά στα δέκα χρόνια, ή ακόμα και σε μια γενιά, εμφανίζεται ένα βιβλίο: όπως "*Η δύναμη του Τώρα*". Είναι κάτι περισσότερο από ένα κοινό βιβλίο υπάρχει μέσα του μια ζωντανή ενέργεια, μια ενέργεια που μπορείς να τη νιώσεις καθώς το κρατάς. Έχει τη δύναμη να δημιουργεί μια συγκλονιστική εμπειρία στους αναγνώστες του και να αλλάζει τη ζωή τους προς το καλύτερο.

Η "*Δύναμη του Τώρα*" εκδόθηκε για πρώτη φορά στον Καναδά. Η Καναδή εκδότρια, η Κόνι Κέλοου, μου είπε ότι άκουσε επανειλημμένα ιστορίες για θετικές αλλαγές, ακόμα και για θαύματα, που συνέβησαν σε ανθρώπους που διάβασαν το βιβλίο. "Μου τηλεφωνούν διάφοροι αναγνώστες", μου είπε, "και πάρα πολλοί μου μιλούν για θαυμαστές θεραπείες και μεταμορφώσεις, καθώς και για τη μεγαλύτερη χαρά που βιώνουν επειδή ενστερνίστηκαν αυτό το βιβλίο και τις ιδέες του".

---

* Ο Μαρκ Άλεν είναι ο Αμερικανός εκδότης του βιβλίου και συγγραφέας του "*Visionary business*" (Επιχειρήσεις με όραμα) και "*Visionary life*" (Ζωή με όραμα).

Τούτο το βιβλίο με βοηθάει να αναγνωρίζω ότι κάθε στιγμή της ζωής μου είναι ένα θαύμα. Αυτό είναι απόλυτα αληθινό, είτε το συνειδητοποιώ είτε όχι. Και "*Η δύναμη του Τώρα*", ξανά και ξανά, μου δείχνει τον τρόπο να το συνειδητοποιήσω.

Από την πρώτη κιόλας σελίδα, είναι ξεκάθαρο ότι ο Έκχαρτ Τόλε είναι ένας μεγάλος δάσκαλος του καιρού μας. Δεν ευθυγραμμίζεται με κάποια συγκεκριμένη θρησκεία ή με κάποιον γκουρού· η διδασκαλία του αγκαλιάζει την καρδιά, την ουσία, όλων των άλλων παραδόσεων — τη χριστιανική, την ινδουιστική, τη βουδιστική, τη μουσουλμανική ή οποιαδήποτε άλλη — και δεν αντικρούει καμιά τους. Ο Τόλε έχει την ικανότητα να κάνει αυτό που έχουν κάνει όλοι οι μεγάλοι δάσκαλοι: να μας δείξει, με απλή και καθαρή γλώσσα, ότι η ατραπός, η αλήθεια και το φως είναι μέσα μας.

Ο Έκχαρτ Τόλε ξεκινάει με μια σύντομη εισαγωγή στη δική του ιστορία — μια ιστορία πρώιμης κατάθλιψης και απελπισίας που κορυφώθηκαν σε μια συγκλονιστική εμπειρία αφύπνισης κάποια νύχτα, μόλις είχε κλείσει τα είκοσι εννιά του χρόνια. Τα τελευταία είκοσι χρόνια στοχάζεται πάνω σ' αυτή την εμπειρία, διαλογίζεται και βαθαίνει την κατανόησή του.

Την τελευταία δεκαετία, έγινε δάσκαλος παγκόσμιας εμβέλειας. Είναι μια μεγάλη ψυχή με ένα μεγάλο μήνυμα, ένα μήνυμα που δίδαξε ο Χριστός, ένα μήνυμα που δίδαξε ο Βούδας: η κατάσταση της φώτισης είναι εφικτή εδώ και τώρα. Είναι πράγματι δυνατόν να ζήσουμε απαλλαγμένοι από τον πόνο, απαλλαγμένοι από το άγχος και τις νευρώσεις. Για να το καταφέρουμε, χρειάζεται να κατανοήσουμε ότι εμείς δημιουργούμε τον πόνο μας. Είναι ο ίδιος ο νους εκείνος που μας προκαλεί τα προβλήματά μας, όχι οι άλλοι άνθρωποι, όχι ο κόσμος "εκεί έξω". Ο ίδιος μας ο νους, με την αδιάκοπη ροή των σκέψεων, με το να σκέφτεται το παρελθόν και να ανησυχεί για το μέλλον. Κάνουμε το μεγάλο λάθος να ταυτιζόμαστε με το νου μας, να σκεφτόμαστε ότι είμαστε αυτός, ενώ στην πραγματικότητα είμαστε πολύ μεγαλύτερα όντα.

Ξανά και ξανά ο Έκχαρτ Τόλε μάς δείχνει πώς να συνδεθούμε με αυτό που αποκαλεί Ύπαρξή μας:

Η Ύπαρξη είναι η αιώνια, παντοτινά παρούσα Μία Ζωή πέρα από τις μυριάδες μορφές ζωής που γεννιούνται και πεθαίνουν. Ωστόσο, η Ύπαρξη δεν είναι μόνο πέρα από κάθε μορφή, αλλά και βαθιά μέσα σε κάθε μορφή, ως η εσώτατη αόρατη και άφθαρτη ουσία της. Αυτό σημαίνει ότι είναι τώρα προσιτή σε σένα ως ο βαθύτατος εαυτός σου, η αληθινή σου φύση. Όμως μην επιδιώξεις να τη συλλάβεις με το νου σου. Μην προσπαθήσεις να την κατανοήσεις. Μπορείς να τη γνωρίσεις μόνον όταν ο νους σου είναι ακίνητος, όταν είσαι παρών, ολοκληρωτικά και έντονα, στο Τώρα... Το να αποκτάς ξανά επίγνωση της Ύπαρξης και να παραμένεις σ' αυτή την κατάσταση του "αισθάνομαι–συνειδητοποιώ", αυτό είναι η φώτιση.

Είναι σχεδόν αδύνατο να διαβάσεις μονορούφι τη "*Δύναμη του Τώρα*". Χρειάζεται να αφήνεις πότε-πότε το βιβλίο, να στοχάζεσαι τα λόγια του και να τα εφαρμόζεις στην εμπειρία της δικής σου ζωής. Είναι ένας πλήρης οδηγός, ένα ολοκληρωμένο ταξίδι στο διαλογισμό και τη συνειδητοποίηση. Είναι ένα βιβλίο που θα το πιάνεις στα χέρια σου ξανά και ξανά – και κάθε φορά θα αποκτά για σένα καινούργιο βάθος και νόημα. Είναι ένα βιβλίο που πολλοί άνθρωποι – ανάμεσα σ' αυτούς κι εγώ – θα θέλουν να το μελετούν σε όλη τους τη ζωή.

Τούτο το βιβλίο έχει έναν αριθμό αφοσιωμένων αναγνωστών που αυξάνεται ολοένα. Το έχουν ήδη αποκαλέσει αριστούργημα· όπως κι αν το αποκαλέσουν, όπως κι αν το περιγράψουν, είναι ένα βιβλίο που έχει τη δύναμη να αλλάζει ζωές, τη δύναμη να μας αφυπνίζει στην πλήρη συνειδητοποίηση του ποιοι είμαστε.

Μαρκ Άλεν

Νοβάτο, Καλιφόρνια, ΗΠΑ

Αύγουστος 1999

ΠΡΟΟΙΜΙΟ

απο τον Ράσελ Ε. Ντικάρλο[1]

Με φόντο τους έναν καταγάλανο ουρανό, οι πορτοκαλο–κίτρινες ακτίνες του ήλιου που βασιλεύει μπορούν, κάποιες ξεχωριστές ώρες, να μας χαρίσουν μια στιγμή τέτοιας απίστευτης ομορφιάς, ώστε να μείνουμε άναυδοι, με το βλέμμα καρφωμένο στο πολύχρωμο άπειρο. Το μεγαλείο της στιγμής μάς θαμπώνει τόσο, που ο ψυχαναγκαστικά φλύαρος νους μας κάνει μια παύση, για να μη μας εκτινάξει νοερά σε κάποιο άλλο μέρος, μακριά από το εδώ και τώρα. Λουσμένη στη φεγγοβολιά, μια πόρτα φαίνεται να ανοίγει σε μια άλλη πραγματικότητα, πάντα παρούσα κι όμως σπάνια ορατή.

Ο Έιμπραχαμ Μάσλοου[2] αποκάλεσε αυτές τις εμπειρίες "κορυφαίες", επειδή αντιπροσωπεύουν τις υψηλές στιγμές της ζωής, τις στιγμές εκείνες όπου βρίσκουμε με χαρά τον εαυτό μας να εκτινάσσεται πέρα από τα στενά όρια του καθημερινού και του τετριμμέ-

---

1. Συγγραφέας του "*Towards a new world view*" (Προς μια νέα κοσμοθεωρία)
2. Μεγάλος Αμερικανός ψυχολόγος, θεωρητικός της προσωπικότητας, που διατύπωσε τη θεωρία της ιεραρχίας των βασιλικών αναγκών. Διετέλεσε Πρόεδρος της Αμερικανικής Ένωσης Ψυχολόγων. Πέθανε το 1970.

νου. Θα μπορούσε θαυμάσια να τις έχει ονομάσει και "κλεφτές ματιές". Όσο διαρκούν αυτές οι εμπειρίες που διευρύνουν τα όριά μας, ρίχνουμε μια κλεφτή ματιά στην αιώνια σφαίρα της ίδιας της Ύπαρξης. Έστω και για μια σύντομη στιγμή, επιστρέφουμε στην Αληθινό μας Εαυτό.

"Αχ", αναστενάζουμε, "τι μεγαλείο! Μακάρι να μπορούσα να μείνω εδώ για πάντα. Όμως, πώς μπορώ να γίνω «μόνιμος κάτοικος» αυτής της απέραντης ομορφιάς;"

Τα τελευταία δέκα χρόνια, αυτοδεσμεύτηκα να ανακαλύψω αυτό το πώς. Στη διάρκεια αυτής της αναζήτησης, είχα την τιμή να κουβεντιάσω με μερικούς από τους πιο τολμηρούς, εμπνευσμένους και ενορατικούς "υποδειγματικούς πρωτοπόρους" της εποχής μας, στην ιατρική, την ψυχολογία, τον κόσμο των επιστημών και των επιχειρήσεων, της θρησκείας και της πνευματικότητας, του ανθρώπινου δυναμικού. Αυτή η ποικίλη ομάδα ατόμων συνδέεται με την από κοινού διατυπωμένη επίγνωση ότι η ανθρωπότητα κάνει τώρα ένα τεράστιο άλμα προς τα εμπρός στην εξέλιξή της. Αυτό το άλμα, αυτή η αλλαγή, συνοδεύεται από μια μεταβολή της κοσμοθεωρίας μας – δηλαδή της βασικής εικόνας που κουβαλάμε μέσα μας για το "πώς είναι τα πράγματα".

Κάθε κοσμοθεωρία επιδιώκει να απαντήσει σε δύο θεμελιώδη ερωτήματα: "Ποιοι είμαστε;" και "Ποια είναι η φύση του σύμπαντος στο οποίο ζούμε;" Οι απαντήσεις που δίνουμε σ' αυτά τα ερωτήματα υπαγορεύουν την ποιότητα και τα χαρακτηριστικά των προσωπικών μας σχέσεων με την οικογένεια, τους φίλους και τους εργοδότες ή τους υπαλλήλους μας. Σε ευρύτερη κλίμακα, προσδιορίζουν τις κοινωνίες.

Δε θα πρέπει να μας εκπλήσσει και πολύ το γεγονός ότι η κοσμοθεωρία που αναφαίνεται θέτει σε αμφισβήτηση πολλά από εκείνα που οι Δυτικές κοινωνίες θεωρούν αληθινά:

Μύθος 1ος: *Η κοινωνία έχει φτάσει στην κορυφή της εξέλιξής της.*

Ο συνιδρυτής του Ινστιτούτου Έσαλεν, ο Μάικλ Μέρφι, αντλώντας υλικό από συγκριτικές θρησκευτικές μελέτες, από την ιατρική επιστήμη, την ανθρωπολογία και τα σπορ, έχει διατυπώσει την ενδιαφέρουσα άποψη ότι υπάρχουν κι άλλα, ανώτερα στάδια στην ανθρώπινη εξέλιξη. Καθώς ο άνθρωπος φτάνει σ΄ αυτά τα προχωρημένα στάδια πνευματικής ωριμότητας, κάποιες εξαιρετικές δυνατότητες αρχίζουν να ανθίζουν: δυνατότητες για αγάπη, ζωτικότητα, ανάπτυξη της προσωπικότητας, επίγνωση της υλικής μας διάστασης, διαίσθηση, αντίληψη, επικοινωνία και βούληση.

Το πρώτο βήμα είναι να αναγνωρίσουμε ότι αυτές οι δυνατότητες υπάρχουν, κάτι που οι περισσότεροι άνθρωποι δεν το κάνουν ακόμα. Στη συνέχεια, μπορούμε να χρησιμοποιήσουμε, με συνειδητή πρόθεση, διάφορες μεθόδους για να τις αναπτύξουμε.

Μύθος 2ος: *Είμαστε εντελώς χωρισμένοι ο ένας από τον άλλον, από τη φύση και τον Κόσμο.*

Αυτός ο μύθος του "οι πάντες και τα πάντα είναι διαφορετικά από μένα" υπήρξε υπαίτιος για αμέτρητους πολέμους, για το βιασμό του πλανήτη και για όλες τις μορφές και τις εκφράσεις της ανθρώπινης αδικίας. Άλλωστε, ποιος άνθρωπος με "σώας τας φρένας" θα έβλαπτε κάποιον άλλον, αν τον βίωνε ως μέρος του εαυτού του;

Ο Σταν Γκροφ, στην έρευνά του για τις ασυνήθιστες καταστάσεις της συνειδητότητας, συνοψίζει όλο αυτό το θέμα λέγοντας ότι "η ψυχή και η συνειδητότητα του καθενός μας, σε τελική ανάλυση, συνυπάρχουν με το «Παν το Υπάρχον» επειδή δεν υπάρχουν απόλυτα όρια ανάμεσα στο σώμα/εγώ και στην ολότητα του Είναι".

Η ιατρική του δρα Λάρι Ντόσεϊ, σύμφωνα με την οποία οι σκέψεις, η ψυχολογική στάση και οι θεραπευτικές προθέσεις ενός ατόμου μπορούν να επηρεάσουν τη φυσιολογία ενός άλλου (σε αντίθεση με την επικρατούσα ιατρική νου–σώματος), υποστηρίζεται σθεναρά από πολλές επιστημονικές μελέτες σχετικά με τη θεραπευτική δύναμη της προσευχής. Σύμφωνα με τις γνωστές αρχές της φυσικής και με την κοσμοθεωρία της παραδοσιακής επιστήμης, κάτι τέτοιο δεν μπορεί να συμβαίνει. Όμως υπάρχουν σημαντικά αποδεικτικά στοιχεία που υποδηλώνουν ότι πράγματι συμβαίνει.

Μύθος 3ος: *Ο υλικός κόσμος είναι το μόνο που υπάρχει.*

Αδιαχώριστα συνδεδεμένη με την ύλη, η παραδοσιακή επιστήμη θεωρεί ως δεδομένο πως ό,τι δεν μπορεί να μετρηθεί, να ελεγχθεί στο εργαστήριο ή να διερευνηθεί από τις πέντε αισθήσεις ή τις τεχνολογικές τους προεκτάσεις, απλούστατα δεν υπάρχει, "δεν είναι αληθινό". Η συνέπεια αυτής της αντίληψης είναι ότι όλη η πραγματικότητα έχει υποβιβαστεί σε υλική πραγματικότητα. Οι πνευματικές, ή αυτές που αποκαλώ "μη υλικές", διαστάσεις της πραγματικότητας έχουν εξοστρακιστεί.

Αυτό συγκρούεται με την "αέναη φιλοσοφία", την κοινή συναίνεση που γεφυρώνει αιώνες, θρησκείες, παραδόσεις και πολιτισμούς, η οποία περιγράφει διαφορετικές αλλά συνεχείς διαστάσεις της πραγματικότητας. Αυτές ποικίλουν από τις πιο πυκνές, που έχουν τη χαμηλότερη συνειδητότητα – αυτό που θα αποκαλούσαμε "ύλη" – μέχρι τις λιγότερο πυκνές που έχουν υψηλότερη συνειδητότητα και θα τις αποκαλούσαμε πνευματικές.

Είναι πολύ ενδιαφέρον το γεγονός ότι αυτό το εκτεταμένο, πολυδιάστατο πρότυπο πραγματικότητας υποστηρίζεται από θεωρητικούς της κβαντικής φυσικής, όπως ο Τζακ Σκαρφέτι, που περιγράφει ταξίδια με ταχύτητα μεγαλύτερη του φωτός – το απόλυτο όριο ταχύτητας. Άλλες διαστάσεις της πραγματικότητας χρησιμοποιούνται για να εξηγήσουν αυτά τα ταξίδια. Υπάρχει ακόμα το έργο του θρυλικού φυσικού Ντέιβιντ Μπομ, με το αναλυτικό (υλικό) και επαγωγικό (μη-υλικό) πολυδιάστατο μοντέλο του για την πραγματικότητα.

Δεν πρόκειται για απλή θεωρία. Το Πείραμα Άσπεκτ που έγινε το 1982 στη Γαλλία απέδειξε ότι δύο κβαντικά σωματίδια που ήταν κάποτε ενωμένα, παρ΄ όλο που τώρα τα χώριζαν τεράστιες αποστάσεις, παρέμεναν, με κάποιον τρόπο, συνδεδεμένα. Αν άλλαζε το ένα σωματίδιο, άλλαζε και το άλλο – στη στιγμή. Οι επιστήμονες δεν ξέρουν το μηχανισμό με τον οποίο μπορεί να συμβαίνει αυτό το ταξίδι με ταχύτητα μεγαλύτερη από αυτή του φωτός, αν και κάποιοι από τους θεωρητικούς υποστηρίζουν ότι αυτή η σύνδεση γίνεται μέσω κάποιων εισόδων προς υψηλότερες διαστάσεις.

Έτσι, αντίθετα με ό,τι μπορεί να πιστεύουν εκείνοι που δηλώνουν την αφοσίωσή τους στο παραδοσιακό πρότυπο, οι αξιοσέβαστοι πρωτοπόροι με τους οποίους έχω συζητήσει αισθάνονταν ότι δεν έχουμε φτάσει ακόμα στην κορυφή της ανθρώπινης εξέλιξης, ότι είμαστε συνδεδεμένοι με όλη τη ζωή και όχι χωρισμένοι από αυτήν, και ότι το πλήρες φάσμα της συνειδητότητας περιλαμβάνει τόσο τις υλικές όσο και ένα πλήθος μη υλικών διαστάσεων της πραγματικότητας.

Στην ουσία, αυτή η νέα κοσμοθεωρία απαιτεί να βλέπουμε τον εαυτό μας, τους άλλους και όλη τη ζωή όχι μέσα από τα μάτια του μικρού, γήινου εαυτού μας που γεννιέται και ζει προσδιορισμένος από το χρόνο, αλλά μάλλον μέσα από τα μάτια της ψυχής μας, της Ύπαρξής μας, του Αληθινού μας Εαυτού. Ένας-ένας, οι άνθρωποι μεταπηδούν σ' αυτή την υψηλότερη τροχιά.

Με το βιβλίο του "Η δύναμη του Τώρα", ο Έκχαρτ Τόλε παίρνει δικαιωματικά τη θέση του μέσα σ΄ αυτή την ιδιαίτερη ομάδα των δασκάλων παγκόσμιας κλάσης. Το μήνυμα του Έκχαρτ είναι το εξής: το πρόβλημα της ανθρωπότητας είναι βαθιά ριζωμένο στον ίδιο το νου. Ή, μάλλον, στη λαθεμένη μας ταύτιση με το νου.

Η επίγνωσή μας που παρασύρεται εδώ κι εκεί, η τάση μας να ακολουθούμε το δρόμο της μικρότερης αντίστασης με το να μη βρισκόμαστε ολοκληρωτικά στην παρούσα στιγμή, δημιουργούν ένα χάσμα. Και ο δεμένος με το χρόνο νους μας, που έχει οριστεί να είναι ένας χρήσιμος υπηρέτης, παίρνει το αίμα του πίσω ανακηρύσσοντας τον εαυτό του αφέντη.

Σαν πεταλούδα που πετάει από λουλούδι σε λουλούδι, ο νους εμπλέκει στο παρόν περασμένες εμπειρίες ή, προβάλλοντας τη δική του τηλεοπτική ταινία, προβλέπει αυτό που θα έρθει. Σπάνια βρίσκουμε τον εαυτό μας να αναπαύεται στα ωκεάνια βάθη του εδώ και τώρα. Γιατί εδώ – στο Τώρα – είναι που συναντάμε τον Αληθινό μας Εαυτό, που βρίσκεται πίσω από το υλικό μας σώμα, πίσω από τα συναισθηματικά μας σκαμπανεβάσματα και τη φλυαρία του νου μας.

Η κορωνίδα της δόξας της ανθρώπινης εξέλιξης δε βρίσκεται στην ικανότητά μας να σκεφτόμαστε και να βγάζουμε λογικά συμπεράσματα, παρ΄ όλο που αυτό είναι που μας διακρίνει από τα άλλα ζωντανά πλάσματα. Η νόηση, όπως και το ένστικτο, είναι απλώς ένα σημείο κατά μήκος της πορείας. Το έσχατο πεπρωμένο μας είναι να ξανασυνδεθούμε με τη ουσιαστική μας Ύπαρξη και να εκφραζόμαστε στο συνηθισμένο υλικό κόσμο, κάθε στιγμή, μέσα από την εκπληκτική μας θεϊκή πραγματικότητα. Εύκολο να το λέμε, όμως ελάχιστοι είναι εκείνοι που έχουν κατακτήσει αυτές τις παρθένες περιοχές της ανθρώπινης εξέλιξης.

Ευτυχώς, υπάρχουν οδηγοί και δάσκαλοι για να μας βοηθήσουν σ΄ αυτή την πορεία. Η εκπληκτική δύναμη του Έκχαρτ ως δασκάλου και οδηγού δε βρίσκεται στην επιδεξιότητά του να μας ευχαριστεί με διασκεδαστικές ιστορίες, να κάνει το αφηρημένο συγκεκριμένο ή να παρέχει χρήσιμες τεχνικές. Η μαγεία του βρίσκεται μάλλον στην προσωπική του εμπειρία, ως κάποιου που *γνωρίζει.* Γι΄ αυτό υπάρχει μια δύναμη στα λόγια του που συναντά κανείς μόνο στους πιο ξακουστούς πνευματικούς δασκάλους. Ζώντας από τα βάθη αυτής της Μεγαλύτερης Πραγματικότητας, ο Έκχαρτ ανοίγει ένα ενεργειακό μονοπάτι για να σμίξουν μαζί του κι άλλοι.

Και τι θα γίνει αν σμίξουν; Σίγουρα, ο κόσμος όπως τον ξέρουμε θα αλλάξει προς το καλύτερο. Οι αξίες θα μεταβάλλονται μέσα στα συντρίμμια των φόβων που θα εξαφανίζονται στη ρουφήχτρα που δημιουργεί η δίνη της ίδιας της Ύπαρξης. Ένας νέος πολιτισμός θα γεννηθεί.

"Πού είναι η απόδειξη αυτής της Μεγαλύτερης Πραγματικότητας;" ρωτάς. Σου προσφέρω μόνο μια αναλογία: μια ομάδα επιστημόνων μπορεί να συγκεντρωθεί και να σου μιλήσει για όλες τις επιστημονικές αποδείξεις γύρω από το γεγονός ότι οι μπανάνες είναι πικρές. Όμως το μόνο που χρειάζεται να κάνεις είναι να δοκιμάσεις μία, μία φορά, για να αντιληφθείς ότι υπάρχει μια άλλη πλευρά στις μπανάνες. Τελικά, η απόδειξη δε βρίσκεται στα διανοητικά επιχειρήματα, αλλά στο άγγιγμα που δέχεσαι με κάποιον τρόπο από το ιερό που υπάρχει μέσα σου και έξω από σένα.

Ο Έκχαρτ Τόλε μάς ανοίγει με μαεστρία σ' αυτή την πιθανότητα.

Ράσελ Ε. ΝτιΚάρλο
Ίρι, Πενσιλβάνια, ΗΠΑ
Ιανουάριος 1998

ΕΥΧΑΡΙΣΤΙΕΣ

Νιώθω βαθιά ευγνωμοσύνη για την Κόνι Κέλοου, για τη γεμάτη αγάπη υποστήριξή της και για το ζωτικής σημασίας ρόλο που έπαιξε στη μεταμόρφωση του χειρογράφου σε τούτο το βιβλίο και στην είσοδό του στον κόσμο. Είναι πραγματική χαρά να δουλεύει κανείς μαζί της.

Θέλω επίσης να εκφράσω την ευγνωμοσύνη μου στην Κόρια Λάντνερ και σε όλους τους υπέροχους ανθρώπους που συνέβαλαν σε τούτο το βιβλίο δίνοντάς μου χώρο, το πιο πολύτιμο απ' όλα τα δώρα — χώρο για να γράφω και χώρο για να υπάρχω. Ευχαριστώ την Αντριέν Μπράντλεϊ στο Βανκούβερ, τη Μάργκαρετ Μίλερ στο Λονδίνο και την Άντζι Φραντσέσκο στο Γκλάστονμπερι, στην Αγγλία, τον Ρίτσαρντ στο Μένλοου Παρκ και τη Ρένι Φράμκιν στο Σουασαλίτο της Καλιφόρνια.

Είμαι ακόμα ευγνώμων στη Σίρλεϊ Σπάξμαν και τον Χάουαρντ Κέλοου για την πρώτη κριτική του χειρογράφου και για τις απόψεις τους, που με βοήθησαν τόσο, καθώς και σ΄ εκείνους που είχαν την καλοσύνη να διαβάσουν το χειρόγραφο σε μεταγενέστερο στάδιο και να μου προσφέρουν κι αυτοί τη γνώμη τους. Ένα μεγάλο ευχαριστώ στη Ρόουζ Ντέντεγουιτς, που δακτυλογράφησε το χειρόγραφο με το μοναδικό, κεφάτο και επαγγελματικό της τρόπο.

Τέλος, θα ήθελα να εκφράσω την αγάπη και την ευγνωμοσύνη μου στον πατέρα και τη μητέρα μου, που χωρίς αυτούς ετούτο το βιβλίο δε θα είχε υπάρξει, στους πνευματικούς μου δασκάλους και στο μεγαλύτερο δάσκαλο απ' όλους: τη ζωή.

ΕΙΣΑΓΩΓΗ

Η προέλευση αυτού του βιβλίου

Το παρελθόν μού είναι σχεδόν άχρηστο και σπάνια το σκέφτομαι· ωστόσο, θα ήθελα να σου πω με δυο λόγια πώς έγινα πνευματικός δάσκαλος και πώς γεννήθηκε τούτο το βιβλίο.

Μέχρι τα τριάντα μου, ζούσα σε μια κατάσταση σχεδόν συνεχούς άγχους, που διανθιζόταν με περιόδους κατάθλιψης και τάσεις αυτοκτονίας. Τώρα που μιλάω γι' αυτό, νιώθω σαν να μιλάω για κάποια προηγούμενη ζωή ή για τη ζωή κάποιου άλλου.

Μια νύχτα, λίγο μετά τα εικοστά ένατα γενέθλιά μου, ξύπνησα μέσα στη νύχτα με ένα συναίσθημα απόλυτου τρόμου. Είχα ξυπνήσει πολλές φορές στο παρελθόν με ένα τέτοιο συναίσθημα, αλλά αυτή τη φορά ήταν εντονότερο από ποτέ άλλοτε. Η σιωπή της νύχτας, τα αχνά περιγράμματα των επίπλων μέσα στο σκοτεινό δωμάτιο, ο μακρινός ήχος ενός τρένου που περνούσε – τα ένιωθα όλα τόσο ξένα, τόσο εχθρικά και τόσο ολότελα δίχως νόημα, που δημιουργήθηκε μέσα μου μια βαθιά απέχθεια για τον κόσμο ολόκληρο.

Το πιο απεχθές απ' όλα, όμως, ήταν η ίδια μου η ύπαρξη. Τι νόημα είχε να συνεχίζω να ζω μ' αυτό το φορτίο της δυστυχίας; Γιατί να δίνω αυτό τον ατέρμονο αγώνα; Αισθανόμουν ότι μέσα μου η βαθιά λαχτάρα για εκμηδένιση, για ανυπαρξία, γινόταν πολύ πιο δυνατή από την ενστικτώδη επιθυμία να συνεχίσω να ζω.

"Δεν μπορώ πια να ζω με τον εαυτό μου". Αυτή ήταν η σκέψη που επαναλαμβανόταν αδιάκοπα μέσα στο νου μου. Και τότε, ξαφνικά, συνειδητοποίησα πόσο αλλόκοτη ήταν εκείνη η σκέψη. "Είμαι ένας ή δύο;" αναρωτήθηκα. "Αν δεν μπορώ να ζω με τον εαυτό μου, τότε θα πρέπει να είμαστε δύο: «εγώ» και ο «εαυτός» με τον οποίο «δεν μπορώ να ζω». Ίσως, μόνο ο ένας από τους δυο μας να είναι αληθινός".

Ήμουν τόσο αποσβολωμένος από αυτή την παράξενη συνειδητοποίηση, ώστε ο νους μου σταμάτησε. Είχα πλήρη συνείδηση, αλλά δεν υπήρχαν πια σκέψεις. Τότε ένιωσα να με τραβάει κάτι που έμοιαζε με ενεργειακή δίνη. Ήταν μια αργή κίνηση στην αρχή και ύστερα επιταχύνθηκε. Ένιωθα πιασμένος στο δόκανο ενός έντονου φόβου και το κορμί μου άρχισε να τρέμει. Άκουσα τις λέξεις "μην αντιστέκεσαι", σαν να είχαν ειπωθεί μέσα στο στήθος μου. Αισθανόμουν σαν να με ρουφούσε ένα κενό και είχα την αίσθηση ότι αυτό το κενό ήταν μέσα μου, όχι έξω από μένα. Ξαφνικά, δεν ένιωθα πια φόβο κι αφέθηκα να πέσω μέσα σ' εκείνο το κενό. Δε θυμάμαι τι συνέβη ύστερα απ΄ αυτό.

Ξύπνησα από το τιτίβισμα ενός πουλιού έξω από το παράθυρο. Δεν είχα ποτέ ξανακούσει τέτοιον ήχο. Τα μάτια μου ήταν ακόμα κλειστά και έβλεπα την εικόνα ενός πολύτιμου διαμαντιού. Ναι, αν ένα διαμάντι μπορούσε να βγάλει ήχο, έτσι θα ήταν. Άνοιξα τα μάτια μου. Το πρώτο φως της αυγής τρύπωνε μέσα από τις κουρτίνες. Χωρίς καμιά σκέψη, ένιωσα, ήξερα, ότι υπάρχουν πολύ περισσότερα πράγματα στο φως απ' όσα αντιλαμβανόμαστε. Αυτό το απαλό φεγγοβόλημα που φιλτραριζόταν μέσα από τις κουρτίνες ήταν η ίδια η αγάπη.

Τα μάτια μου γέμισαν δάκρυα. Σηκώθηκα κι άρχισα να περπατάω πάνω–κάτω. Αναγνώριζα το δωμάτιο, κι όμως ήξερα ότι ποτέ πριν δεν το είχα δει πραγματικά. Όλα ήταν φρέσκα και αγνά, σαν να είχαν μόλις γεννηθεί. Έπιανα τα αντικείμενα στα χέρια μου, ένα μολύβι, ένα άδειο μπουκάλι, θαυμάζοντας την ομορφιά και τη ζωντάνια τους.

Εκείνη τη μέρα τριγύρισα στην πόλη, κυριολεκτικά θαμπωμένος από το θαύμα της ζωής πάνω στη Γη, σαν να είχα μόλις γεννηθεί σε τούτο τον κόσμο.

Τους επόμενους πέντε μήνες, ζούσα σε μια κατάσταση αδιάκοπης γαλήνης και ευδαιμονίας. Στη συνέχεια, η έντασή της μειώθηκε κάπως, ή ίσως έτσι να μου φαινόταν, επειδή έγινε η φυσική μου κατάσταση. Εξακολουθούσα να λειτουργώ μέσα στον κόσμο, αν και συνειδητοποιούσα ότι τίποτε απ' όσα θα έκανα ποτέ δε θα μπορούσε να προσθέσει κάτι σ' αυτό που ήδη είχα.

Γνώριζα, φυσικά, ότι κάτι βαθιά σημαντικό μού είχε συμβεί, αλλά δεν το καταλάβαινα καθόλου. Μόνο μετά από αρκετά χρόνια, αφού είχα διαβάσει πολλά πνευματικά κείμενα και είχα ζήσει με κάποιους πνευματικούς δασκάλους, συνειδητοποίησα ότι αυτό που όλοι αναζητούσαν, σε μένα είχε ήδη συμβεί.

Κατάλαβα ότι η έντονη πίεση του πόνου που είχα νιώσει εκείνη τη νύχτα θα πρέπει να ανάγκασε τη συνειδητότητά μου να αποσυρθεί από την ταύτισή της με τον δυστυχισμένο και βαθιά φοβισμένο εαυτό, που τελικά είναι ένα φανταστικό πλάσμα του νου. Αυτή η απόσυρση θα πρέπει να ήταν τόσο ολοκληρωτική, ώστε εκείνος ο ψεύτικος εαυτός που υπέφερε, κατέρρευσε ξαφνικά, σαν να είχε τραβηχτεί το βούλωμα από ένα φουσκωτό παιχνίδι. Αυτό που έμεινε λοιπόν ήταν η αληθινή μου φύση, το παντοτινά παρόν είμαι: η συνειδητότητα στην καθαρή της κατάσταση, πριν από την ταύτισή της με τη μορφή.

Αργότερα, έμαθα επίσης να μπαίνω σ' αυτή την εσωτερική άχρονη και αθάνατη σφαίρα, που αρχικά είχα αντιληφθεί σαν κενό, παραμένοντας απόλυτα συνειδητός. Έμενα σε κατάσταση τέτοιας απερίγραπτης ευδαιμονίας και ιερότητας, που ακόμα και η αρχική εμπειρία που περιέγραψα πιο πάνω ωχριά στη σύγκριση.

Ήρθε μια εποχή που, για ένα διάστημα, δε μου είχε απομείνει τίποτε στο υλικό πεδίο. Δεν είχα σχέσεις, δουλειά, σπίτι, δεν είχα κοινωνικά προσδιορισμένη ταυτότητα. Πέρασα σχεδόν δύο χρόνια καθισμένος στα παγκάκια των πάρκων, σε μια κατάσταση απερίγραπτης χαράς.

Όμως ακόμα και οι πιο όμορφες εμπειρίες έρχονται και παρέρχονται. Πιο ουσιαστικό, ίσως, από κάθε εμπειρία, είναι το υπόγειο ρεύμα της γαλήνης που δε με έχει εγκαταλείψει ποτέ από τότε. Κάποιες φορές αυτό το ρεύμα είναι πολύ ισχυρό, σχεδόν παλλόμενο, και μπορούν να το νιώσουν κι άλλοι. Άλλες φορές πάλι είναι κάπου στο φόντο, σαν μια μακρινή μελωδία.

Με πλησίαζαν διάφοροι άνθρωποι και μου έλεγαν: "Θέλω αυτό που έχεις. Μπορείς να μου το δώσεις ή να μου δείξεις πώς να το αποκτήσω;" Κι εγώ απαντούσα: "Το έχεις ήδη. Απλούστατα, δεν μπορείς να το νιώσεις, επειδή ο νους σου κάνει πολύ θόρυβο". Αυτή απάντηση αναπτύχθηκε αργότερα στο βιβλίο που κρατάς στα χέρια σου.

Πριν το καλοκαταλάβω, είχα και πάλι μια εξωτερική ταυτότητα: είχα γίνει πνευματικός δάσκαλος.

Η ΑΛΗΘΕΙΑ ΠΟΥ ΒΡΙΣΚΕΤΑΙ ΜΕΣΑ ΣΟΥ

Αυτό το βιβλίο αντιπροσωπεύει, στο βαθμό που μπορεί να μεταδοθεί με λόγια, την ουσία της δουλειάς που έκανα με άτομα και μικρές ομάδες πνευματικών αναζητητών κατά τη διάρκεια των τελευταίων δέκα ετών στην Ευρώπη και τη Βόρεια Αμερική. Με βαθιά αγάπη και εκτίμηση, θα ήθελα να ευχαριστήσω αυτούς τους εξαιρετικούς ανθρώπους για το κουράγιο τους, την προθυμία τους να ενστερνιστούν την εσωτερική αλλαγή, τις οξυδερκείς ερωτήσεις τους και τη διάθεσή τους να ακούσουν.

Τούτο το βιβλίο δε θα είχε υπάρξει χωρίς αυτούς. Ανήκουν σ' αυτό που είναι ακόμα μια μικρή, αλλά ευτυχώς αναπτυσσόμενη μειονότητα πνευματικών πρωτοπόρων: άνθρωποι που φτάνουν σ' ένα σημείο όπου γίνονται ικανοί να ξεφύγουν από τα κληρονομικά συλλογικά νοητικά πρότυπα, τα οποία έχουν κρατήσει τους ανθρώπους υποδουλωμένους στον πόνο για αιώνες ολόκληρους.

Πιστεύω ότι αυτό το βιβλίο θα βρει το δρόμο να φτάσει σ' εκείνους που είναι έτοιμοι για μια τέτοια ριζική εσωτερική μεταμόρφωση, κι έτσι θα δράσει σαν καταλύτης γι' αυτήν. Ελπίζω επίσης ότι θα φτάσει και σε πολλούς άλλους που θα βρουν το περιεχόμενό του άξιο μελέτης, παρ΄ όλο που μπορεί να μην είναι έτοιμοι να το ενστερνιστούν απόλυτα ή να το εφαρμόσουν. Μπορεί ο σπόρος που ρίχτηκε όταν διάβαζαν αυτό το βιβλίο να σμίξει αργότερα με το σπόρο της φώτισης που κάθε ανθρώπινο ον φέρει μέσα του, και ξαφνικά αυτός ο σπόρος να βλαστήσει και να ζωντανέψει.

Το βιβλίο, στην τωρινή του μορφή, γεννήθηκε, σχεδόν αυθόρμητα, σαν απάντηση σε ερωτήσεις που μου έκαναν οι άνθρωποι σε σεμινάρια, σε μαθήματα διαλογισμού και σε ιδιωτικές συμβουλευτικές συνεδρίες. Έτσι διατήρησα τη μορφή ερώτηση–απάντηση. Σ' εκείνα τα μαθήματα, έμαθα και πήρα όσα και αυτοί που με ρωτούσαν. Μερικές από τις ερωτήσεις και τις απαντήσεις τις κατέγραψα σχεδόν κατά λέξη. Άλλες είναι γενικές, που σημαίνει ότι συνδύασα ορισμένους τύπους ερωτήσεων που μου υποβάλλονταν συχνά και απέσπασα την ουσία από διαφορετικές απαντήσεις για να σχηματίσω μια γενικότερη απάντηση.

Κάποιες φορές, την ώρα που έγραφα, μου ερχόταν μια εντελώς καινούργια απάντηση, που ήταν πολύ πιο βαθυστόχαστη ή πιο εμπνευσμένη από οποιαδήποτε είχα δώσει μέχρι τότε. Μερικές επιπλέον ερωτήσεις υποβλήθηκαν από τους επιμελητές του κειμένου, για να αποσαφηνιστούν περισσότερο κάποια σημεία.

Θα διαπιστώσεις ότι από την πρώτη ως την τελευταία σελίδα, ο διάλογος εναλλάσσεται συνεχώς μεταξύ δύο διαφορετικών επιπέδων. Στο ένα επίπεδο, εστιάζω την προσοχή σου στο τι είναι ψεύτικο σε σένα. Μιλάω για τη φύση της ανθρώπινης ασυνειδησίας και δυσλειτουργίας, καθώς και για τις πιο κοινές εκδηλώσεις τους στη συμπεριφορά μας, από τη σύγκρουση στις προσωπικές σχέσεις μέχρι τους πολέμους μεταξύ φυλών ή εθνών.

Αυτού του είδους η γνώση είναι ζωτικής σημασίας, γιατί αν δε μάθεις να αναγνωρίζεις το ψεύτικο ως ψεύτικο — ως κάτι που δεν είσαι εσύ — δεν μπορεί να υπάρξει μόνιμη μεταμόρφωση. Θα καταλήγεις πάντα να σε τραβάει και πάλι η ψευδαίσθηση, καθώς και κάποια μορφή πόνου. Σ' αυτό το επίπεδο, σου δείχνω επίσης πώς να μη μετατρέπεις σε εαυτό και σε προσωπικό πρόβλημα αυτό που είναι ψεύτικο σε σένα, γιατί έτσι είναι που το ψεύτικο διαιωνίζεται.

Σε ένα άλλο επίπεδο, μιλάω για μια βαθιά μεταμόρφωση της ανθρώπινης συνειδητότητας – όχι σαν μια πιθανότητα στο μακρινό μέλλον, αλλά ως μια μεταμόρφωση που είναι προσιτή εδώ και τώρα – ανεξάρτητα από το ποιος ή το πού είσαι. Σου δείχνω πώς να ελευθερωθείς από τη δουλεία σου στο νου, πώς να μπεις σ' αυτή τη φωτισμένη κατάσταση της συνειδητότητας και να τη διατηρείς στην καθημερινή ζωή.

Σ' αυτό το επίπεδο του βιβλίου, οι λέξεις δε σχετίζονται πάντα με κάποιες πληροφορίες, αλλά συχνά χρησιμοποιούνται με το σκοπό να σε τραβήξουν σ' αυτή τη νέα συνειδητότητα καθώς διαβάζεις. Ξανά και ξανά, προσπαθώ να σε πάρω μαζί μου σ' αυτή την άχρονη κατάσταση της έντονης συνειδητής παρουσίας στο Τώρα, για να σου δώσω μια γεύση φώτισης.

Μέχρι να είσαι σε θέση να βιώσεις αυτό για το οποίο μιλάω, μπορεί να βρεις ότι κάποια κομμάτια επαναλαμβάνονται ξανά και ξανά. Μόλις το βιώσεις όμως, πιστεύω ότι θα καταλάβεις ότι αυτά τα κομμάτια έχουν μεγάλη πνευματική δύναμη και ίσως γίνουν τα αγαπημένα σου μέρη αυτού του βιβλίου.

Ακόμα, αφού κάθε άνθρωπος φέρει μέσα του το σπέρμα της φώτισης, συχνά απευθύνομαι στο γνώστη μέσα σου, σ΄ εκείνον που κατοικεί πίσω από αυτόν που σκέφτεται, στο βαθύτερο εαυτό που αναγνωρίζει αμέσως την πνευματική αλήθεια, συνηχεί μαζί της και αντλεί δύναμη απ' αυτήν.

Το σύμβολο της παύσης που υπάρχει μετά από ορισμένα κομμάτια, σου προτείνει, αν θέλεις, να σταματήσεις για μια στιγμή το διάβασμα, να μείνεις εντελώς ήρεμος, να νιώσεις και να βιώσεις την αλήθεια αυτού που έχεις μόλις διαβάσει. Ίσως υπάρχουν κι άλλα σημεία στο κείμενο, όπου θα το κάνεις αυτό φυσικά και αυθόρμητα.

Καθώς αρχίζεις να διαβάζεις το βιβλίο, το νόημα κάποιων λέξεων, όπως "Ύπαρξη" ή "παρουσία" μπορεί να μη σου είναι πολύ ξεκάθαρο. Συνέχισε να διαβάζεις. Κάποιες φορές θα έρχονται στο νου σου ερωτήσεις ή αντιρρήσεις. Το πιθανότερο είναι ότι θα απαντηθούν αργότερα στο βιβλίο ή μπορεί να αποδειχτούν άσχετες καθώς θα μπαίνεις όλο και πιο βαθιά σ΄ αυτές τις ιδέες – και στον εαυτό σου.

Μη διαβάζεις μόνο με το νου. Μπορεί να νιώσεις μια αίσθηση αναγνώρισης και κάποια συναισθήματα να αναδύονται αυθόρμητα από μέσα σου. Δεν μπορώ να σου πω καμιά πνευματική αλήθεια που να μην τη γνωρίζεις ήδη βαθιά μέσα σου. Το μόνο που μπορώ να κάνω είναι να σου θυμίσω αυτά που έχεις ξεχάσει. Η ζωντανή γνώση, πανάρχαια κι όμως πάντοτε νέα, ενεργοποιείται τότε και απελευθερώνεται μέσα από κάθε κύτταρό σου.

Ο νους θέλει πάντα να κατηγοριοποιεί και να συγκρίνει, αλλά τούτο το βιβλίο θα λειτουργήσει καλύτερα για σένα αν δεν προσπαθήσεις να συγκρίνεις την ορολογία του με εκείνη που υπάρχει σε άλλα κείμενα· διαφορετικά, είναι πιθανό να μπερδευτείς. Χρησιμοποιώ λέξεις όπως "νους", "ευτυχία" και "συνειδητότητα" με τρόπους που δε συσχετίζονται απαραίτητα με άλλες διδασκαλίες. Μην προσκολληθείς στις λέξεις. Είναι απλώς "πατήματα" που είναι καλύτερα να τα αφήνεις πίσω σου όσο πιο γρήγορα μπορείς.

Όταν πότε-πότε παραθέτω κάποια λόγια του Ιησού ή του Βούδα, κάποιες φράσεις από τα "*Μαθήματα θαυμάτων*" ή από άλλες διδασκαλίες, το κάνω όχι για να συγκρίνω, αλλά για να τραβήξω την προσοχή σου στο γεγονός ότι στην ουσία υπάρχει και υπήρχε πάντα μία μόνο πνευματική διδασκαλία, παρ΄ όλο που εμφανίζεται με πολλές μορφές.

Μερικές από αυτές τις μορφές, όπως οι αρχαίες θρησκείες, έχουν καλυφθεί σε τέτοιο βαθμό από ξένο υλικό, ώστε η πνευματική τους ουσία έχει συσκοτιστεί σχεδόν ολότελα. Σε μεγάλο βαθμό, επομένως, το βαθύτερο νόημά τους δεν αναγνωρίζεται πια και η μεταμορφωτική τους δύναμη έχει χαθεί.

Όταν παραθέτω αποσπάσματα από αρχαίες θρησκείες ή από άλλες διδασκαλίες, το κάνω για να αποκαλύψω το βαθύτερο νόημά τους και με αυτό τον τρόπο να αποκαταστήσω τη μεταμορφωτική τους δύναμη, ιδιαίτερα για τους αναγνώστες εκείνους που είναι οπαδοί αυτών των θρησκειών ή των διδασκαλιών. Αυτό που έχω να τους πω είναι τούτο: δε χρειάζεται να ψάξετε αλλού για την αλήθεια. Αφήστε με λοιπόν να σας δείξω πώς να προχωρήσετε πιο βαθιά σ' αυτό που ήδη έχετε μέσα σας.

Κατά κύριο λόγο, πάντως, έχω προσπαθήσει να χρησιμοποιήσω μια ορολογία που είναι όσο το δυνατόν ουδέτερη, για να μπορέσω να αγγίξω ένα ευρύ φάσμα ανθρώπων. Μπορεί κανείς να δει αυτό το βιβλίο σαν μια επαναδιατύπωση για την εποχή μας αυτής της μίας άχρονης πνευματικής διδασκαλίας, της ουσίας όλων των θρησκειών. Αυτή η διδασκαλία δεν προέρχεται από εξωτερικές πηγές, αλλά από τη μία αληθινή Πηγή που κατοικεί μέσα μας, κι έτσι δεν περιέχει θεωρίες ή εικασίες.

Μιλάω από τη δική μου εσωτερική εμπειρία και αν μερικές φορές μιλάω έντονα, το κάνω για να διαπεράσω τα βαριά στρώματα της νοητικής αντίστασης και να φτάσω σ' εκείνο το μέρος μέσα σου όπου ήδη γνωρίζεις, όπως γνωρίζω κι εγώ, και όπου η αλήθεια αναγνωρίζεται όταν ακούγεται. Όταν συμβαίνει αυτό, έχεις μια αίσθηση εξύψωσης, νιώθεις μεγαλύτερη ζωντάνια, σαν κάτι να σου λέει μέσα σου: "Ναι. Ξέρω ότι αυτό είναι αλήθεια!"

ΚΕΦΑΛΑΙΟ ΕΝΑ

ΔΕΝ ΕΙΣΑΙ Ο ΝΟΥΣ ΣΟΥ

ΤΟ ΜΕΓΑΛΥΤΕΡΟ ΕΜΠΟΔΙΟ ΠΡΟΣ ΤΗ ΦΩΤΙΣΗ

Φώτιση – τι είν' αυτό;

Ένας ζητιάνος καθόταν στην ίδια γωνιά του ίδιου δρόμου για περισσότερα από τριάντα χρόνια. Κάποια μέρα πέρασε από κει ένας ξένος. "Έχεις κανένα φραγκάκι να μου δώσεις;" μουρμούρισε ο ζητιάνος απλώνοντας μηχανικά το παλιό, φθαρμένο του καπέλο. "Δεν έχω τίποτα να σου δώσω", είπε ο ξένος, "αλλά πες μου, τι είν' αυτό που κάθεσαι πάνω του;" "Τίποτα", αποκρίθηκε ο ζητιάνος. "Ένα παλιό κουτί. Όσα χρόνια θυμάμαι τον εαυτό μου, κάθομαι πάνω του". "Κοίταξες ποτέ μέσα στο κουτί;" ρώτησε ο ξένος. "Όχι", είπε ο ζητιάνος. "Τι νόημα θα είχε; Δεν έχει τίποτα μέσα". "Για ρίξε μια ματιά", επέμεινε ο ξένος.

Ο ζητιάνος κατάφερε με δυσκολία να ανοίξει το καπάκι. Μην πιστεύοντας στα μάτια του, κατάπληκτος και ενθουσιασμένος, είδε ότι το κουτί ήταν γεμάτο χρυσάφι.

Εγώ είμαι αυτός ο ξένος, που δεν έχει τίποτε να σου δώσει και που σου λέει να κοιτάξεις μέσα. Όχι μέσα σε κάποιο κουτί, όπως στην παραβολή, αλλά κάπου ακόμα πιο κοντά: μέσα σου.

"Μα εγώ δεν είμαι ζητιάνος", σ' ακούω να λες.

Όσοι δεν έχουν βρει τον αληθινό τους πλούτο, που είναι η λαμπερή χαρά της Ύπαρξης και η βαθιά, ακλόνητη γαλήνη που τη συνοδεύει, είναι ζητιάνοι, ακόμα κι αν έχουν μεγάλο υλικό πλούτο. Ψάχνουν έξω απ΄ αυτούς για να πάρουν ψίχουλα χαράς ή ικανοποίησης, για να βρουν επιβεβαίωση, ασφάλεια ή αγάπη, ενώ έχουν μέσα τους έναν πολύτιμο θησαυρό, που όχι μόνο περιλαμβάνει όλα τα πιο πάνω, αλλά είναι απείρως μεγαλύτερος από οτιδήποτε μπορεί να προσφέρει ο κόσμος.

Η λέξη "φώτιση" φέρνει στο νου την ιδέα κάποιου υπεράνθρωπου επιτεύγματος, και στο εγώ αρέσει να διατηρεί αυτή την ιδέα. Όμως η φώτιση είναι απλώς η φυσική σου κατάσταση της αισθητής ενότητας με την Ύπαρξη. Είναι μια κατάσταση σύνδεσης με κάτι απροσμέτρητο και άφθαρτο, κάτι που, σχεδόν με παράδοξο τρόπο, είσαι ουσιαστικά εσύ, κι ωστόσο είναι πολύ μεγαλύτερο από σένα. Είναι το να βρεις την αληθινή σου φύση πέρα από όνομα και μορφή. Η ανημποριά να νιώσεις αυτή τη σύνδεση προκαλεί την ψευδαίσθηση του χωρισμού από τον εαυτό σου και από τον κόσμο γύρω σου. Τότε αντιλαμβάνεσαι τον εαυτό σου, συνειδητά ή ασυνείδητα, σαν ένα μεμονωμένο ψήγμα. Τότε εμφανίζεται ο φόβος, και η σύγκρουση, μέσα κι έξω, γίνεται το μέτρο της ζωής σου.

Λατρεύω την απλή διατύπωση που έδωσε ο Βούδας για τη φώτιση, που την όρισε ως "το τέλος του πόνου". Δεν υπάρχει τίποτε το υπεράνθρωπο σ' αυτό, έτσι δεν είναι; Φυσικά, ως ορισμός είναι ατελής. Σου λέει μόνο τι *δεν είναι* η φώτιση: δεν είναι πόνος. Τι απομένει όμως όταν δεν υπάρχει πια πόνος; Ο Βούδας σιωπά σε σχέση μ' αυτό, και η σιωπή του υπονοεί ότι χρειάζεται να το ανακαλύψεις μόνος σου. Χρησιμοποιεί έναν αρνητικό ορισμό, έτσι ώστε ο νους να μην μπορεί να τον μετατρέψει σε κάτι που να γίνει πίστη του ή σε υπεράνθρωπο επίτευγμα, σ΄ έναν ανέφικτο στόχο. Όμως, παρά τις προφυλάξεις που πήρε ο Βούδας, οι περισσότεροι βουδιστές εξακολουθούν να πιστεύουν ότι η φώτιση είναι για τον Βούδα, όχι για κείνους, τουλάχιστον όχι σε τούτη τη ζωή.

Χρησιμοποίησες τη λέξη "Ύπαρξη". Μπορείς να εξηγήσεις τι εννοείς μ' αυτήν;

Η Ύπαρξη είναι η αιώνια, παντοτινά παρούσα Μία Ζωή πέρα από τις μυριάδες μορφές ζωής που αναπόφευκτα γεννιούνται και πεθαίνουν. Ωστόσο, η Ύπαρξη δεν είναι μόνο πέρα από κάθε μορφή, αλλά και βαθιά μέσα σε κάθε μορφή, ως η εσώτατη αόρατη και άφθαρτη ουσία της. Αυτό σημαίνει ότι τώρα μπορείς να την προσεγγίσεις, γιατί είναι μέσα σου, είναι ο ίδιος ο βαθύτατος εαυτός σου, η αληθινή σου φύση.

Όμως μην επιδιώξεις να τη συλλάβεις με το νου σου. Μην προσπαθήσεις να την κατανοήσεις. Μπορείς να τη γνωρίσεις μόνον όταν ο νους σου είναι ακίνητος. Όταν είσαι παρών στο Τώρα, ολοκληρωτικά και έντονα, μπορείς να νιώσεις την Ύπαρξη, αλλά δεν μπορείς ποτέ να την κατανοήσεις νοητικά. Το να αποκτάς ξανά επίγνωση της Ύπαρξης και να παραμένεις σ' αυτή την κατάσταση του "αισθάνομαι-συνειδητοποιώ", αυτό είναι η φώτιση.

Όταν λες "Ύπαρξη", μιλάς για το Θεό; Αν ναι, τότε γιατί δεν το λες;

Η λέξη *Θεός* έχει χάσει το νόημά της μετά από χιλιάδες χρόνια κακής χρήσης. Τη χρησιμοποιώ κάποιες φορές, αλλά σπάνια. Λέγοντας "κακή χρήση", εννοώ ότι άνθρωποι που δεν έχουν ρίξει ποτέ ούτε μια κλεφτή ματιά στη σφαίρα του ιερού, στην άπειρη απεραντοσύνη πίσω από αυτή τη λέξη, τη χρησιμοποιούν με μεγάλη σιγουριά, σαν να ξέρουν για τι πράγμα μιλούν. Ή επιχειρηματολογούν εναντίον της, σαν να ξέρουν τι είναι αυτό που αρνούνται. Αυτή η κακή χρήση προκαλεί παράλογες πεποιθήσεις, ισχυρισμούς και ψευδαισθήσεις του εγώ, όπως "ο *δικός μου* ή ο *δικός μας* Θεός είναι ο μόνος αληθινός Θεός. Ο *δικός σου* Θεός είναι ψεύτικος" ή όπως η περίφημη δήλωση του Νίτσε "ο Θεός είναι νεκρός".

Η λέξη *Θεός* έχει γίνει μια κλειστή έννοια. Τη στιγμή που προφέρεται, δημιουργείται μια νοητική εικόνα, ίσως όχι πια ενός γέρου με λευκή γενειάδα, αλλά πάντως μια νοητική απεικόνιση κάποιου που είναι έξω από σένα και, ναι, σχεδόν αναπόφευκτα, κάποιου που είναι γένους *αρσενικού.*

Ούτε το "*Θεός*" ούτε το "Ύπαρξη" ούτε κάποια άλλη λέξη μπορεί να ορίσει ή να εξηγήσει την άφατη πραγματικότητα πίσω από τη λέξη, κι έτσι το μόνο σημαντικό ερώτημα είναι αν η λέξη αποτελεί βοήθημα ή εμπόδιο στο να μπορέσεις να βιώσεις Εκείνο προς το οποίο δείχνει. Δείχνει πέρα από τον εαυτό της, προς εκείνη την υπερβατική πραγματικότητα ή μήπως προσφέρεται, υπερβολικά εύκολα, για να γίνει απλώς μια ιδέα στο κεφάλι σου στην οποία πιστεύεις, ένα νοητικό είδωλο;

Η λέξη "Ύπαρξη" δεν εξηγεί τίποτε, αλλά ούτε και η λέξη "*Θεός*". Η Ύπαρξη, ωστόσο, έχει το πλεονέκτημα ότι είναι ανοιχτή έννοια. Δε μειώνει το άπειρο αόρατο σε μια πεπερασμένη οντότητα. Είναι αδύνατον να σχηματίσεις μια νοητική εικόνα της Ύπαρξης. Κανείς δεν μπορεί να διεκδικήσει την αποκλειστική κατοχή της. Είναι η ίδια σου η ουσία και σου είναι άμεσα διαθέσιμη, όπως η αίσθηση της παρουσίας σου, η συνειδητοποίηση του *Είμαι* που προηγείται του "είμαι ετούτο" ή "είμαι εκείνο". Έτσι, από τη λέξη "Ύπαρξη" μέχρι το βίωμα της Ύπαρξης, η απόσταση είναι ένα μικρό μόνο βήμα.

Ποιο είναι το μεγαλύτερο εμπόδιο για το βίωμα αυτής της πραγματικότητας;

Η ταύτιση με το νου σου, που κάνει τη σκέψη να γίνεται ψυχαναγκαστική. Το να μην μπορείς να σταματήσεις να σκέφτεσαι είναι ένα φριχτό βάσανο, αλλά δεν το αντιλαμβανόμαστε, γιατί όλοι υποφέρουμε απ' αυτό κι έτσι το θεωρούμε φυσιολογικό.

Αυτός ο αδιάκοπος νοητικός θόρυβος σε εμποδίζει να βρεις τη σφαίρα εκείνη της εσωτερικής ησυχίας που είναι αδιαχώριστη από την Ύπαρξη. Δημιουργεί επίσης έναν ψεύτικο εαυτό, κατασκευασμένο από το νου, που ρίχνει μια σκιά φόβου και πόνου. Όλα αυτά θα τα δούμε με περισσότερες λεπτομέρειες αργότερα.

Ο φιλόσοφος Καρτέσιος πίστευε ότι είχε ανακαλύψει την πιο θεμελιώδη αλήθεια όταν δήλωνε: "Σκέφτομαι, άρα υπάρχω". Στην πραγματικότητα, είχε δώσει έκφραση στο πιο βασικό λάθος: στην εξίσωση της σκέψης με την Ύπαρξη και της ταυτότητας με τη σκέψη. Ο καταναγκαστικά σκεπτόμενος, δηλαδή σχεδόν όλοι, ζει σε μια κατάσταση φαινομενικού διαχωρισμού από τους πάντες και, τα πάντα, σ΄ έναν παράλογα πολύπλοκο κόσμο συνεχών προβλημάτων και σύγκρουσης, έναν κόσμο που αντανακλά τον ολοένα αυξανόμενο κατακερματισμό του νου.

Η φώτιση είναι μια κατάσταση ολότητας, ενοποιημένης ύπαρξης και, επομένως, γαλήνης. Σ΄ αυτή την κατάσταση είσαι ένα με τη ζωή στη φανερή όψη της, ένα με τον κόσμο, καθώς και με το βαθύτερο εαυτό και την άδηλη ζωή – ένα με την Ύπαρξη. Η φώτιση δεν είναι μόνο το τέλος του πόνου και της αδιάκοπης σύγκρουσης μέσα κι έξω, αλλά και το τέλος της φριχτής υποδούλωσης στην ατέρμονη σκέψη. Τι απίστευτη λύτρωση!

Η ταύτιση με το νου σου δημιουργεί ένα αδιαφανές παραπέτασμα από έννοιες, ετικέτες, εικόνες, λέξεις, κρίσεις και ορισμούς που εμποδίζουν κάθε αληθινή σχέση. Μπαίνει ανάμεσα σε σένα και στον εαυτό σου, ανάμεσα σε σένα και στο συνάνθρωπό σου, ανάμεσα σε σένα και στη φύση, ανάμεσα σε σένα και στο Θεό.

Αυτό το παραπέτασμα της σκέψης είναι που δημιουργεί την ψευδαίσθηση του διαχωρισμού, την ψευδαίσθηση ότι υπάρχεις εσύ και ένας τελείως χωριστός "άλλος" ή "άλλο". Ξεχνάς το σημαντικό γεγονός ότι, κάτω από το επίπεδο της υλικής εμφάνισης και των χωριστών μορφών, είσαι ένα με ό,τι υπάρχει.

Λέγοντας "ξεχνάς", εννοώ ότι δεν μπορείς πια να *νιώσεις* αυτή την ενότητα σαν αυταπόδεικτη πραγματικότητα. Μπορεί να *πιστεύεις* ότι είναι αλήθεια, αλλά δε *γνωρίζεις* πια ότι είναι αλήθεια. Μια πεποίθηση μπορεί να είναι παρηγοριά. Όμως, μόνο μέσα από τη δική σου εμπειρία γίνεται λυτρωτική.

Η σκέψη έχει γίνει αρρώστια. Η αρρώστια εμφανίζεται όταν τα πράγματα χάνουν την ισορροπία τους. Για παράδειγμα, δεν υπάρχει τίποτε το κακό στη διαίρεση και τον πολλαπλασιασμό των κυττάρων στο σώμα, αλλά όταν αυτή η διαδικασία συνεχίζεται αψηφώντας το σύνολο του οργανισμού, τότε τα κύτταρα πολλαπλασιάζονται με τρελό ρυθμό και έχουμε αρρώστια.

Θέλω να σημειώσω το εξής: ο νους είναι ένα εξαιρετικό όργανο, όταν τον χρησιμοποιείς σωστά. Όταν όμως τον χρησιμοποιείς με λάθος τρόπο, τότε γίνεται καταστροφικός. Για να το πω με μεγαλύτερη ακρίβεια, δεν είναι τόσο ότι χρησιμοποιείς το νου σου με λάθος τρόπο – συνήθως δεν τον χρησιμοποιείς καθόλου. *Αυτός* χρησιμοποιεί *εσένα.* Αυτό είναι η αρρώστια. Πιστεύεις ότι *είσαι* ο νους σου. Αυτή είναι η πλάνη. Το όργανο σε έχει καταλάβει.

Δε συμφωνώ απόλυτα. Η αλήθεια είναι ότι κάνω πολλές άσκοπες σκέψεις, όπως οι περισσότεροι άνθρωποι, αλλά και πάλι, μπορώ να επιλέξω να χρησιμοποιήσω το νου μου για να καταφέρω πολλά πράγματα, κι αυτό το κάνω συνεχώς.

Απλώς και μόνο το γεγονός ότι μπορείς να λύσεις ένα σταυρόλεξο ή να φτιάξεις μια ατομική βόμβα δε σημαίνει ότι χρησιμοποιείς το νου σου. Όπως αρέσει στα σκυλιά να μασουλάνε κόκαλα, έτσι αρέσει και στο νου να χώνει τα δόντια του σε προβλήματα. Γι' αυτό λύνει σταυρόλεξα και κατασκευάζει ατομικές βόμβες. *Εσένα* δε σε ενδιαφέρει ούτε το ένα ούτε το άλλο. Επίτρεψέ μου να σε ρωτήσω τούτο: μπορείς να ελευθερωθείς από το νου σου όποτε το θελήσεις; Έχεις βρει το κουμπί που τον "κλείνει";

Εννοείς να σταματάω ολότελα να σκέφτομαι; Όχι, δεν μπορώ, εκτός ίσως από μια-δυο στιγμές.

Τότε ο νους σε χρησιμοποιεί. Ασυνείδητα είσαι ταυτισμένος μαζί του, κι έτσι δεν ξέρεις καν ότι είσαι δούλος του. Είναι σαν να έχει κάνει κατάληψη στο σώμα σου κάποια οντότητα χωρίς να το ξέρεις, κι έτσι θεωρείς ότι αυτή η οντότητα είσαι εσύ.

Η αρχή της ελευθερίας είναι η συνειδητοποίηση ότι δεν είσαι η οντότητα που σε κατέχει — δεν είσαι αυτός που σκέφτεται. Όταν το γνωρίζεις αυτό, τότε σου δίνεται η δυνατότητα να παρατηρήσεις αυτή την οντότητα.

Τη στιγμή που αρχίζεις να *παρατηρείς αυτόν που σκέφτεται*, ενεργοποιείς ένα ανώτερο επίπεδο συνειδητότητας. Αρχίζεις τότε να αντιλαμβάνεσαι ότι υπάρχει μια τεράστια σφαίρα ευφυΐας πέρα από τη σκέψη, ότι η σκέψη δεν είναι παρά μια απειροελάχιστη πλευρά αυτής της ευφυΐας. Αντιλαμβάνεσαι επίσης πως όλα εκείνα που έχουν πραγματικά σημασία — η ομορφιά, η αγάπη, η δημιουργικότητα, η χαρά, η εσωτερική γαλήνη — προέρχονται από κάτι που είναι πέρα από το νου. Αρχίζεις να αφυπνίζεσαι.

ΕΛΕΥΘΕΡΩΣΟΥ ΑΠΟ ΤΟ ΝΟΥ ΣΟΥ

Τι εννοείς λέγοντας "παρατηρείς αυτόν που σκέφτεται";

Όταν κάποιος πηγαίνει στο γιατρό και λέει: "Ακούω μια φωνή μέσα στο κεφάλι μου", το πιθανότερο είναι ότι ο γιατρός θα τον στείλει σε ψυχίατρο. Η αλήθεια είναι ότι, με έναν πολύ παρόμοιο τρόπο, σχεδόν όλοι ακούνε συνεχώς μέσα στο κεφάλι τους μια φωνή ή πολλές φωνές: την αθέλητη διαδικασία της σκέψης, που δε συνειδητοποιούν ότι έχουν τη δύναμη να τη σταματήσουν. Ακούνε συνεχείς διαλόγους ή μονολόγους.

Πιθανότατα να έχεις συναντήσει "τρελούς" στο δρόμο, που μιλούν αδιάκοπα μόνοι τους ή μουρμουρίζουν. Ε, λοιπόν, αυτό δεν είναι και πολύ διαφορετικό από εκείνο που κάνεις εσύ και όλοι οι άλλοι "φυσιολογικοί" άνθρωποι, με τη διαφορά ότι δεν το κάνετε μεγαλόφωνα. Η φωνή μέσα στο κεφάλι σου σχολιάζει, εικάζει, κρίνει, συγκρίνει, παραπονιέται, συμπαθεί, αντιπαθεί και ούτω καθεξής.

Αυτή η φωνή δεν είναι απαραίτητα σχετική με την κατάσταση στην οποία βρίσκεσαι εκείνη τη στιγμή· μπορεί να αναβιώνει το πρόσφατο ή το μακρινό παρελθόν, να προβάρει ή να φαντάζεται πιθανές μελλοντικές καταστάσεις.

Σ' αυτή την περίπτωση, συχνά φαντάζεται ότι τα πράγματα θα πάνε στραβά ή ότι θα έρθουν αρνητικές καταστάσεις· αυτό ονομάζεται ανησυχία. Κάποιες φορές αυτή η κασέτα συνοδεύεται από οπτικές εικόνες ή "νοερές ταινίες".

Ακόμα κι αν η φωνή είναι σχετική με την κατάσταση στην οποία βρίσκεσαι, θα την ερμηνεύσει σε σχέση με το παρελθόν. Αυτό συμβαίνει επειδή η φωνή ανήκει στον "εκπαιδευμένο" νου σου, που είναι το αποτέλεσμα όλης της περασμένης σου ιστορίας, καθώς και του συλλογικού νοητικού πλαισίου που έχεις κληρονομήσει. Έτσι, βλέπεις και κρίνεις το παρόν μέσα από τα μάτια του παρελθόντος και παίρνεις μια εντελώς διαστρεβλωμένη όψη του.

Δεν είναι ασυνήθιστο να είναι αυτή η φωνή ο χειρότερος εχθρός σου. Πολλοί είναι εκείνοι που ζουν με ένα βασανιστή μέσα στο κεφάλι τους, που συνεχώς τους επιτίθεται και τους τιμωρεί, που τους στραγγίζει τη ζωτική τους ενέργεια. Αυτή η φωνή είναι η αιτία απερίγραπτης δυστυχίας και ταλαιπωρίας, αλλά και αρρώστιας.

Το καλό είναι ότι *μπορείς* να ελευθερωθείς από το νου σου. Αυτή είναι η μόνη αληθινή απελευθέρωση. Μπορείς να κάνεις το πρώτο βήμα τώρα αμέσως. Άρχισε να ακούς τη φωνή μέσα στο κεφάλι σου όσο πιο συχνά μπορείς. Δώσε ιδιαίτερη προσοχή στα επαναλαμβανόμενα πρότυπα σκέψης, σ΄ αυτούς τους παλιούς δίσκους γραμμοφώνου που παίζουν στο κεφάλι σου ίσως για πολλά χρόνια. Αυτό εννοώ λέγοντας να "παρατηρείς αυτόν που σκέφτεται", που με άλλα λόγια σημαίνει: άκου τη φωνή μέσα στο κεφάλι σου· να είσαι εκεί *παρών*, ως μάρτυρας.

Όταν ακούς αυτή τη φωνή, κάνε το αμερόληπτα. Δηλαδή, μην κρίνεις. Μην κρίνεις και μην καταδικάζεις αυτό που ακούς, γιατί αλλιώς, η ίδια φωνή έχει ξαναμπεί από την πίσω πόρτα. Απλώς συνέχισε να την παρατηρείς. Σύντομα θα συνειδητοποιήσεις ότι η φωνή είναι *εκεί* κι εδώ *είσαι εσύ*, που την ακούς, που την παρατηρείς. Αυτή η συνειδητοποίηση του *είμαι*, αυτή η αίσθηση της δικής σου παρουσίας, δεν είναι σκέψη. Προέρχεται από κάτι που είναι πέρα από το νου.

Έτσι, όταν ακούς μια σκέψη, έχεις επίγνωση όχι μόνο της σκέψης, αλλά και του εαυτού σου που παρατηρεί αυτήν τη σκέψη. Έχεις μπει σε μια νέα διάσταση της συνειδητότητας. Καθώς ακούς τη σκέψη, νιώθεις μια συνειδητή παρουσία – το βαθύτερο εαυτό σου – πίσω ή κάτω από τη σκέψη. Τότε η σκέψη χάνει τη δύναμή που ασκεί πάνω σου και σύντομα υποχωρεί, επειδή δεν ενεργοποιείς πια το νου σου με το να ταυτίζεσαι μαζί του. Αυτή είναι η αρχή του τέλους της αθέλητης και καταναγκαστικής σκέψης.

Όταν η σκέψη υποχωρεί, τότε βιώνεις μια ασυνέχεια στη ροή του νου – ένα κενό "μη-νου". Στην αρχή τα κενά αυτά είναι σύντομα, διαρκούν λίγα δευτερόλεπτα ίσως, αλλά σταδιακά γίνονται όλο και μεγαλύτερα. Όταν εμφανίζονται αυτά τα κενά, νιώθεις μέσα σου ησυχία και γαλήνη. Αυτή είναι η αρχή της αίσθησης της φυσικής σου κατάστασης, της αισθητής ενότητας με την Ύπαρξη, που συνήθως συσκοτίζεται από το νου. Με την εξάσκηση, η αίσθηση της ησυχίας και της γαλήνης βαθαίνει. Στην πραγματικότητα, το βάθος της δεν έχει τέλος. Νιώθεις επίσης να αναδύεται από μέσα σου μια άφατη χαρά: η χαρά της Ύπαρξης.

Δεν πρόκειται για μια κατάσταση έκστασης. Καθόλου. Δεν υπάρχει απώλεια της συνειδητότητας. Το αντίθετο μάλιστα. Αν το αντίτιμο της γαλήνης ήταν η μείωση της συνειδητότητάς σου και το αντίτιμο της ησυχίας μια έλλειψη ζωντάνιας και εγρήγορσης, τότε δε θα άξιζαν τον κόπο. Σ' αυτή την κατάσταση της εσωτερικής σύνδεσης, είσαι πολύ πιο "ξύπνιος", βρίσκεσαι σε πολύ μεγαλύτερη εγρήγορση απ' όσο στην κατάσταση της ταύτισης με το νου. Είσαι ολότελα παρών. Ακόμα, αυτή η κατάσταση ανεβάζει τη δόνηση του ενεργειακού πεδίου που δίνει ζωή στο υλικό σώμα.

Καθώς προχωρείς πιο βαθιά σ' αυτήν τη σφαίρα του "μη-νου", όπως ονομάζεται μερικές φορές στην Ανατολή, πραγματώνεις την κατάσταση της καθαρής συνειδητότητας. Σ' αυτή την κατάσταση, αισθάνεσαι την παρουσία σου με τόση ένταση και χαρά, ώστε κάθε σκέψη, κάθε συναίσθημα, το υλικό σου σώμα, όπως και όλος ο εξωτερικός κόσμος γίνονται σχετικά ασήμαντα σε σύγκριση μ' αυτήν.

Κι όμως, αυτή δεν είναι μια εγωιστική κατάσταση, αλλά μια κατάσταση χωρίς εγώ. Σε παίρνει πέρα από αυτό που θεωρούσες προηγουμένως σαν "εαυτό σου". Αυτή η παρουσία είσαι ουσιαστικά εσύ και ταυτόχρονα είναι ασύλληπτα μεγαλύτερη από σένα. Αυτό που προσπαθώ να σου πω εδώ μπορεί να ακούγεται παράδοξο ή ακόμα και αντιφατικό, αλλά δεν υπάρχει άλλος τρόπος να το εκφράσω.

Αντί να "παρατηρείς αυτόν που σκέφτεται" μπορείς να δημιουργήσεις ένα κενό στη ροή του νου, κατευθύνοντας απλώς την εστίαση της προσοχής σου στο Τώρα. Το μόνο που έχεις να κάνεις είναι να αποκτήσεις έντονη συναίσθηση της παρούσας στιγμής. Αυτό σου προσφέρει πολύ βαθιά ικανοποίηση. Με αυτό τον τρόπο, τραβάς τη συνειδητότητα μακριά από τη δραστηριότητα του νου και δημιουργείς ένα κενό μη-νου, στο οποίο έχεις υψηλή εγρήγορση και επίγνωση, αλλά δε σκέφτεσαι. Αυτή είναι η ουσία του διαλογισμού.

Στην καθημερινή σου ζωή, μπορείς να το κάνεις αυτό παίρνοντας οποιαδήποτε δραστηριότητα ρουτίνας που, κανονικά, είναι μέσο προς ένα σκοπό, και δίνοντάς της την αμέριστη προσοχή σου, έτσι ώστε να γίνει σκοπός από μόνη της.

Για παράδειγμα, κάθε φορά που ανεβοκατεβαίνεις τα σκαλιά στο σπίτι ή στη δουλειά σου, δίνε μεγάλη προσοχή σε κάθε σκαλί, σε κάθε κίνηση, ακόμα και στην αναπνοή σου. Να είσαι απόλυτα παρών. Ή, όταν πλένεις τα χέρια σου, δίνε προσοχή σε όλες τις αισθήσεις που σου προσφέρει αυτή η δραστηριότητα: τον ήχο και την αίσθηση του νερού, την κίνηση των χεριών σου, τη μυρωδιά του σαπουνιού και οτιδήποτε άλλο. Ή, όταν μπαίνεις στο αυτοκίνητό σου, αφού κλείσεις την πόρτα, μείνε ακίνητος για λίγο και παρατήρησε τη ροή της αναπνοής σου. Συνειδητοποίησε μια σιωπηλή αλλά ισχυρή αίσθηση παρουσίας. Υπάρχει μόνο ένα σίγουρο κριτήριο με το οποίο μπορείς να μετρήσεις την επιτυχία σου σ' αυτή την πρακτική: ο βαθμός της γαλήνης που νιώθεις μέσα σου.

Έτσι, το πιο σημαντικό βήμα στο ταξίδι σου προς τη φώτιση είναι τούτο: μάθε να "αποταυτίζεσαι" από το νου σου. Κάθε φορά που δημιουργείς ένα κενό στη ροή του νου, το φως της συνειδητότητάς σου δυναμώνει. Κάποια μέρα, θα πιάσεις τον εαυτό σου να χαμογελάει με τη φωνή μέσα στο κεφάλι σου, όπως θα χαμογελούσες με τα καμώματα ενός παιδιού. Αυτό σημαίνει ότι δεν παίρνεις πια το περιεχόμενο του νου σου και πολύ στα σοβαρά, αφού η αίσθηση του εαυτού σου δεν εξαρτάται απ' αυτόν.

ΦΩΤΙΣΗ: ΑΝΥΨΩΣΗ ΠΑΝΩ ΑΠΟ ΤΗ ΣΚΕΨΗ

Όμως η διαδικασία της σκέψης δεν είναι ουσιαστικής σημασίας για την επιβίωσή μας σε τούτο τον κόσμο;

Ο νους σου είναι ένα όργανο, ένα εργαλείο. Υπάρχει για να χρησιμοποιείται για μια συγκεκριμένη δουλειά και όταν η δουλειά έχει ολοκληρωθεί, το βάζεις πίσω στη θέση του. Έτσι όπως έχουν τα πράγματα, θα έλεγα ότι το 80 έως 90% των σκέψεων που κάνουν οι περισσότεροι άνθρωποι δεν είναι μόνο επαναλαμβανόμενες και άχρηστες, αλλά εξαιτίας της δυσλειτουργικής και συχνά αρνητικής τους φύσης, είναι και βλαβερές. Παρατήρησε το νου σου και θα δεις ότι αυτό είναι αλήθεια. Προκαλεί σοβαρή διαρροή ζωτικής ενέργειας.

Στην πραγματικότητα, αυτό το είδος της καταναγκαστικής σκέψης είναι εθισμός. Τι χαρακτηρίζει τον εθισμό; Πολύ απλά, τούτο: δεν αισθάνεσαι πια ότι έχεις την επιλογή να σταματήσεις. Φαίνεται ισχυρότερος από σένα. Σου δίνει επίσης μια ψεύτικη αίσθηση απόλαυσης, απόλαυσης που πάντα μετατρέπεται σε πόνο.

Γιατί να είμαι εθισμένος στη σκέψη;

Επειδή είσαι ταυτισμένος μ' αυτήν, πράγμα που σημαίνει ότι αντλείς την αίσθηση του εαυτού σου από το περιεχόμενο και τη δραστηριότητα του νου σου.

Επειδή πιστεύεις ότι θα έπαυες να υπάρχεις αν σταματούσες να σκέφτεσαι.

Καθώς μεγαλώνεις, διαμορφώνεις μια νοητική εικόνα τού ποιος είσαι, βασισμένος στην προσωπική και την πολιτισμική σου εκπαίδευση. Μπορούμε να αποκαλέσουμε αυτόν τον εαυτό-φάντασμα "εγώ". Αποτελείται από τη δραστηριότητα του νου και μπορεί να συνεχίσει να υπάρχει μέσα από τις αδιάκοπες σκέψεις.

Ο όρος "εγώ" σημαίνει διαφορετικά πράγματα για διαφορετικούς ανθρώπους, αλλά όταν τον χρησιμοποιώ εγώ εδώ, σημαίνει τον ψευδο-εαυτό, που είναι δημιουργημένος από την ασυνείδητη ταύτιση με το νου.

Για το εγώ, η παρούσα στιγμή καλά-καλά δεν υπάρχει. Μόνο το παρελθόν και το μέλλον θεωρούνται σημαντικά. Αυτή η πλήρης αντιστροφή της αλήθειας ευθύνεται για το γεγονός ότι ο νους είναι τόσο δυσλειτουργικός όταν βρίσκεται στη θέση λειτουργίας "εγώ". Ασχολείται πάντα με το να διατηρεί ζωντανό το παρελθόν επειδή, χωρίς αυτό – ποιος είσαι; Προβάλλει συνεχώς τον εαυτό του στο μέλλον για να διασφαλίσει τη συνέχεια της επιβίωσής του και για να επιδιώξει να βρει εκεί κάποιο είδος ανακούφισης ή ικανοποίησης. Λέει: "Κάποια μέρα, όταν συμβεί αυτό, εκείνο ή το άλλο, θα είμαι καλά, ευτυχισμένος, ήρεμος".

Ακόμα κι όταν το εγώ φαίνεται να ενδιαφέρεται για το παρόν, δεν είναι το παρόν αυτό που βλέπει. Το αντιλαμβάνεται λαθεμένα, επειδή το κοιτάζει μέσα από τα μάτια του παρελθόντος. Ή υποβιβάζει το παρόν σε μέσον για την επίτευξη ενός σκοπού που βρίσκεται πάντα στο μέλλον, όπως το προβάλλει ο νους. Παρατήρησε το νου σου και θα δεις πως έτσι λειτουργεί.

Η παρούσα στιγμή κρατάει το κλειδί της απελευθέρωσης. Όμως δεν μπορείς να βρεις την παρούσα στιγμή όσο είσαι ο νους σου.

Δε θέλω να χάσω την ικανότητά μου να αναλύω και να διακρίνω. Δε θα είχα αντίρρηση να μάθω να σκέφτομαι πιο καθαρά, με πιο εστιασμένο τρόπο, αλλά δε θέλω να χάσω το νου μου. Το δώρο της σκέψης είναι το πιο πολύτιμο πράγμα που έχουμε. Χωρίς αυτό, θα ήμαστε απλώς άλλο ένα είδος ζώου.

Η κυριαρχία του νου δεν είναι τίποτε περισσότερο από ένα στάδιο στην εξέλιξη της συνειδητότητας. Χρειάζεται να προχωρήσουμε στο επόμενο στάδιο επειγόντως, τώρα, διαφορετικά θα καταστραφούμε από το νου, που έχει εξελιχθεί σε τέρας. Θα μιλήσω γι' αυτό λεπτομερέστερα αργότερα.

Η σκέψη και η συνειδητότητα δεν είναι συνώνυμα. Η σκέψη είναι μόνο μια μικρή πλευρά της συνειδητότητας. Δεν μπορεί να υπάρξει χωρίς τη συνειδητότητα, αλλά η συνειδητότητα δε χρειάζεται τη σκέψη.

Φώτιση σημαίνει ανύψωση πάνω από τη σκέψη, κι όχι πτώση σε ένα επίπεδο κάτω από τη σκέψη, στο επίπεδο ενός ζώου ή φυτού. Στη φωτισμένη κατάσταση, εξακολουθείς να χρησιμοποιείς το σκεπτόμενο νου σου όταν χρειάζεται, αλλά με έναν πολύ πιο εστιασμένο και αποτελεσματικό τρόπο απ' όσο πριν. Τον χρησιμοποιείς κυρίως για πρακτικούς λόγους, αλλά είσαι απαλλαγμένος από τον αθέλητο εσωτερικό διάλογο, και μέσα σου υπάρχει ησυχία.

Όταν χρησιμοποιείς το νου σου, και ιδιαίτερα όταν χρειάζεσαι μια δημιουργική λύση, ταλαντεύεσαι κάθε λίγα λεπτά ανάμεσα στη σκέψη και στην ησυχία, ανάμεσα στο νου και στο μη–νου που είναι συνειδητότητα χωρίς σκέψη. Μόνο με αυτό τον τρόπο είναι δυνατόν να σκέφτεσαι δημιουργικά, επειδή μόνο με αυτό τον τρόπο η σκέψη έχει αληθινή δύναμη. Η σκέψη μόνη της, όταν δεν είναι πια συνδεδεμένη με τον απέραντο κόσμο της συνειδητότητας, γρήγορα γίνεται παράλογη, καταστροφική.

Ο νους είναι ουσιαστικά μια μηχανή επιβίωσης: επίθεση και άμυνα ενάντια στο νου άλλων, συγκέντρωση, αποθήκευση και ανάλυση πληροφοριών. Σ' αυτά είναι καλός, αλλά δεν είναι καθόλου δημιουργικός. Όλοι οι αληθινοί καλλιτέχνες, είτε το γνωρίζουν είτε όχι, δημιουργούν από ένα χώρο μη–νου, από την εσωτερική ησυχία. Ο νους δίνει τότε μορφή στη δημιουργική παρόρμηση ή ενόραση.

Ακόμα και οι μεγάλοι επιστήμονες έχουν αναφέρει ότι οι επαναστατικές τους ανακαλύψεις ήρθαν σε μια στιγμή νοητικής ησυχίας. Το εκπληκτικό αποτέλεσμα μιας πανεθνικής έρευνας μεταξύ των πιο επιφανών μαθηματικών της Αμερικής, συμπεριλαμβανομένου και του Αϊνστάιν, σχετικά με τις μεθόδους εργασίας τους, ήταν ότι η σκέψη "παίζει μόνο δευτερεύοντα ρόλο στη σύντομη, αποφασιστική φάση της ίδιας της δημιουργικής πράξης". Θα έλεγα λοιπόν ότι ο λόγος που οι περισσότεροι επιστήμονες δεν είναι δημιουργικοί, δεν είναι επειδή δεν ξέρουν να σκέφτονται, αλλά, απλούστατα, επειδή δεν ξέρουν πώς να *πάψουν* να σκέφτονται!

Το θαύμα που είναι η ζωή στη Γη ή το θαύμα που είναι το σώμα σου, δε δημιουργήθηκε ούτε διατηρείται μέσω του νου, μέσω της σκέψης. Είναι ολοφάνερο ότι μια ευφυΐα πολύ μεγαλύτερη από το νου εργάζεται γι' αυτό. Πώς μπορεί ένα και μόνο ανθρώπινο κύτταρο, με διάμετρο 1/1.000 της ίντσας, να περιέχει οδηγίες μέσα στο DNA του, που θα γέμιζαν 1.000 βιβλία εξακοσίων σελίδων το καθένα; Όσο περισσότερα μαθαίνουμε γύρω από τις λειτουργίες του σώματος, τόσο περισσότερο αντιλαμβανόμαστε πόσο τεράστια είναι η ευφυΐα που δουλεύει μέσα του και πόσο λίγα γνωρίζουμε γι΄ αυτήν. Όταν ο νους ξανασυνδέεται μ' αυτήν, γίνεται ένα υπέροχο εργαλείο. Τότε υπηρετεί κάτι μεγαλύτερο από τον εαυτό του.

ΣΥΝΑΙΣΘΗΜΑ: Η ΑΝΤΙΔΡΑΣΗ ΤΟΥ ΣΩΜΑΤΟΣ ΣΤΟ ΝΟΥ

Με τα συναισθήματα τι γίνεται; Παγιδεύομαι στα συναισθήματά μου περισσότερο απ' όσο στο νου μου.

Ο νους, με τον τρόπο που χρησιμοποιούμε τη λέξη, δεν είναι απλώς σκέψη. Περιλαμβάνει επίσης τα συναισθήματά σου, καθώς και όλα τα ασυνείδητα νοητικά–συναισθηματικά πρότυπα αντίδρασης. Τα συναισθήματα γεννιούνται εκεί όπου συναντιούνται ο νους και το σώμα. Είναι η αντίδραση του σώματος στο νου – ή, θα μπορούσαμε να πούμε, η αντανάκλαση του νου στο σώμα.

Για παράδειγμα, μια επιθετική ή μια εχθρική σκέψη δημιουργεί μια αύξηση της ενέργειας στο σώμα, που την ονομάζουμε θυμό. Το σώμα ετοιμάζεται να δώσει μάχη. Επίσης, η σκέψη ότι απειλείσαι, σωματικά ή ψυχολογικά, κάνει το σώμα να συσπάται, κι αυτή είναι η σωματική πλευρά αυτού που ονομάζουμε φόβο. Έχει αποδειχτεί ότι τα έντονα συναισθήματα προκαλούν ακόμα και αλλαγές στη βιοχημεία του σώματος. Αυτές οι αλλαγές αντιπροσωπεύουν την υλική πλευρά του συναισθήματος. Φυσικά, συνήθως δεν έχεις συναίσθηση των προτύπων της σκέψης σου και συχνά μόνο παρατηρώντας τα συναισθήματά σου μπορείς να συνειδητοποιήσεις ότι τα έχεις.

Όσο περισσότερο είσαι ταυτισμένος με τη σκέψη σου, μ' αυτά που σου αρέσουν και μ΄ εκείνα που δε σου αρέσουν, με τις κρίσεις και τις ερμηνείες, με άλλα λόγια, όσο λιγότερο *παρών* είσαι ως συνειδητότητα που παρατηρεί, τόσο πιο δυνατή είναι η συναισθηματική ενεργειακή σου φόρτιση, είτε το συνειδητοποιείς είτε όχι. Αν δεν μπορείς να νιώσεις τα συναισθήματά σου, αν είσαι ξεκομμένος από αυτά, καταλήγεις να τα βιώνεις σε ένα καθαρά σωματικό επίπεδο, σαν σωματικό πρόβλημα ή σύμπτωμα. Πολλά έχουν γραφτεί γι΄ αυτό το θέμα τα τελευταία χρόνια, κι έτσι δε χρειάζεται να το συζητήσουμε εδώ. Ένα ισχυρό ασυνείδητο συναισθηματικό πρότυπο μπορεί ακόμα και να εκδηλωθεί σαν εξωτερικό γεγονός που εμφανίζεται σαν να σου συμβαίνει τυχαία.

Για παράδειγμα, έχω παρατηρήσει ότι οι άνθρωποι που κουβαλούν πολύ θυμό μέσα τους χωρίς να το ξέρουν και χωρίς να τον εκφράζουν, έχουν μεγαλύτερες πιθανότητες να δεχτούν επίθεση, λεκτικά ή ακόμα και σωματικά, από άλλους θυμωμένους ανθρώπους, και συχνά χωρίς φανερή αιτία. Έχουν μια έντονη "εκπομπή" θυμού που ορισμένοι άνθρωποι τη συλλαμβάνουν σε μη αντιληπτό επίπεδο, κι αυτό πυροδοτεί το δικό τους θυμό, που βρίσκεται σε λανθάνουσα κατάσταση.

Αν δυσκολεύεσαι να νιώσεις τα συναισθήματά σου, ξεκίνα εστιάζοντας την προσοχή σου στο εσωτερικό ενεργειακό πεδίο του σώματός σου. Νιώσε το σώμα σου από μέσα. Αυτό θα σε φέρει σε επαφή με τα συναισθήματά σου. Θα το ερευνήσουμε αυτό με περισσότερες λεπτομέρειες αργότερα.

Λες ότι το συναίσθημα είναι η αντανάκλαση του νου στο σώμα. Όμως, μερικές φορές, υπάρχει σύγκρουση μεταξύ των δύο: ο νους λέει "όχι" ενώ το συναίσθημα λέει "ναι", ή και το αντίστροφο.

Αν θέλεις πραγματικά να γνωρίσεις το νου σου, το σώμα σού δίνει πάντα μια αληθινή αντανάκλασή του. Γι' αυτό κοίτα το συναίσθημα ή μάλλον *νιώσ' το* στο σώμα σου. Αν υπάρχει μια φαινομενική σύγκρουση μεταξύ των δύο, η σκέψη είναι το ψέμα και το συναίσθημα η αλήθεια. Όχι η απόλυτη αλήθεια του ποιος είσαι, αλλά η σχετική αλήθεια για την κατάσταση στην οποία βρίσκεσαι εκείνη τη στιγμή.

Η σύγκρουση ανάμεσα στις επιφανειακές σκέψεις και στις ασυνείδητες νοητικές διαδικασίες είναι βέβαια συνηθισμένη. Μπορεί να μην είσαι ακόμα σε θέση να φέρεις την ασυνείδητη νοητική σου διαδικασία στο συνειδητό επίπεδο *σαν σκέψεις*, αλλά αυτή πάντα αντανακλάται στο σώμα σου *σαν συναίσθημα*, κι αυτό *μπορείς* να το συνειδητοποιήσεις. Το να παρατηρείς ένα συναίσθημα με αυτό τον τρόπο είναι βασικά το ίδιο με το να ακούς ή να παρατηρείς μια σκέψη, όπως το περιέγραψα νωρίτερα. Η μόνη διαφορά είναι ότι ενώ η σκέψη είναι στο νου σου, το συναίσθημα γίνεται κυρίως αισθητό στο σώμα. Μετά την παρατήρηση, μπορείς να επιτρέψεις στο συναίσθημα να *υπάρχει*, χωρίς να ελέγχεσαι απ' αυτό. Δεν *είσαι* πια το συναίσθημα· είσαι ο θεατής, η παρουσία που παρατηρεί. Αν εξασκηθείς σ' αυτό, όλα όσα είναι ασυνείδητα μέσα σου θα έρθουν στο φως της συνειδητότητας.

Επομένως η παρατήρηση των συναισθημάτων μας είναι το ίδιο σημαντική όσο και αυτή των σκέψεών μας;

Ναι. Απόκτησε τη συνήθεια να ρωτάς τον εαυτό σου: "Τι συμβαίνει μέσα μου αυτή τη στιγμή;" Αυτή η ερώτηση θα σε στρέψει προς τη σωστή κατεύθυνση. Όμως μην αναλύεις. Απλώς να παρατηρείς. Νιώσε την ενέργεια του συναισθήματος. Αν δεν υπάρχει κάποιο συναίσθημα, οδήγησε την προσοχή σου πιο βαθιά, στο εσωτερικό ενεργειακό σου πεδίο. Αυτή είναι η πύλη προς την Ύπαρξη.

Το συναίσθημα αντιπροσωπεύει συνήθως ένα ισχυροποιημένο και ενεργοποιημένο πρότυπο σκέψης και, εξαιτίας της συχνά συντριπτικής ενεργειακής του φόρτισης, δεν είναι εύκολο στην αρχή να είσαι αρκετά παρών ώστε να το παρατηρήσεις. Θέλει να σε καταλάβει ολόκληρο, και συνήθως το καταφέρνει – εκτός κι αν η παρουσία σου είναι ισχυρή. Αν παρασυρθείς σε μια ασυνείδητη ταύτιση με το συναίσθημα χωρίς να γίνεις παρατηρητής, πράγμα που είναι φυσιολογικό, τότε το συναίσθημα γίνεται προσωρινά "εσύ".

Συχνά δημιουργείται ένας φαύλος κύκλος ανάμεσα στη σκέψη και στο συναίσθημα: τρέφουν το ένα το άλλο. Το πρότυπο της σκέψης δημιουργεί μια μεγεθυσμένη αντανάκλαση του εαυτού του με τη μορφή ενός συναισθήματος, και η δόνηση του συναισθήματος συνεχίζει να τρέφει το αρχικό πρότυπο σκέψης. Παραμένοντας νοητικά στην κατάσταση, το γεγονός ή τον άνθρωπο που νομίζεις ότι είναι η αιτία του συναισθήματος, η σκέψη τροφοδοτεί με ενέργεια το συναίσθημα, που με τη σειρά του ενεργοποιεί το πρότυπο σκέψης, και ούτω καθεξής.

Βασικά, όλα τα συναισθήματα είναι παραλλαγές ενός αρχέγονου, αδιαφοροποίητου συναισθήματος που προέρχεται από την απώλεια της επίγνωσης του ποιος είσαι, πέρα από όνομα και μορφή. Λόγω της αδιαφοροποίητης φύσης του, είναι δύσκολο να βρεθεί ένα όνομα που να το περιγράφει με ακρίβεια. Η λέξη "φόβος" πησιάζει αρκετά, αλλά, ξέχωρα από μια συνεχή αίσθηση απειλής, περιλαμβάνει επίσης μια βαθιά αίσθηση εγκατάλειψης και έλλειψης πληρότητας. Ίσως να είναι καλύτερα να χρησιμοποιήσουμε έναν όρο που είναι εξίσου αδιαφοροποίητος, και να το αποκαλέσουμε απλά "πόνο".

Μια από τις κύριες δουλειές του νου είναι να μάχεται ή να απομακρύνει αυτόν το συναισθηματικό πόνο, πράγμα που είναι μία από τις αιτίες της αδιάκοπης δραστηριότητάς του. Όμως το μόνο που μπορεί να κατορθώσει είναι να τον καλύπτει προσωρινά. Στην πραγματικότητα, όσο πιο σκληρά προσπαθεί ο νους να απαλλαγεί από τον πόνο, τόσο μεγαλύτερος γίνεται αυτός. Ο νους δεν μπορεί ποτέ να βρει τη λύση, ούτε μπορεί να σου επιτρέψει να βρεις εσύ τη λύση, επειδή είναι ο ίδιος εγγενές μέρος του "προβλήματος".

Φαντάσου έναν αρχηγό της αστυνομίας να προσπαθεί να βρει έναν εμπρηστή, όταν ο εμπρηστής *είναι* ο αρχηγός της αστυνομίας. Δε θα λυτρωθείς από αυτόν τον πόνο, μέχρι να πάψεις να αντλείς την αίσθηση του εαυτού σου από την ταύτιση με το νου, δηλαδή από το εγώ. Ο νους γκρεμίζεται τότε από το θρόνο της εξουσίας του και η Ύπαρξη αποκαλύπτεται ως η αληθινή σου φύση.

Ναι, ξέρω τι θα ρωτήσεις.

Αυτό που είχα σκοπό να ρωτήσω είναι: τι γίνεται με τα θετικά συναισθήματα, όπως η αγάπη και η χαρά;

Είναι αδιαχώριστα από τη φυσική σου κατάσταση της εσωτερικής σύνδεσης με την Ύπαρξη. Οι "κλεφτές ματιές" στην αγάπη και στη χαρά ή οι σύντομες στιγμές βαθιάς γαλήνης είναι δυνατόν να συμβούν όποτε εμφανίζεται ένα κενό στη ροή της σκέψης. Για τους περισσότερους, τέτοια κενά συμβαίνουν σπάνια και μόνο τυχαία, σε στιγμές που ο νους μένει "άφωνος" από μεγάλη ομορφιά, από ακραία σωματική εξάντληση ή ακόμα και από μεγάλο κίνδυνο. Ξαφνικά, υπάρχει εσωτερική ησυχία. Και μέσα σ' αυτή την ησυχία υπάρχει μια λεπτή, αλλά έντονη, χαρά, υπάρχει αγάπη, υπάρχει γαλήνη.

Συνήθως αυτές οι στιγμές δεν κρατούν πολύ, αφού ο νους γρήγορα ξαναρχίζει να κάνει "θόρυβο" – αυτό που ονομάζουμε σκέψη. Η αγάπη, η χαρά και η γαλήνη δεν μπορούν να ανθίσουν, μέχρι να ελευθερωθείς από την κυριαρχία του νου. Όμως δε θα τα αποκαλούσα αυτά συναισθήματα. Βρίσκονται πέρα από τα συναισθήματα, σε ένα πολύ βαθύτερο επίπεδο.

Η αγάπη, η χαρά και η γαλήνη είναι βαθιές καταστάσεις της Ύπαρξης ή μάλλον τρεις όψεις της κατάστασης της εσωτερικής σύνδεσης με την Ύπαρξη. Ως τέτοιες, δεν έχουν αντίθετα. Αυτό συμβαίνει επειδή πηγάζουν από κάτι που είναι πέρα από το νου. Τα συναισθήματα, από την άλλη, όντας μέρος του δυϊστικού νου, υπακούουν στο νόμο των αντιθέτων. Αυτό σημαίνει απλά ότι δεν μπορείς να έχεις καλό χωρίς κακό.

Έτσι, στην αφώτιστη κατάσταση της ταύτισης με το νου, αυτό που μερικές φορές λαθεμένα ονομάζεται χαρά είναι η συνήθως βραχύβια πλευρά της ηδονής στον συνεχώς εναλλασσόμενο κύκλο πόνος/ηδονή. Η ηδονή προέρχεται πάντα από κάτι έξω από σένα, ενώ η χαρά πηγάζει από μέσα σου. Το ίδιο ακριβώς πράγμα που σήμερα σου δίνει ηδονή, αύριο θα σου δώσει πόνο ή θα σ' αφήσει κι έτσι η απουσία του θα σου δώσει πόνο. Κι αυτό που συχνά αναφέρεται σαν αγάπη μπορεί να προσφέρει ευχαρίστηση και έξαψη για λίγο, αλλά είναι μια εθιστική προσκόλληση, μια εξαιρετικά ενδεής κατάσταση που μπορεί να μετατραπεί στο αντίθετό της με το πάτημα ενός κουμπιού. Πολλές σχέσεις "αγάπης", μόλις περάσει η αρχική ευφορία, αρχίζουν να ταλαντεύονται ανάμεσα στην αγάπη και το μίσος, την έλξη και την απώθηση.

Η αληθινή αγάπη δε σε κάνει να υποφέρεις. Πώς θα μπορούσε; Δε μετατρέπεται ξαφνικά σε μίσος, ούτε και η αληθινή χαρά μετατρέπεται σε πόνο. Όπως είπα και πριν, ακόμα και πριν φωτιστείς, πριν ελευθερωθείς από το νου σου, μπορεί για μια στιγμή να ρίξεις μια "κλεφτή ματιά" στην αληθινή χαρά, στην αληθινή αγάπη ή στη βαθιά εσωτερική γαλήνη, που είναι ήρεμη αλλά γεμάτη ζωντάνια.

Αυτές είναι πλευρές της αληθινής σου φύσης, που συνήθως συσκοτίζονται από το νου. Ακόμα και μέσα σε μια "φυσιολογική" εθιστική σχέση, υπάρχουν στιγμές που νιώθεις να υπάρχει κάτι αυθεντικό, άφθαρτο. Όμως αυτές οι στιγμές είναι φευγαλέες· σύντομα καλύπτονται ξανά από την παρέμβαση του νου. Μπορεί τότε να σου φανεί ότι είχες κάτι εξαιρετικά πολύτιμο και το έχασες ή ο νους σου μπορεί να σε πείσει ότι, έτσι κι αλλιώς, ήταν μια ψευδαίσθηση.

Η αλήθεια είναι ότι δεν ήταν ψευδαίσθηση και ότι δεν μπορείς να το χάσεις. Είναι μέρος της φυσικής σου κατάστασης, που μπορεί να συσκοτιστεί, αλλά δεν μπορεί ποτέ να καταστραφεί από το νου.

Ακόμα κι όταν ο ουρανός είναι βαριά συννεφιασμένος, ο ήλιος δεν έχει εξαφανιστεί. Είναι ακόμα εκεί, πίσω από τη συννεφιά.

Ο Βούδας λέει ότι ο πόνος και τα βάσανα πηγάζουν από την επιθυμία ή τον έντονο πόθο και ότι για να απαλλαγούμε από τον πόνο χρειάζεται να κόψουμε τα δεσμά της επιθυμίας.

Όλοι οι έντονοι πόθοι είναι η αναζήτηση του νου, σε εξωτερικά πράγματα και στο μέλλον, για να βρει ικανοποίηση ή λύτρωση, σαν υποκατάστατο για τη χαρά της Ύπαρξης.

Όσο είμαι ο νους μου, είμαι αυτοί οι πόθοι, αυτές οι επιθυμίες, οι ανάγκες, τα θέλω, οι προσκολλήσεις και οι αποστροφές, και δεν υπάρχω ξέχωρα απ' αυτά, παρά μόνο σαν μια απλή πιθανότητα, σαν ένα ανεκπλήρωτο δυναμικό, σαν ένας σπόρος που δεν έχει ακόμα βλαστήσει. Σ' αυτή την κατάσταση, ακόμα και η επιθυμία μου να ελευθερωθώ ή να φωτιστώ είναι απλώς άλλος ένας πόθος για πληρότητα ή για ολοκλήρωση στο μέλλον.

Έτσι, μην επιδιώκεις να απαλλαγείς από την επιθυμία ή να "επιτύχεις" τη φώτιση. Γίνε παρών. Να είσαι παρών ως παρατηρητής του νου. Αντί να αναφέρεις τα λόγια του Βούδα, *γίνε* ο Βούδας, *γίνε* "ο αφυπνισμένος", που είναι αυτό που σημαίνει η λέξη *βούδας*.

Οι άνθρωποι είναι πιασμένοι στη μέγγενη του πόνου για αιώνες, από τότε που εξέπεσαν από την κατάσταση της θείας χάριτος, μπήκαν στη σφαίρα του χρόνου και του νου και έχασαν την επίγνωση της Ύπαρξης. Σ' εκείνο το σημείο, άρχισαν να αντιλαμβάνονται τον εαυτό τους σαν ασήμαντα ψήγματα σε ένα ξένο σύμπαν, χωρίς σύνδεση με την Πηγή, χωρίς σύνδεση μεταξύ τους.

Ο πόνος είναι αναπόφευκτος όσο είσαι ταυτισμένος με το νου σου, δηλαδή όσο έχεις "απώλεια συνειδητότητας", από πνευματική άποψη. Μιλάω εδώ κυρίως για το συναισθηματικό πόνο, που είναι επίσης η κύρια αιτία του σωματικού πόνου και της σωματικής ασθένειας. Η μνησικακία, το μίσος, η αυτολύπηση, η ενοχή, ο θυμός, η κατάθλιψη, η ζήλια και όλα τα υπόλοιπα, ακόμα και ο πιο ανεπαίσθητος εκνευρισμός, είναι όλα μορφές πόνου. Και κάθε ηδονή ή συναισθηματική έξαρση περιέχει μέσα της το σπέρμα του πόνου, του αδιαχώριστου αντίθετού της που θα εκδηλωθεί με τον καιρό.

Όποιος έχει πάρει κάποτε ναρκωτικά για να "ανέβει" ξέρει ότι το "ανέβασμα" τελικά γίνεται "κατέβασμα", ότι η απόλαυση μετατρέπεται σε πόνο. Πολλοί ξέρουν επίσης από προσωπική τους εμπειρία πόσο εύκολα και γρήγορα μια ερωτική σχέση μπορεί να μετατραπεί από πηγή απόλαυσης σε πηγή πόνου. Ιδωμένοι από μια υψηλότερη προοπτική, τόσο ο αρνητικός όσο και ο θετικός πόλος είναι όψεις του ίδιου νομίσματος, είναι και οι δύο μέρος του πόνου που κρύβεται από κάτω, του πόνου που είναι αδιαχώριστος από την ταύτιση με το νου, από την εγωική κατάσταση της συνειδητότητας.

Υπάρχουν δύο επίπεδα στον πόνο σου: ο πόνος που δημιουργείς τώρα και ο πόνος από το παρελθόν που ζει ακόμα στο νου και στο σώμα σου. Το να πάψεις να δημιουργείς πόνο στο παρόν και το να διαλύσεις τον πόνο του παρελθόντος – αυτά είναι εκείνα για τα οποία θέλω να μιλήσω τώρα.

ΚΕΦΑΛΑΙΟ ΔΥΟ

ΣΥΝΕΙΔΗΤΟΤΗΤΑ: Ο ΔΡΟΜΟΣ ΠΟΥ ΣΕ ΟΔΗΓΕΙ ΜΑΚΡΙΑ ΑΠΟ ΤΟΝ ΠΟΝΟ

Μη δημιουργείς άλλον πόνο στο παρόν

Εφόσον κανενός η ζωή δεν είναι απαλλαγμένη από τον πόνο και τη λύπη, δεν είναι καλύτερα, τελικά, να μάθουμε να ζούμε μ' αυτά, αντί να προσπαθούμε να τα αποφύγουμε;

Το μεγαλύτερο μέρος του ανθρώπινου πόνου είναι περιττό. Δημιουργείται μόνο του, όσο ο νους ασυνείδητα κυβερνάει τη ζωή σου. Ο πόνος που δημιουργείς τώρα είναι πάντα κάποια μορφή μη αποδοχής, κάποια μορφή ασυνείδητης αντίστασης σ' αυτό που *υπάρχει*. Στο επίπεδο της σκέψης, η αντίσταση είναι κάποια μορφή κριτικής. Στο συναισθηματικό επίπεδο, είναι κάποια μορφή αρνητικότητας. Η ένταση του πόνου εξαρτάται από το βαθμό που αντιστέκεσαι στην παρούσα στιγμή, κι αυτός με τη σειρά του εξαρτάται από το πόσο έντονα είσαι ταυτισμένος με το νου σου.

Ο νους πάντα επιδιώκει να αρνηθεί το Τώρα και να ξεφύγει απ' αυτό. Με άλλα λόγια, όσο περισσότερο ταυτισμένος είσαι με το νου σου, τόσο περισσότερο υποφέρεις. Ή, μπορείς να το θέσεις κι έτσι: όσο περισσότερο μπορείς να τιμήσεις και να αποδεχτείς το Τώρα, τόσο πιο απαλλαγμένος είσαι από τον πόνο, από τα βάσανα – και απαλλαγμένος από τον εγωικό νου.

Γιατί ο νους αρνιέται συνεχώς το Τώρα ή αντιστέκεται σ΄ αυτό; Επειδή δεν μπορεί να λειτουργήσει και να διατηρήσει τον έλεγχο χωρίς το χρόνο, που είναι το παρελθόν και το μέλλον, κι έτσι αντιλαμβάνεται το άχρονο Τώρα σαν απειλή. Χρόνος και νους είναι στην πραγματικότητα αδιαχώριστα.

Φαντάσου τη Γη άδεια από ανθρώπινη ζωή, κατοικημένη μόνο από φυτά και ζώα. Θα είχε και πάλι παρελθόν και μέλλον; Θα μπορούσαμε ακόμα να μιλάμε για χρόνο, με κάποιον τρόπο που να έχει νόημα; Η ερώτηση "τι ώρα είναι;" ή "τι μέρα έχουμε σήμερα;" – αν υπήρχε κάποιος να την κάνει – δε θα είχε κανένα νόημα. Η βελανιδιά και ο αετός θα σάστιζαν με μια τέτοια ερώτηση. "Τι ώρα είναι;" θα ρωτούσαν. "Μα, φυσικά, η ώρα είναι *τώρα.* Τι άλλο υπάρχει;"

Ναι, χρειαζόμαστε το νου, καθώς και το χρόνο, για να λειτουργούμε σε τούτο τον κόσμο, αλλά έρχεται κάποιο σημείο όπου αυτά τα δύο παίρνουν τη ζωή μας στα χέρια τους κι εκεί είναι που μπαίνουν στη σκηνή η δυσλειτουργία, ο πόνος και η θλίψη.

Ο νους, για να εξασφαλίσει ότι θα διατηρήσει τον έλεγχο, επιδιώκει συνεχώς να καλύπτει την παρούσα στιγμή με παρελθόν και μέλλον. Έτσι, καθώς η ζωτικότητα και το άπειρο δημιουργικό δυναμικό της Ύπαρξης, η οποία είναι αδιαχώριστη από το Τώρα, καλύπτονται με το χρόνο, η αληθινή σου φύση συσκοτίζεται από το νου.

Ένα φορτίο χρόνου που ολοένα αυξάνεται έχει συσσωρευτεί στον ανθρώπινο νου. Όλοι οι άνθρωποι στενάζουν κάτω από αυτό το βάρος, αλλά συνεχίζουν επίσης να του προσθέτουν κάθε στιγμή, κάθε φορά που αγνοούν ή αρνούνται αυτή την πολύτιμη στιγμή ή την υποβιβάζουν σε μέσο άφιξης σε κάποια μελλοντική στιγμή, που υπάρχει μόνο μέσα στο νου, ποτέ στην πραγματικότητα. Η συσσώρευση του χρόνου στο συλλογικό και ατομικό νου κρατάει επίσης μια τεράστια ποσότητα πόνου από το παρελθόν.

Αν δεν θέλεις πια να δημιουργείς πόνο για τον εαυτό σου και για τους άλλους, αν δε θέλεις πια να προσθέτεις στο φορτίο του πόνου από το παρελθόν που εξακολουθεί να ζει μέσα σου, τότε μη δημιουργείς άλλο χρόνο ή τουλάχιστον όχι περισσότερο απ' όσο είναι απαραίτητος για να αντιμετωπίζεις τις πρακτικές πλευρές της ζωής.

Και πώς μπορείς να σταματήσεις να δημιουργείς χρόνο; Συνειδητοποίησε βαθιά ότι η παρούσα στιγμή είναι η μόνη που έχεις. Κάνε το Τώρα πρωταρχικό εστιακό σημείο της ζωής σου. Ενώ πριν κατοικούσες στο χρόνο και έκανες σύντομες επισκέψεις στο Τώρα, έχε την κατοικία σου στο Τώρα και κάνε σύντομες επισκέψεις στο παρελθόν και στο μέλλον, όποτε χρειάζεται να ασχοληθείς με τις πρακτικές πλευρές της ζωής σου. Λέγε πάντα "ναι" στην παρούσα στιγμή.

Τι θα μπορούσε να είναι πιο μάταιο, πιο τρελό, από το να δημιουργείς εσωτερική αντίσταση σε κάτι που ήδη *υπάρχει*; Παραδόσου σ' αυτό που υπάρχει. Πες "ναι" στη ζωή — και δες πώς ξαφνικά η ζωή αρχίζει να δουλεύει *για* σένα κι όχι *εναντίον* σου.

Όμως η παρούσα στιγμή είναι κάποιες φορές απαράδεκτη, δυσάρεστη ή φριχτή.

Είναι αυτή που είναι. Παρατήρησε πώς την ονομάζει ο νους και πώς αυτή η διαδικασία της ονομασίας, αυτή η συνεχής κριτική στάση, δημιουργεί πόνο και δυστυχία. Με το να παρατηρείς τους μηχανισμούς του νου, βγαίνεις από τα πρότυπα αντίστασής του και τότε μπορείς να *επιτρέψεις στην παρούσα στιγμή να υπάρξει.* Αυτό θα σου δώσει μια γεύση τού τι σημαίνει να είσαι ελεύθερος από τις εξωτερικές συνθήκες, μια γεύση της αληθινής εσωτερικής γαλήνης. Δες τι θα συμβεί τότε και ανάλαβε δράση, αν αυτό είναι απαραίτητο ή δυνατό.

Δέξου – και μετά δράσε. Ό, τι κι αν περιέχει η παρούσα στιγμή, δέξου το σαν να το είχες επιλέξει. Δούλευε πάντα μαζί της, όχι εναντίον της. Κάνε τη φίλη και σύμμαχό σου, όχι εχθρό σου. Αυτό θα μεταμορφώσει όλη σου τη ζωή, σαν από θαύμα.

ΔΙΑΛΥΟΝΤΑΣ ΤΟ ΠΟΝΟ-ΣΩΜΑ

Όσο δεν έχεις πρόσβαση στη δύναμη του Τώρα, κάθε συναισθηματικός πόνος που βιώνεις αφήνει πίσω του ένα "κατακάθι" πόνου που συνεχίζει να ζει μέσα σου. Ενώνεται με τον πόνο από το παρελθόν, που υπήρχε ήδη, και εγκαθίσταται στο νου και στο σώμα σου. Αυτό, φυσικά, περιλαμβάνει και τον πόνο που υπέφερες όταν ήσουν παιδί, που τον προκάλεσε η έλλειψη συνειδητότητας που υπήρχε στον κόσμο μέσα στον οποίο γεννήθηκες.

Αυτός ο συσσωρευμένος πόνος είναι ένα αρνητικό ενεργειακό πεδίο που καταλαμβάνει το σώμα και το νου σου. Αν τον βλέπεις σαν μια αόρατη αυτοτελή οντότητα, πλησιάζεις πολύ στην αλήθεια. Είναι το συναισθηματικό πονο-σώμα, που έχει δύο τρόπους ύπαρξης: τον αδρανή και τον ενεργό. Ένα πονο-σώμα μπορεί να είναι αδρανές στο 90% του χρόνου· όμως σ' έναν βαθιά δυστυχισμένο άνθρωπο, μπορεί να είναι ενεργό μέχρι και στο 100% του χρόνου.

Κάποιοι άνθρωποι ζουν σχεδόν ολότελα μέσω του πονο-σώματός τους, ενώ άλλοι μπορεί να το βιώνουν μόνο σε ορισμένες περιπτώσεις, όπως στις στενές προσωπικές τους σχέσεις ή σε καταστάσεις που συνδέονται με περασμένες απώλειες ή με εγκατάλειψη, με σωματικό ή με συναισθηματικό πόνο. Οτιδήποτε μπορεί να ενεργοποιήσει το πονο-σώμα, ιδιαίτερα αν απηχεί ένα πρότυπο πόνου από το παρελθόν. Όταν το πονο-σώμα είναι έτοιμο να αφυπνιστεί από την αδρανή του κατάσταση, ακόμα και μια σκέψη ή ένα αθώο σχόλιο που μπορεί να κάνει κάποιος κοντινός σου άνθρωπος μπορεί να το ενεργοποιήσει.

Κάποια πονο-σώματα μπορεί να είναι ενοχλητικά, αλλά σχετικά άκακα – σαν ένα παιδί που δε σταματάει να κλαψουρίζει. Άλλα είναι μοχθηρά και καταστροφικά τέρατα, αληθινοί δαίμονες. Κάποια είναι σωματικά βίαια· πολύ περισσότερα είναι συναισθηματικά βίαια. Κάποια επιτίθενται σε κείνους που είναι γύρω τους ή κοντά τους, ενώ άλλα μπορεί να επιτεθούν στον ίδιο τους τον οικοδεσπότη. Οι σκέψεις και τα συναισθήματα που έχεις για τη ζωή σου γίνονται τότε βαθιά αρνητικά και αυτοκαταστροφικά. Αρρώστιες και ατυχήματα συχνά δημιουργούνται με αυτό τον τρόπο. Υπάρχουν και πονο-σώματα που οδηγούν τον οικοδεσπότη τους στην αυτοκτονία.

Όταν νομίζεις ότι γνωρίζεις έναν άνθρωπο και ξαφνικά έρχεσαι αντιμέτωπος μ΄ αυτό το ξένο, αποκρουστικό "πλάσμα" για πρώτη φορά, παθαίνεις αληθινό σοκ. Ωστόσο, είναι πολύ πιο σημαντικό να το παρατηρήσεις στον εαυτό σου, παρά σε κάποιον άλλον. Έχε τα μάτια σου ανοιχτά για οποιοδήποτε σημάδι δυστυχίας μέσα σου, με οποιαδήποτε μορφή. Μπορεί να είναι το πονο-σώμα που ξυπνάει και μπορεί να πάρει τη μορφή του εκνευρισμού, της ανυπομονησίας, μιας μελαγχολικής διάθεσης, μιας επιθυμίας να πληγώσεις, θυμού, οργής, κατάθλιψης, μιας ανάγκης να έχεις λίγο δράμα στη σχέση σου.... Τσάκωσέ το τη στιγμή που ξυπνάει!

Το πονο-σώμα θέλει να επιβιώσει, όπως και κάθε άλλη οντότητα που υπάρχει, και μπορεί να επιβιώσει μόνο αν σε καταφέρει να ταυτιστείς ασυνείδητα μαζί του. Έπειτα μπορεί να σε κυριεύσει, να "γίνει εσύ" και να ζει μέσα από σένα. Χρειάζεται να παίρνει την "τροφή" του μέσα από σένα. Τρέφεται από οποιαδήποτε εμπειρία απηχεί το δικό του είδος ενέργειας, από οτιδήποτε δημιουργεί πρόσθετο πόνο σε οποιαδήποτε μορφή: θυμός, καταστροφικότητα, μίσος, θλίψη, συναισθηματικά δράματα, βία, ακόμα και αρρώστια. Έτσι, το πονο-σώμα, όταν σε έχει κυριεύσει, δημιουργεί μια κατάσταση στη ζωή σου που αντανακλά τη δική του ενεργειακή συχνότητα, για να τραφεί. Ο πόνος μπορεί να τραφεί μόνο με πόνο. Δεν μπορεί να τραφεί με χαρά. Δεν μπορεί να τη "χωνέψει" με τίποτε.

Όταν σε καταλάβει το πονο-σώμα, θέλεις περισσότερο πόνο. Γίνεσαι θύμα ή θύτης. Θέλεις να προκαλείς πόνο ή να υφίστασαι πόνο, ή και τα δύο. Στην πραγματικότητα δεν υπάρχει και μεγάλη διαφορά μεταξύ των δύο. Φυσικά, δε συνειδητοποιείς ότι σου συμβαίνει αυτό και ισχυρίζεσαι με πάθος ότι δε θέλεις τον πόνο. Όμως, κοίτα πιο προσεκτικά και θα ανακαλύψεις ότι οι σκέψεις και η συμπεριφορά σου έχουν σκοπό να διαιωνίζουν τον πόνο, για τον εαυτό σου και για τους άλλους. Αν *αληθινά* το συνειδητοποιούσες αυτό, τότε το πρότυπο θα διαλυόταν, γιατί το να θέλεις περισσότερο πόνο είναι παραφροσύνη, και κανένας δεν είναι συνειδητά παράφρων.

Το πονο-σώμα, που είναι η ζοφερή σκιά που ρίχνει το εγώ, φοβάται το φως της συνειδητότητάς σου. Η επιβίωσή του εξαρτάται από την ασυνείδητη ταύτισή σου μαζί του, καθώς και από το συνειδητό σου φόβο να αντιμετωπίσεις τον πόνο που ζει μέσα σου. Όμως αν δεν τον αντιμετωπίσεις, αν δε φέρεις το φως της συνειδητότητάς σου μέσα στον πόνο, θα αναγκαστείς να τον ζεις ξανά και ξανά. Το πονο-σώμα μπορεί να σου φαίνεται σαν ένα επικίνδυνο τέρας που δεν αντέχεις να το κοιτάξεις, αλλά σε διαβεβαιώνω ότι είναι ένα φάντασμα δίχως υπόσταση, που δεν μπορεί να επικρατήσει ενάντια στη δύναμη της παρουσίας σου.

Κάποιες πνευματικές διδασκαλίες ισχυρίζονται ότι κάθε πόνος είναι τελικά μια ψευδαίσθηση, κι αυτό είναι αλήθεια. Το ερώτημα είναι: είναι αυτό αλήθεια για σένα; Μια απλή πεποίθηση δεν το κάνει αλήθεια. Θέλεις να βιώνεις πόνο σε όλη την υπόλοιπη ζωή σου και να εξακολουθείς να λες ότι είναι ψευδαίσθηση; Σε απαλλάσσει αυτό από τον πόνο; Αυτό που μας απασχολεί εδώ είναι το πώς μπορείς να *συνειδητοποιήσεις* αυτή την αλήθεια – δηλαδή, να την κάνεις αλήθεια στη δική σου εμπειρία.

Έτσι, το πονο-σώμα δε θέλει να το παρατηρείς άμεσα και να δεις τι είναι πραγματικά. Τη στιγμή που το παρατηρείς, που νιώθεις το ενεργειακό του πεδίο μέσα σου και κατευθύνεις την προσοχή σου μέσα του, η ταύτιση σπάει. Μπαίνεις σε μια ανώτερη διάσταση συνειδητότητας, που την ονομάζω *παρουσία*. Τώρα είσαι παρατηρητής του πονο-σώματος. Αυτό σημαίνει ότι δεν μπορεί να σε χρησιμοποιεί πια προσποιούμενο ότι είναι εσύ, και δεν μπορεί πια να ανεφοδιαστεί μέσα από σένα. Έχεις βρει τη δική σου εσωτερική δύναμη. Έχεις αποκτήσει πρόσβαση στη δύναμη του Τώρα.

Τι συμβαίνει στο πονο-σώμα όταν γινόμαστε αρκετά συνειδητοί ώστε να διαλύσουμε την ταύτισή μας μαζί του;

Η απουσία της συνειδητότητας το δημιουργεί· η συνειδητότητα το μεταστοιχειώνει στον εαυτό της. Ο Απόστολος Παύλος διατύπωσε πανέμορφα αυτή τη συμπαντική αρχή: "Όλα φαίνονται όταν εκτεθούν στο φως, και οτιδήποτε εκτίθεται στο φως γίνεται και το ίδιο φως". Όπως ακριβώς δεν μπορείς να πολεμήσεις το σκοτάδι, έτσι δεν μπορείς να πολεμήσεις και το πονο-σώμα. Μια τέτοια προσπάθεια θα δημιουργούσε εσωτερική σύγκρουση και, κατά συνέπεια, κι άλλον πόνο. Η παρατήρησή του αρκεί. Η παρατήρηση του πονο-σώματος συνεπάγεται την αποδοχή του ως μέρος του τι *υπάρχει* εκείνη τη στιγμή.

Το πονο-σώμα αποτελείται από παγιδευμένη ζωτική ενέργεια που έχει αποσπαστεί από το συνολικό ενεργειακό πεδίο σου και έχει γίνει προσωρινά αυτόνομη μέσα από την αφύσικη διαδικασία της ταύτισης με το νου. Έχει στραφεί ενάντια στον εαυτό του και ενάντια στη ζωή, σαν ένα ζώο που προσπαθεί να καταβροχθίσει την ίδια του την ουρά. Γιατί νομίζεις ότι ο πολιτισμός μας έχει γίνει τόσο καταστροφικός; Όμως, ακόμα και οι δυνάμεις που καταστρέφουν τη ζωή είναι και πάλι ζωική ενέργεια.

Όταν αρχίζεις να αποταυτίζεσαι και γίνεσαι ο παρατηρητής, το πονο-σώμα θα εξακολουθήσει να λειτουργεί για λίγο ακόμα και θα προσπαθήσει να σε ξεγελάσει, ώστε να ξαναταυτιστείς μαζί του. Παρ΄ όλο που εσύ έχεις πάψει να το ενεργοποιείς, αφού δεν ταυτίζεσαι πια μαζί του, εκείνο έχει πάρει φόρα, όπως ακριβώς ένας περιστρεφόμενος τροχός που συνεχίζει να γυρίζει για λίγο, ακόμα κι όταν δεν το ωθεί πια καμιά εξωτερική δύναμη. Σ' αυτό το στάδιο, μπορεί επίσης να δημιουργήσει και σωματικούς πόνους σε διάφορα σημεία, αλλά δε θα κρατήσουν για πολύ.

Μείνε παρών, μείνε συνειδητός. Γίνε ο πάντα άγρυπνος φύλακας του εσωτερικού σου χώρου. Χρειάζεται να είσαι αρκετά παρών ώστε να μπορείς να παρατηρείς το πονο-σώμα άμεσα και να νιώθεις την ενέργειά του. Τότε δεν μπορεί να ελέγξει τη σκέψη σου. Τη στιγμή που η σκέψη σου ευθυγραμμίζεται με το ενεργειακό πεδίο του πονο-σώματος, έχεις ταυτιστεί μαζί του ξανά και το τροφοδοτείς και πάλι με τις σκέψεις σου.

Για παράδειγμα, αν ο θυμός είναι η κυρίαρχη ενεργειακή δόνηση του πονο-σώματος κι εσύ κάνεις θυμωμένες σκέψεις, μένοντας κολλημένος στο τι σου έκανε κάποιος ή στο τι πρόκειται να του κάνεις εσύ, τότε έχεις πάψει να είσαι συνειδητός και το πονο-σώμα έχει γίνει "εσύ".

Όπου υπάρχει θυμός, υπάρχει πάντα πόνος από κάτω. Ή, όταν σε πιάνουν "οι μαύρες σου" κι αρχίζεις να μπαίνεις σε ένα αρνητικό νοητικό πρότυπο και να σκέφτεσαι πόσο φριχτή είναι η ζωή σου, η σκέψη σου έχει ευθυγραμμιστεί με το πονο-σώμα· έχεις χάσει τη συνειδητότητά σου και έχεις γίνει ευάλωτος στην επίθεση του πονο-σώματος. "Απώλεια συνειδητότητας", όπως χρησιμοποιώ την έκφραση εδώ, σημαίνει ταύτιση με κάποιο νοητικό ή συναισθηματικό πρότυπο. Υποδηλώνει απόλυτη απουσία του παρατηρητή.

Η ενισχυμένη συνειδητή προσοχή κόβει τη σύνδεση ανάμεσα στο πονο-σώμα και στις διαδικασίες της σκέψης σου και προκαλεί τη μεταστοιχείωση. Είναι σαν να γίνεται ο πόνος καύσιμο για τη φλόγα της συνειδητότητάς σου, κι εκείνη τότε καίει με μεγαλύτερη λαμπρότητα. Αυτό είναι το εσωτερικό νόημα της αρχαίας τέχνης της αλχημείας: η μεταστοιχείωση ενός μη ευγενούς μετάλλου σε χρυσό, του πόνου σε συνειδητότητα. Το σχίσμα μέσα σου γιατρεύεται και γίνεσαι πάλι ολόκληρος. Η ευθύνη σου στη συνέχεια είναι να μη δημιουργήσεις κι άλλον πόνο.

Ας συνοψίσουμε λοιπόν αυτήν τη διαδικασία. Εστίασε την προσοχή σου στο συναίσθημα μέσα σου. Γνώριζε ότι είναι το πονο-σώμα. Δέξου ότι είναι εκεί. Μη *σκέφτεσαι* γύρω από αυτό – μην αφήσεις το συναίσθημα να μετατραπεί σε σκέψη. Μην κρίνεις και μην αναλύεις. Μη φτιάξεις μια ταυτότητα για τον εαυτό σου απ' αυτό. Μείνε παρών και συνέχισε να είσαι παρατηρητής αυτού που συμβαίνει μέσα σου. Απόκτησε επίγνωση όχι μόνο του συναισθηματικού πόνου, αλλά και "εκείνου που παρατηρεί", του σιωπηλού θεατή. Αυτή είναι η δύναμη του Τώρα, η δύναμη της δικής σου συνειδητής παρουσίας. Έπειτα, δες τι θα συμβεί.

Για πολλές γυναίκες, το πονο-σώμα ξυπνάει ιδιαίτερα τη χρονική περίοδο πριν την έμμηνο ρύση. Αργότερα θα μιλήσω με περισσότερες λεπτομέρειες γι' αυτό, καθώς και για το λόγο για τον οποίο συμβαίνει. Αυτή τη στιγμή θα πω μόνο τούτο: αν μπορείς να μείνεις σε εγρήγορση, παρούσα στο Τώρα εκείνο το χρονικό διάστημα και να *παρατηρείς* ό,τι νιώθεις μέσα σου, αντί να του επιτρέπεις να σε κυριεύει, τότε σου δίνεται μια ευκαιρία για την πιο δυναμική πνευματική άσκηση. Σου δίνεται η δυνατότητα να μεταστοιχειώσεις πολύ γρήγορα όλο τον πόνο του παρελθόντος.

ΤΑΥΤΙΣΗ ΤΟΥ ΕΓΩ ΜΕ ΤΟ ΠΟΝΟ-ΣΩΜΑ

Η διαδικασία που μόλις περιέγραψα είναι εξαιρετικά δυναμική, κι όμως απλή. Θα μπορούσε να διδαχτεί ακόμα και σ' ένα μικρό παιδί, κι ελπίζω ότι κάποια μέρα θα είναι ένα από τα πρώτα πράγματα που θα μαθαίνουν τα παιδιά στο σχολείο. Όταν έχεις καταλάβει τη βασική αρχή τού να είσαι παρών ως παρατηρητής αυτού που συμβαίνει μέσα σου — και το "κατανοείς" βιώνοντάς το — τότε έχεις στη διάθεσή σου το πιο δραστικό μεταμορφωτικό εργαλείο.

Αυτό δεν σημαίνει ότι αρνιέμαι πως μπορεί να αντιμετωπίσεις μια έντονη εσωτερική αντίσταση στην αποταύτιση από τον πόνο σου. Αυτό θα συμβεί, ιδιαίτερα αν έχεις ζήσει στενά δεμένος με το συναισθηματικό πονο-σώμα σου για το μεγαλύτερο μέρος της ζωής σου και αν ολόκληρη η αίσθηση του εαυτού σου, ή ένα μεγάλο μέρος της, έχει επενδυθεί σ' αυτό. Τότε έχεις κατασκευάσει ένα δυστυχισμένο εαυτό από το πονο-σώμα σου και πιστεύεις ότι αυτό το αποκύημα του νου σου είναι αυτός που είσαι. Σ' αυτή την περίπτωση, ο ασυνείδητος φόβος σου μήπως χάσεις την ταυτότητά σου θα δημιουργήσει ισχυρή αντίσταση σε κάθε προσπάθεια αποταύτισης. Με άλλα λόγια, θα προτιμούσες να πονάς — να *είσαι* το πονο-σώμα σου — παρά να κάνεις ένα άλμα στο άγνωστο και να ρισκάρεις να χάσεις αυτό τον οικείο, δυστυχισμένο εαυτό.

Αν ισχύει αυτό για σένα, παρατήρησε την αντίσταση μέσα σου. Παρατήρησε την προσκόλληση στον πόνο σου. Να είσαι σε μεγάλη εγρήγορση. Παρατήρησε την αλλόκοτη ηδονή που αντλείς από τη δυστυχία σου. Παρατήρησε την καταπιεστική παρόρμηση να μιλάς γι' αυτήν ή να τη σκέφτεσαι. Η αντίσταση θα πάψει αν την κάνεις συνειδητή. Τότε μπορείς να οδηγήσεις την προσοχή σου μέσα στο πονο-σώμα, να μείνεις παρών ως μάρτυρας κι έτσι να ξεκινήσεις τη μεταστοιχείωσή του.

Μόνο *εσύ* μπορείς να το κάνεις αυτό. Κανένας άλλος δεν μπορεί να το κάνει *για λογαριασμό σου.* Όμως, αν είσαι αρκετά τυχερός και μπορέσεις να βρεις κάποιον που να είναι έντονα συνειδητός, αν μπορείς να είσαι μαζί του και να συναντηθείς μαζί του στην κατάσταση της παρουσίας, αυτό μπορεί να σε βοηθήσει και να επιταχύνει τη διαδικασία. Με αυτό τον τρόπο, το δικό σου φως θα δυναμώσει γρήγορα.

Όταν βάλεις ένα κούτσουρο που μόλις έχει αρχίσει να καίγεται δίπλα σε κάποιο που φλέγεται μανιασμένα και μετά από λίγο τα χωρίσεις, τότε το πρώτο θα καίγεται με πολύ μεγαλύτερη ένταση. Στο κάτω-κάτω, είναι η ίδια φωτιά που καίει και τα δύο. Το να είσαι μια τέτοια φωτιά είναι μια από τις λειτουργίες ενός πνευματικού δασκάλου. Κάποιοι θεραπευτές μπορεί επίσης να έχουν την ικανότητα να λειτουργούν μ΄ αυτό τον τρόπο, με την προϋπόθεση ότι έχουν πάει πέρα από το επίπεδο του νου και ότι μπορούν να βρίσκονται σε μια κατάσταση έντονης παρουσίας όταν εργάζονται μαζί σου.

Η ΠΡΟΕΛΕΥΣΗ ΤΟΥ ΦΟΒΟΥ

Ανέφερες το φόβο ως μέρος του βασικού μας συναισθηματικού πόνου. Πώς εμφανίζεται ο φόβος και γιατί υπάρχει τόσο πολύς στη ζωή των ανθρώπων; Και ύστερα, μια κάποια ποσότητα φόβου δεν είναι απλώς μια υγιής αυτοπροστασία; Αν δε φοβόμουν τη φωτιά, μπορεί να έβαζα το χέρι μου και να καιγόμουν.

Ο λόγος που δε βάζεις το χέρι σου στη φωτιά δεν είναι ο φόβος, είναι ότι ξέρεις ότι θα καείς. Δε χρειάζεσαι το φόβο για να αποφεύγεις τους περιττούς κινδύνους – χρειάζεσαι απλώς μια ελάχιστη νοημοσύνη και κοινό νου. Για τέτοια πρακτικά ζητήματα, είναι πολύ χρήσιμο να εφαρμόζεις τα μαθήματα που έχεις ήδη πάρει στο παρελθόν.

Αν τώρα κάποιος σε *απειλούσε* με φωτιά ή με σωματική βία, μπορεί να βίωνες κάτι σαν φόβο. Αυτό είναι ένα ενστικτώδες αποτράβηγμα από τον κίνδυνο, αλλά όχι η ψυχολογική κατάσταση του φόβου για την οποία μιλάμε εδώ. Η ψυχολογική κατάσταση του φόβου δεν έχει σχέση με τον απτό και αληθινό άμεσο κίνδυνο. Εμφανίζεται με πολλές μορφές: ταραχή, ανησυχία, άγχος, νευρικότητα, ένταση, τρόμος, φοβία...

Αυτό το είδος του ψυχολογικού φόβου δημιουργείται πάντα για κάτι που *μπορεί* να συμβεί, κι όχι για κάτι που συμβαίνει τώρα. *Εσύ* είσαι στο εδώ και τώρα, ενώ ο νους σου είναι στο μέλλον. Αυτό δημιουργεί ένα αγχώδες κενό. Και αν είσαι ταυτισμένος με το νου σου και έχεις χάσει την επαφή σου με τη δύναμη και την απλότητα του Τώρα, αυτό το αγχώδες κενό γίνεται ο μόνιμος σύντροφός σου.

Πάντα μπορείς να τα βγάλεις πέρα με την παρούσα στιγμή, αλλά δεν μπορείς να τα βγάλεις πέρα με κάτι που είναι μόνο μια νοητική προβολή — δεν μπορείς να τα βγάλεις πέρα με το μέλλον.

Ακόμα, όσο είσαι ταυτισμένος με το νου σου, το εγώ κυβερνάει τη ζωή σου, όπως είπα και νωρίτερα. Επειδή δεν έχει αληθινή υπόσταση και παρά τους περίτεχνους αμυντικούς μηχανισμούς του, το εγώ είναι πολύ ευάλωτο και ανασφαλές, και θεωρεί ότι απειλείται διαρκώς. Αυτό, με την ευκαιρία, ισχύει ακόμα κι όταν το εγώ διαθέτει μεγάλη αυτοπεποίθηση. Θυμήσου ότι το συναίσθημα είναι η αντίδραση του σώματός σου στο νου σου. Τι μήνυμα δέχεται συνεχώς το σώμα από το εγώ, τον ψεύτικο εαυτό που είναι κατασκευασμένος από το νου; "Κίνδυνος! Απειλούμαι!" Και ποιο είναι το συναίσθημα που προκαλείται από αυτό το αδιάκοπο μήνυμα; Φόβος, φυσικά.

Ο φόβος φαίνεται να έχει πολλά παρακλάδια. Υπάρχει ο φόβος της απώλειας, ο φόβος της αποτυχίας, ο φόβος να μην πληγωθούμε και ούτω καθεξής. Τελικά, όμως, κάθε φόβος είναι ο φόβος του θανάτου του εγώ, ο φόβος της εκμηδένισης. Για το εγώ, ο θάνατος παραμονεύει πάντα στη γωνία.

Σ' αυτή την κατάσταση της ταύτισης με το νου, ο φόβος του θανάτου επηρεάζει κάθε πλευρά της ζωής σου. Για παράδειγμα, ακόμα και κάτι που φαινομενικά είναι ασήμαντο και "φυσιολογικό", όπως η καταπιεστική ανάγκη να έχεις δίκιο σε μια διαφωνία και να βγάλεις τον άλλο λάθος υπερασπίζοντας τη νοητική θέση με την οποία είσαι ταυτισμένος, οφείλεται στο φόβο του θανάτου. Όταν ταυτίζεσαι με μια νοητική θέση, τότε, αν κάνεις λάθος, η αίσθηση του εαυτού σου που βασίζεται στο νου απειλείται σοβαρά με εκμηδένιση. Έτσι, εσύ — σαν εγώ — δεν μπορείς να επιτρέψεις να κάνεις λάθος. Το να κάνεις λάθος σημαίνει "θάνατο". Αμέτρητοι πόλεμοι έχουν γίνει με βάση αυτή την πεποίθηση, αμέτρητες σχέσεις έχουν διαλυθεί.

Από τη στιγμή που θα αποταυτιστείς από το νου σου, το να έχεις δίκιο ή άδικο δεν έχει καμιά διαφορά στην αίσθηση του εαυτού σου, κι έτσι η καταναγκαστική και βαθιά ασυνείδητη ανάγκη να έχεις δίκιο, που είναι μια μορφή βίας, δεν υπάρχει πια. Μπορείς να δηλώνεις ξεκάθαρα και σταθερά το πώς αισθάνεσαι ή το τι σκέφτεσαι, αλλά δεν υπάρχει ούτε επιθετικότητα ούτε αμυντικότητα σε σχέση μ' αυτό. Η αίσθηση του εαυτού σου αντλείται τότε από ένα πιο βαθύ, πιο αληθινό μέρος μέσα σου, κι όχι από το νου.

Έχε τα μάτια σου ανοιχτά για να "πιάσεις" οποιοδήποτε είδος αμυντικότητας μέσα σου. Τι υπερασπίζεσαι; Μια ταυτότητα–ψευδαίσθηση, μια εικόνα που υπάρχει μόνο μέσα στο νου σου, μια πλασματική οντότητα. Όταν κάνεις αυτό το πρότυπο συνειδητό, όταν γίνεσαι παρατηρητής του, τότε αποταυτίζεσαι απ' αυτό. Στο φως της συνειδητότητάς σου, το ασυνείδητο πρότυπο διαλύεται γρήγορα. Αυτό είναι το τέλος όλων των αντιπαραθέσεων και των παιχνιδιών εξουσίας που είναι τόσο διαβρωτικά για τις σχέσεις. Η εξουσία πάνω στους άλλους είναι αδυναμία μεταμφιεσμένη σε δύναμη. Η αληθινή δύναμη βρίσκεται μέσα σου, είναι δική σου τώρα.

Έτσι, όποιος είναι ταυτισμένος με το νου του και, κατά συνέπεια, αποσυνδεδεμένος από την αληθινή του δύναμη, από το βαθύτερο εαυτό του που έχει τις ρίζες του στην Ύπαρξη, έχει για μόνιμο σύντροφο το φόβο. Οι άνθρωποι που έχουν προχωρήσει πέρα από το νου είναι ακόμα εξαιρετικά λίγοι, κι έτσι μπορείς να θεωρήσεις δεδομένο ότι σχεδόν όλοι όσοι συναντάς ζουν σε κατάσταση φόβου. Μόνο η έντασή του ποικίλει. Κυμαίνεται ανάμεσα στο άγχος και τον τρόμο στη μια άκρη της κλίμακας και σε μια αόριστη ανησυχία και μακρινή αίσθηση απειλής στην άλλη. Οι περισσότεροι τον συνειδητοποιούν μόνον όταν παίρνει μια από τις πιο οξείες του μορφές.

Το μυστικό της ζωής είναι να "πεθάνεις πριν πεθάνεις"

Μια άλλη πλευρά του συναισθηματικού πόνου που αποτελεί εγγενές μέρος του εγωικού νου είναι μια βαθιά αίσθηση έλλειψης ή ατέλειας, μια αίσθηση μη πληρότητας. Σε κάποιους ανθρώπους αυτό είναι συνειδητό, σε άλλους ασυνείδητο. Αν είναι συνειδητό, εκδηλώνεται με ένα ανησυχητικό και μόνιμο αίσθημα απαξίας και ανεπάρκειας. Αν είναι ασυνείδητο, γίνεται αισθητό έμμεσα, σαν μια έντονη επιθυμία και ανάγκη. Και στις δύο περιπτώσεις οι άνθρωποι μπαίνουν συχνά σε μια ψυχαναγκαστική επιδίωξη να ικανοποιήσουν το εγώ και σε μια αναζήτηση πραγμάτων με τα οποία θα ταυτιστούν για να γεμίσουν αυτή την τρύπα που αισθάνονται μέσα τους.

Έτσι, πασχίζουν να αποκτήσουν περιουσία, χρήματα, επιτυχία, εξουσία, αναγνώριση ή μια ιδιαίτερη σχέση, βασικά για να μπορέσουν να νιώσουν καλύτερα για τον εαυτό τους, να νιώσουν πλήρεις. Όμως, ακόμα κι όταν τα αποκτούν όλα αυτά, σύντομα ανακαλύπτουν ότι η τρύπα είναι ακόμα εκεί, ότι δεν έχει πάτο. Τότε βρίσκονται σε πολύ δύσκολη θέση, γιατί δεν μπορούν πια να εξαπατούν τον εαυτό τους. Ή, μάλλον, μπορούν, αλλά τους είναι όλο και πιο δύσκολο.

Όσο ο εγωικός νους κυβερνάει τη ζωή σου, δεν μπορείς να είσαι πραγματικά ήσυχος· δεν μπορείς να είσαι ήρεμος ή ικανοποιημένος, παρά μόνο για σύντομα διαλείμματα, όταν αποκτάς αυτό που θέλεις, όταν ένας πόθος σου έχει μόλις εκπληρωθεί. Το εγώ ταυτίζεται με εξωτερικά πράγματα. Χρειάζεται να δέχεται υπεράσπιση και να τρέφεται συνεχώς. Οι πιο κοινές ταυτίσεις του εγώ έχουν να κάνουν με τα υπάρχοντά σου, με τη δουλειά που κάνεις, με την κοινωνική θέση και αναγνώριση, τη γνώση και την παιδεία, την εξωτερική εμφάνιση, τις ιδιαίτερες ικανότητες, τις σχέσεις, την προσωπική και οικογενειακή ιστορία, τα συστήματα πεποιθήσεων, και συχνά επίσης με πολιτικές, εθνικιστικές, φυλετικές, θρησκευτικές και άλλες συλλογικές ταυτίσεις. Τίποτε απ' όλα αυτά δεν είσαι εσύ.

Σου φαίνεται τρομακτικό αυτό; Ή μήπως σε ανακουφίζει που το μαθαίνεις; Αργά ή γρήγορα, θα χρειαστεί να τα εγκαταλείψεις όλα αυτά. Ίσως ακόμα να σου φαίνεται δύσκολο να το πιστέψεις, και σίγουρα δε σου ζητάω να *πιστέψεις* ότι η ταυτότητά σου δεν μπορεί να βρεθεί σε οποιοδήποτε από αυτά τα πράγματα. Θα *μάθεις* μόνος σου την αλήθεια αυτού που σου λέω. Θα τη μάθεις την τελευταία στιγμή, όταν θα νιώθεις το θάνατο να πλησιάζει. Ο θάνατος σε απογυμνώνει από όλα αυτά που δεν είσαι εσύ. Το μυστικό της ζωής είναι "να πεθάνεις πριν πεθάνεις" — και να ανακαλύψεις ότι δεν υπάρχει θάνατος.

ΚΕΦΑΛΑΙΟ ΤΡΙΑ

ΠΡΟΧΩΡΩΝΤΑΣ ΒΑΘΙΑ ΜΕΣΑ ΣΤΟ ΤΩΡΑ

Μην αναζητάς τον εαυτό σου στο νου

Αισθάνομαι ότι υπάρχουν ακόμα πολλά που χρειάζεται να μάθω για τη λειτουργία του νου μου, πριν καταφέρω να πλησιάσω, έστω, την πλήρη συνειδητότητα ή να προσεγγίσω την πνευματική φώτιση.

Όχι, δε χρειάζεται να μάθεις πολλά ακόμα. Τα προβλήματα του νου δεν μπορούν να λυθούν στο επίπεδο του νου. Από τη στιγμή που θα έχεις καταλάβει τη βασική δυσλειτουργία, δεν υπάρχουν και πολλά άλλα που χρειάζεται να μάθεις ή να καταλάβεις. Η μελέτη της πολυπλοκότητας του νου μπορεί να σε κάνει καλό ψυχολόγο, αλλά αυτό δε θα σε πάει πέρα από το νου, όπως και η μελέτη της τρέλας δεν αρκεί για να δημιουργήσει ψυχική υγεία.

Έχεις ήδη κατανοήσει τη βασική λειτουργία της ασυνείδητης κατάστασης: είναι η ταύτιση με το νου, που δημιουργεί έναν ψεύτικο εαυτό, το εγώ, σαν υποκατάστατο του αληθινού σου εαυτού, που έχει τις ρίζες του στην Ύπαρξη. Γίνεσαι μια "κληματόβεργα που έχει αποκοπεί από το κλήμα", όπως είπε ο Ιησούς.

Οι ανάγκες του εγώ είναι δίχως τέλος. Νιώθει τρωτό και απειλούμενο, κι έτσι ζει σε μια κατάσταση φόβου και ανάγκης. Από τη στιγμή που θα μάθεις πώς λειτουργεί η βασική δυσλειτουργία, δεν είναι αναγκαίο να διερευνήσεις όλες τις αμέτρητες εκδηλώσεις της, δεν είναι αναγκαίο να το μετατρέψεις σε πολύπλοκο προσωπικό πρόβλημα.

Το εγώ, φυσικά, λατρεύει κάτι τέτοιο. Αναζητάει πάντα κάτι για να προσκολληθεί πάνω του, ώστε να διατηρήσει και να ενισχύσει την απατηλή αίσθηση του εαυτού του, και θα προσκολληθεί πρόθυμα στα προβλήματά σου.

Αυτός είναι ο λόγος που, για τόσο πολλούς ανθρώπους, ένα μεγάλο μέρος της αίσθησης του εαυτού τους είναι στενά συνδεδεμένο με τα προβλήματά τους. Σ΄ αυτή την περίπτωση, το τελευταίο πράγμα που θέλουν είναι να απαλλαγούν απ' αυτά· αυτό θα σήμαινε απώλεια του εαυτού. Μπορεί να υπάρχει πολύ μεγάλη ασυνείδητη επένδυση του εγώ στον πόνο και την ταλαιπωρία.

Έτσι, όταν αναγνωρίσεις ότι η ρίζα της έλλειψης συνειδητότητας είναι η ταύτιση με το νου, που φυσικά περιλαμβάνει τα συναισθήματα, τότε βγαίνεις απ' αυτήν. Γίνεσαι *παρών*. Όταν είσαι παρών, επιτρέπεις στο νου να είναι όπως είναι, χωρίς να μπλέκεσαι μέσα του. Ο νους από μόνος του δεν είναι δυσλειτουργικός. Είναι ένα υπέροχο εργαλείο. Η δυσλειτουργία ξεκινάει όταν αναζητάς σ' αυτόν τον εαυτό σου και θεωρείς, λαθεμένα, ότι είσαι αυτός. Τότε γίνεται ο *εγωικός* νους και παίρνει στα χέρια του όλη σου τη ζωή.

ΔΩΣΕ ΤΕΛΟΣ ΣΤΗΝ ΠΛΑΝΗ ΤΟΥ ΧΡΟΝΟΥ

Μοιάζει σχεδόν αδύνατον να αποταυτιστούμε από το νου. Είμαστε όλοι βυθισμένοι μέσα του. Πώς μπορείς να διδάξεις σ' ένα ψάρι να πετάει;

Να ποιο είναι το κλειδί: δώσε τέλος στην πλάνη του χρόνου. Ο χρόνος και ο νους είναι αδιαχώριστοι. Αφαίρεσε το χρόνο από το νου, και η ταύτιση παύει να υπάρχει – χρησιμοποιείς το χρόνο μόνο για πρακτικούς λόγους.

Το να είσαι ταυτισμένος με το νου σου σημαίνει να είσαι παγιδευμένος στο χρόνο: στον καταναγκασμό να ζεις σχεδόν αποκλειστικά μέσα από τη μνήμη και την προσμονή. Αυτό φέρνει μια ατέλειωτη ενασχόληση με το παρελθόν και το μέλλον και μια απροθυμία να τιμάς και να αναγνωρίζεις την παρούσα στιγμή, *να της επιτρέπεις να υπάρξει*. Αυτός ο καταναγκασμός εμφανίζεται επειδή το παρελθόν σού δίνει μια ταυτότητα και το μέλλον κρατάει την υπόσχεση της λύτρωσης, της πραγμάτωσης, με οποιαδήποτε μορφή. Και τα δύο είναι ψευδαισθήσεις.

Όμως, χωρίς την αίσθηση του χρόνου, πώς θα λειτουργούσαμε σε τούτο τον κόσμο; Δε θα μπορούσαμε πια να αγωνιζόμαστε για στόχους. Δε θα ήξερα καν ποιος είμαι, επειδή το παρελθόν μου με κάνει αυτόν που είμαι σήμερα. Νομίζω πως ο χρόνος είναι κάτι εξαιρετικά πολύτιμο, κι αυτό που χρειαζόμαστε είναι να μάθουμε να τον χρησιμοποιούμε σοφά, αντί να τον σπαταλάμε.

Ο χρόνος δεν είναι καθόλου πολύτιμος, γιατί είναι ψευδαίσθηση. Αυτό που αντιλαμβάνεσαι σαν πολύτιμο δεν είναι ο χρόνος, αλλά το ένα και μοναδικό σημείο που είναι έξω από το χρόνο: το Τώρα. Αυτό είναι αληθινά πολύτιμο. Όσο περισσότερο είσαι εστιασμένος στο χρόνο – στο παρελθόν και στο μέλλον – τόσο περισσότερο χάνεις το Τώρα, το πολυτιμότερο πράγμα που υπάρχει.

Γιατί είναι το πολυτιμότερο πράγμα; Πρώτον, επειδή είναι το μόνο πράγμα. Είναι το μόνο που υπάρχει. Το αιώνιο παρόν είναι ο χώρος μέσα στον οποίο ξεδιπλώνεται όλη σου η ζωή, ο μοναδικός παράγοντας που παραμένει σταθερός. Η ζωή είναι τώρα. Δεν υπήρξε ποτέ κάποιος χρόνος που η ζωή σου δεν ήταν τώρα, ούτε θα υπάρξει ποτέ. Δεύτερον, το Τώρα είναι το μόνο σημείο που μπορεί να σε πάει πέρα από τα πεπερασμένα όρια του νου. Είναι το μοναδικό σημείο πρόσβασης στην άχρονη και άμορφη σφαίρα της Ύπαρξης.

Τιποτε δεν υπαρχει εξω απο το Τωρα

Όμως το παρελθόν και το μέλλον δεν είναι εξίσου αληθινά, μερικές φορές μάλιστα ακόμα πιο αληθινά, από το παρόν; Στο κάτω-κάτω, το παρελθόν καθορίζει το ποιοι είμαστε, καθώς και το πώς αντιλαμβανόμαστε το παρόν και πώς συμπεριφερόμαστε μέσα σ' αυτό. Και επίσης, οι μελλοντικοί μας στόχοι καθορίζουν τη δράση που αναλαμβάνουμε στο παρόν.

Δεν έχεις ακόμα συλλάβει την ουσία αυτού που λέω, επειδή προσπαθείς να το καταλάβεις νοητικά. Ο νους δεν μπορεί να το καταλάβει αυτό. Μόνο *εσύ* μπορείς. Σε παρακαλώ, άκουσέ με.

Έχεις ποτέ βιώσει, κάνει, σκεφτεί ή νιώσει κάτι έξω από το Τώρα; Πιστεύεις ότι θα το καταφέρεις ποτέ; Είναι δυνατόν να συμβεί ή να *υπάρξει* κάτι έξω από το Τώρα; Η απάντηση είναι προφανής, έτσι δεν είναι;

Τίποτε δε συνέβη ποτέ στο παρελθόν· συνέβη στο Τώρα.

Τίποτε δε θα συμβεί ποτέ στο μέλλον· θα συμβεί στο Τώρα.

Αυτό που σκέφτεσαι σαν παρελθόν είναι ένα αχνάρι μνήμης ενός προηγούμενου Τώρα, που είναι αποθηκευμένο στο νου. Όταν θυμάσαι το παρελθόν, ενεργοποιείς ξανά το Τώρα. Όταν σκέφτεσαι το μέλλον, το κάνεις τώρα. Το παρελθόν και το μέλλον προφανώς δεν έχουν δική τους πραγματικότητα. Όπως ακριβώς το φεγγάρι δεν έχει δικό του φως, αλλά απλώς αντανακλά το φως του ήλιου, έτσι και το παρελθόν και το μέλλον είναι μόνο χλομές αντανακλάσεις του φωτός, της δύναμης και της πραγματικότητας του αιωνίου παρόντος. Η πραγματικότητά τους είναι "δανεισμένη" από το Τώρα.

Η ουσία αυτού που λέω τώρα εδώ δεν μπορεί να γίνει κατανοητή από το νου. Τη στιγμή που τη συλλαμβάνεις, μετακινείς τη συνειδητότητά σου από το νου στην Ύπαρξη, από το χρόνο στην παρουσία. Ξαφνικά, όλα γίνονται ολοζώντανα, ακτινοβολούν ενέργεια, εκπέμπουν Ύπαρξη.

Το κλειδι

Σε επείγουσες καταστάσεις που απειλούν τη ζωή, η μετακίνηση της συνειδητότητας από το χρόνο στην παρουσία συμβαίνει μερικές φορές φυσικά. Η προσωπικότητα που έχει ένα παρελθόν και ένα μέλλον υποχωρεί για μια στιγμή και αντικαθίσταται από μια έντονη συνειδητή παρουσία, πολύ ήρεμη αλλά και ταυτόχρονα σε μεγάλη εγρήγορση. Όποια αντίδραση χρειάζεται τότε προέρχεται από εκείνη την κατάσταση συνειδητότητας.

Η αιτία που κάποιοι άνθρωποι λατρεύουν την ενασχόληση με επικίνδυνες δραστηριότητες, όπως η αναρρίχηση στα βουνά, οι αγώνες αυτοκινήτων και λοιπά, παρ΄ όλο που οι ίδιοι μπορεί να μην το ξέρουν, είναι ότι τους αναγκάζει να βρεθούν στο Τώρα — σ΄ αυτή την έντονα ζωντανή κατάσταση που είναι απαλλαγμένη από χρόνο, απαλλαγμένη από προβλήματα, απαλλαγμένη από σκέψη, απαλλαγμένη από το φορτίο της προσωπικότητας. Το να ξεφύγουν από την παρούσα στιγμή έστω και για ένα δευτερόλεπτο μπορεί να σημαίνει θάνατο. Δυστυχώς, καταλήγουν να εξαρτώνται από μια συγκεκριμένη δραστηριότητα για να βρίσκονται σ' αυτή την κατάσταση. Όμως δε χρειάζεται να σκαρφαλώσεις στην πιο απόκρημνη πλαγιά των Ιμαλαΐων. Μπορείς να μπεις σ' αυτή την κατάσταση τώρα.

Από την αρχαία εποχή, πνευματικοί δάσκαλοι όλων των παραδόσεων έχουν υποδείξει το Τώρα ως κλειδί για την πνευματική διάσταση. Ωστόσο, φαίνεται ότι αυτό έχει μείνει μυστικό. Σίγουρα δεν διδάσκεται στις εκκλησίες και τους ναούς.

Αν πας στην εκκλησία, θ΄ ακούσεις αποσπάσματα από τα Ευαγγέλια όπως: "Μη μεριμνείς για το αύριο, γιατί το αύριο θα μεριμνήσει για τα δικά του πράγματα" ή: "Αυτός που πιάνει στα χέρια του το άροτρο και *κοιτάζει πίσω* δεν είναι κατάλληλος για το Βασίλειο του Θεού". Ή, μπορεί να ακούσεις το απόσπασμα που μιλάει για τα πανέμορφα λουλούδια του αγρού που δεν ανησυχούν για το αύριο, αλλά ζουν ήρεμα στο άχρονο Τώρα και ο Θεός τούς παρέχει τα πάντα με αφθονία. Όμως το βάθος και η θεμελιώδης φύση αυτών των διδασκαλιών δεν αναγνωρίζεται. Κανείς δε φαίνεται να αντιλαμβάνεται ότι ειπώθηκαν με σκοπό να βιωθούν κι έτσι να φέρουν μια βαθιά εσωτερική αλλαγή.

Όλη η ουσία του Ζεν συνίσταται στο να βαδίζεις πάνω στην κόψη του ξυραφιού του Τώρα — να είσαι τόσο ολοκληρωτικά, τόσο απόλυτα *παρών*, ώστε κανένα πρόβλημα, κανένας πόνος, τίποτε από όσα δεν είναι *αυτό που είσαι* στην ουσία σου, να μην μπορεί να επιβιώσει μέσα σου. Στο Τώρα, στην απουσία του χρόνου, όλα σου τα προβλήματα διαλύονται. Ο πόνος χρειάζεται χρόνο· δεν μπορεί να επιβιώσει στο Τώρα.

Ο μεγάλος δάσκαλος του Ζεν, ο Ριντσάι, για να απομακρύνει την προσοχή των μαθητών του από το χρόνο, σήκωνε συχνά το δάχτυλό του και ρωτούσε αργά: "Τι λείπει αυτή τη στιγμή;" Μια δυναμική ερώτηση που δεν απαιτεί απάντηση στο επίπεδο του νου. Έχει απλώς σκοπό να τραβήξει την προσοχή σου βαθιά μέσα στο Τώρα. Μια παρόμοια ερώτηση στην παράδοση του Ζεν είναι αυτή: "Αν όχι τώρα, πότε;"

Το Τώρα είναι επίσης κεντρική έννοια στη διδασκαλία των Σούφι, το μυστικιστικό κλάδο του ισλαμισμού. Οι Σούφι έχουν ένα ρητό: "Ο Σούφι είναι ο γιος του παρόντος χρόνου". Και ο Ρουμί, ο μεγάλος ποιητής και δάσκαλος του σουφισμού, γράφει: "Το παρελθόν και το παρόν καλύπτουν μ' ένα πέπλο το Θεό από τα μάτια μας· κάψτε τα και τα δυο με φωτιά".

Ο Μάιστερ Έκχαρτ, ο πνευματικός δάσκαλος του δέκατου τρίτου αιώνα, τα συνόψισε όλ΄ αυτά πανέμορφα: "Ο χρόνος είναι αυτός που εμποδίζει το φως να μας φτάσει. Δεν υπάρχει μεγαλύτερο εμπόδιο προς το Θεό από το χρόνο".

ΠΡΟΣΕΓΓΙΖΟΝΤΑΣ ΤΗ ΔΥΝΑΜΗ ΤΟΥ ΤΩΡΑ

Πριν λίγο, όταν μιλούσες για το αιώνιο παρόν και τη μη πραγματικότητα του παρελθόντος και του μέλλοντος, έπιασα τον εαυτό μου να κοιτάζει εκείνο το δέντρο έξω από το παράθυρο. Το είχα ξανακοιτάξει κι άλλες φορές, αλλά αυτή τη φορά ήταν διαφορετικό. Η εξωτερική του εμφάνιση, όπως την αντιλαμβανόμουν, δεν είχε αλλάξει και πολύ, μόνο που τα χρώματα φαίνονταν πιο ζωηρά και πιο παλλόμενα.

Όμως τώρα υπήρχε κι άλλη μια διάσταση. Μου είναι δύσκολο να το εξηγήσω. Δεν ξέρω πώς, αλλά είχα συναίσθηση κάποιου αόρατου πράγματος, που ένιωθα ότι ήταν η ουσία αυτού του δέντρου, το εσώτερο του πνεύμα, αν θέλεις. Και, με κάποιον τρόπο, ήμουν μέρος του. Συνειδητοποιώ τώρα ότι δεν είχα ξαναδεί αυτό το δέντρο όπως πραγματικά είναι, αλλά απλώς μια επίπεδη και νεκρή εικόνα του. Όταν κοιτάζω τώρα αυτό το δέντρο, ένα μέρος αυτής της επίγνωσης είναι ακόμα παρόν, αλλά το νιώθω να μου ξεγλιστράει και να χάνεται. Βλέπεις, η εμπειρία αποσύρεται ήδη στο παρελθόν. Μπορεί ποτέ κάτι τέτοιο να είναι κάτι παραπάνω από μια φευγαλέα ματιά;

Για μια στιγμή, είχες απαλλαγεί από το χρόνο. Μπήκες στο Τώρα και, κατά συνέπεια, αντιλήφθηκες το δέντρο χωρίς το παραπέτασμα του νου. Η συνειδητότητα της Ύπαρξης έγινε μέρος της αντίληψής σου. Με την άχρονη διάσταση έρχεται ένα διαφορετικό είδος γνώσης, μιας γνώσης που δε "σκοτώνει" το πνεύμα που ζει μέσα σε κάθε πλάσμα και σε κάθε πράγμα. Μιας γνώσης που δεν καταστρέφει την ιερότητα και το μυστήριο της ζωής, αλλά περιέχει βαθιά αγάπη και σεβασμό για όλα όσα *υπάρχουν*. Μιας γνώσης για την οποία ο νους δεν ξέρει τίποτε.

Ο νους δεν μπορεί να *γνωρίσει* το δέντρο. Μπορεί να ξέρει μόνο στοιχεία και πληροφορίες *γύρω* από το δέντρο. Ο νους μου δεν μπορεί να γνωρίσει *εσένα*, μόνο ετικέτες, κρίσεις, γεγονότα και απόψεις *γύρω* από σένα. Μόνο η Ύπαρξη γνωρίζει άμεσα.

Υπάρχει ένας χώρος για το νου και τη γνώση του νου. Αυτός ο χώρος βρίσκεται στην πρακτική σφαίρα της καθημερινής ζωής. Ωστόσο, όταν καταλαμβάνει όλες τις πλευρές της ζωής σου, όπως και τις σχέσεις σου με άλλους ανθρώπους και με τη φύση, τότε γίνεται ένα τερατώδες παράσιτο που, ανεξέλεγκτο, μπορεί θαυμάσια να καταλήξει να σκοτώσει όλη τη ζωή στον πλανήτη και τελικά τον εαυτό του, σκοτώνοντας τον οικοδεσπότη του.

Έριξες μια φευγαλέα ματιά στο πώς το άχρονο μπορεί να μεταμορφώσει τον τρόπο που αντιλαμβάνεσαι τα πράγματα. Όμως μια εμπειρία δεν αρκεί, όσο όμορφη ή βαθιά κι αν είναι. Αυτό που χρειάζεται κι αυτό που μας ενδιαφέρει είναι μια μόνιμη μετατόπιση της συνειδητότητας.

Έτσι, λοιπόν, σπάσε το παλιό πρότυπο της άρνησης της παρούσας στιγμής και της αντίστασης σ' αυτήν. Απόκτησε τη συνήθεια να αποσύρεις την προσοχή σου από το παρελθόν και το μέλλον, όταν δεν τα χρειάζεσαι. Βγαίνε από τη διάσταση του χρόνου όσο περισσότερο μπορείς, στην καθημερινή σου ζωή. Αν σου είναι δύσκολο να μπαίνεις άμεσα στο Τώρα, ξεκίνα παρατηρώντας τη συνηθισμένη τάση του νου σου να θέλει να ξεφύγει από το Τώρα.

Θα παρατηρήσεις ότι συνήθως φαντάζεσαι το μέλλον σαν καλύτερο ή χειρότερο από το παρόν. Αν το μέλλον που φαντάζεσαι είναι καλύτερο, σου δίνει ελπίδα ή ευχάριστη προσμονή. Αν είναι χειρότερο, σου δημιουργεί άγχος. Και τα δύο είναι ψευδαισθήσεις. Μέσα από την αυτο-παρατήρηση, περισσότερη παρουσία μπαίνει αυτόματα στη ζωή σου. Τη στιγμή που συνειδητοποιείς ότι δεν είσαι παρών, *είσαι* παρών. Όποτε μπορείς να παρατηρήσεις το νου σου, δεν είσαι πια παγιδευμένος σ' αυτόν. Έχει μπει ένας άλλος παράγοντας, κάτι που δεν είναι του νου: η παρουσία που λειτουργεί ως παρατηρητής.

Να είσαι παρών ως παρατηρητής του νου σου – των σκέψεων, των συναισθημάτων, των αντιδράσεών σου σε διάφορες καταστάσεις. Να δείχνεις τουλάχιστον το ίδιο ενδιαφέρον για τις αντιδράσεις σου που δείχνεις και για την κατάσταση ή το άτομο που σε κάνει να αντιδράς. Παρατήρησε επίσης πόσο συχνά η προσοχή σου βρίσκεται στο παρελθόν ή το μέλλον. Μην κρίνεις και μην αναλύεις αυτό που παρατηρείς. Παρακολούθησε τη σκέψη, νιώσε το συναίσθημα, παρατήρησε την αντίδραση. Τότε θα νιώσεις κάτι που είναι πιο δυνατό από οποιοδήποτε από εκείνα που παρατηρείς: την ίδια την ήρεμη παρουσία που παρακολουθεί πίσω από το περιεχόμενο του νου σου, το σιωπηλό παρατηρητή.

Η έντονη παρουσία χρειάζεται όταν ορισμένες καταστάσεις πυροδοτούν μιαν αντίδραση με ισχυρή συναισθηματική φόρτιση, όπως όταν απειλείται η εικόνα του εαυτού σου, όταν μπαίνει στη ζωή σου μια πρόκληση που πυροδοτεί το φόβο, όταν τα πράγματα "πάνε στραβά" ή εμφανίζεται ένα συναισθηματικό σύμπλεγμα από το παρελθόν. Σ' αυτές τις περιπτώσεις, η τάση σου είναι να έχεις "απώλεια συνειδητότητας". Η αντίδραση ή το συναίσθημα σε καταλαμβάνει – "γίνεσαι" αυτό. Το υποδύεσαι. Δικαιολογείς, κάνεις λάθη, επιτίθεσαι, αμύνεσαι... μόνο που δεν είναι εσύ, είναι το αντιδραστικό πρότυπο, ο νους στο συνηθισμένο τρόπο με τον οποίο λειτουργεί για να επιβιώσει.

Η ταύτισή σου με το νου τού δίνει περισσότερη ενέργεια· η παρατήρηση του νου αποσύρει την ενέργεια απ' αυτόν. Η ταύτιση με το νου δημιουργεί περισσότερο χρόνο· η παρατήρηση του νου ανοίγει τη διάσταση του άχρονου. Η ενέργεια που αποσύρεται από το νου μετατρέπεται σε παρουσία.

Από τη στιγμή που μπορείς να νιώσεις τι σημαίνει να είσαι παρών, γίνεται πολύ πιο εύκολο να επιλέξεις απλώς να βγεις από τη διάσταση του χρόνου, όποτε ο χρόνος δε χρειάζεται για πρακτικούς σκοπούς, και να προχωρήσεις πιο βαθιά στο Τώρα. Αυτό δε μειώνει την ικανότητά σου να χρησιμοποιείς το χρόνο. Στην πραγματικότητα, την αυξάνει. Όταν θα πρέπει να χρησιμοποιήσεις το νου σου, θα είναι οξύτερος, πιο εστιασμένος.

Αφηνοντας πισω σου τον ψυχολογικο χρονο

Μάθε να χρησιμοποιείς το χρόνο στις πρακτικές πλευρές της ζωής σου – αυτόν το χρόνο μπορούμε να τον ονομάσουμε "ωρολογιακό χρόνο" – αλλά ξαναγύρνα αμέσως στην παρούσα στιγμή, όταν τα πρακτικά ζητήματα έχουν αντιμετωπιστεί. Με αυτό τον τρόπο δεν υπάρχει συσσώρευση "ψυχολογικού χρόνου", που είναι ταύτιση με το παρελθόν και συνεχής, ψυχαναγκαστική προβολή στο μέλλον.

Ο ωρολογιακός χρόνος δεν αφορά μόνο στο κλείσιμο ενός ραντεβού ή στον προγραμματισμό ενός ταξιδιού. Αφορά και στη μάθηση από το παρελθόν, έτσι ώστε να μην επαναλαμβάνουμε τα ίδια λάθη ξανά και ξανά· αφορά στην τοποθέτηση στόχων και στη δουλειά για την επίτευξή τους· στην πρόβλεψη του μέλλοντος μέσα από πρότυπα και νόμους, φυσικούς, μαθηματικούς και ούτω καθεξής, που τους έχουμε μάθει στο παρελθόν, καθώς και στην ανάληψη της κατάλληλης δράσης βάσει των προβλέψεών μας.

Όμως, ακόμα κι εδώ, μέσα στη σφαίρα της πρακτικής ζωής, όπου δεν μπορούμε να κάνουμε χωρίς αναφορά στο παρελθόν και στο μέλλον, η παρούσα στιγμή παραμένει ο ουσιαστικός παράγοντας: κάθε μάθημα από το παρελθόν γίνεται σημαντικό και εφαρμόζεται *τώρα*. Κάθε σχέδιο και κάθε δράση για την επίτευξη κάποιου στόχου γίνεται *τώρα*.

Το κύριο σημείο εστίασης του φωτισμένου ανθρώπου είναι πάντα το Τώρα, αλλά, περιφερειακά, εξακολουθεί να έχει επίγνωση του χρόνου. Με άλλα λόγια, συνεχίζει να χρησιμοποιεί τον ωρολογιακό χρόνο, αλλά είναι απαλλαγμένος από τον ψυχολογικό χρόνο.

Όταν εξασκείσαι σ΄ αυτό, να βρίσκεσαι σε εγρήγορση για να μη μεταμορφώνεις, άθελά σου, τον ωρολογιακό σε ψυχολογικό χρόνο.

Για παράδειγμα, αν έκανες ένα λάθος στο παρελθόν και μαθαίνεις από αυτό τώρα, χρησιμοποιείς ωρολογιακό χρόνο. Από την άλλη, αν εμμένεις σ' αυτό το λάθος και αρχίζεις την αυτοκριτική ή νιώθεις μεταμέλεια ή ενοχή, τότε μετατρέπεις το λάθος σε "εγώ" και "δικό μου": το κάνεις μέρος της αίσθησης του εαυτού σου. Τότε χρησιμοποιείς τον ψυχολογικό χρόνο, που συνδέεται πάντα με μια πλαστή αίσθηση ταυτότητας. Η μη συγχώρηση συνεπάγεται αναγκαστικά ένα βαρύ φορτίο ψυχολογικού χρόνου.

Αν βάλεις ένα στόχο και δουλεύεις για να τον πετύχεις, χρησιμοποιείς ωρολογιακό χρόνο. Έχεις επίγνωση του πού θέλεις να πας, αλλά τιμάς και δίνεις την πλήρη προσοχή σου στο βήμα που κάνεις αυτή τη στιγμή. Αν εστιάζεσαι υπερβολικά στο στόχο, ίσως επειδή επιδιώκεις την ευτυχία, την πληρότητα ή μια πιο πλήρη αίσθηση του εαυτού μέσα απ' αυτόν, τότε δεν τιμάς πια το Τώρα. Το υποβιβάζεις σε ένα απλό σκαλοπάτι προς το μέλλον, που δεν έχει δική του αξία. Τότε ο ωρολογιακός χρόνος μετατρέπεται σε ψυχολογικό. Το ταξίδι της ζωής σου δεν είναι πια μια περιπέτεια, είναι απλώς μια έμμονη ανάγκη να φτάσεις, να κατακτήσεις, να τα καταφέρεις. Δε βλέπεις πια ούτε μυρίζεις τα λουλούδια στην άκρη του δρόμου, δεν αντιλαμβάνεσαι την ομορφιά και το θαύμα της ζωής που ξεδιπλώνεται παντού γύρω σου όταν είσαι παρών στο Τώρα.

Μπορώ να καταλάβω την εξαιρετικά μεγάλη σημασία του Τώρα, αλλά δεν μπορώ να συμφωνήσω απόλυτα μαζί σου όταν λες ότι ο χρόνος είναι μια ψευδαίσθηση και τίποτε άλλο.

Όταν λέω "ο χρόνος είναι ψευδαίσθηση", η πρόθεσή μου δεν είναι να κάνω μια φιλοσοφική δήλωση. Απλώς θυμίζω ένα απλό γεγονός — ένα γεγονός τόσο φανερό, ώστε σου είναι δύσκολο να το συλλάβεις και μπορεί μάλιστα να το βρίσκεις και δίχως νόημα. Όταν όμως αυτό το γεγονός συνειδητοποιηθεί απόλυτα, μπορεί να κόψει σαν ξίφος όλα τα στρώματα της πολυπλοκότητας και τα "προβλήματα" που έχει δημιουργήσει ο νους.

Θα το ξαναπώ: η παρούσα στιγμή είναι το μόνο που είχες, το μόνο που έχεις, το μόνο που θα έχεις ποτέ. Ποτέ δεν υπάρχει κάποια χρονική περίοδος που η ζωή σου δεν είναι "αυτή η στιγμή". Έτσι δεν είναι;

Η ΠΑΡΑΦΡΟΣΥΝΗ ΤΟΥ ΨΥΧΟΛΟΓΙΚΟΥ ΧΡΟΝΟΥ

Δε θα σου μείνει καμιά αμφιβολία ότι ο ψυχολογικός χρόνος είναι μια ψυχική νόσος, αν κοιτάξεις τις συλλογικές του εκφράσεις. Εμφανίζονται, για παράδειγμα, με τη μορφή ιδεολογιών όπως ο κομμουνισμός, ο εθνικοσοσιαλισμός ή οποιοσδήποτε άλλος εθνικισμός, οποιοδήποτε άκαμπτο σύστημα πεποιθήσεων που λειτουργεί σύμφωνα με την υπονοούμενη υπόθεση ότι το ύψιστο καλό βρίσκεται στο μέλλον και, κατά συνέπεια, ο σκοπός αγιάζει τα μέσα. Ο σκοπός είναι μια ιδέα, ένα σημείο στο μέλλον που προβάλλει ο νους, όταν η λύτρωση με οποιαδήποτε μορφή — ευτυχία, πληρότητα, ισότητα, ελευθερία και ούτω καθεξής — θα επιτευχθεί. Πολύ συχνά όμως, τα μέσα για να φτάσει κάποιος εκεί είναι η υποδούλωση, τα βασανιστήρια και ο φόνος των ανθρώπων στο παρόν.

Για παράδειγμα, υπολογίζεται ότι γύρω στα 50 εκατομμύρια άνθρωποι δολοφονήθηκαν προκειμένου να προχωρήσει η υπόθεση του κομμουνισμού, για να δημιουργηθεί ένας "καλύτερος κόσμος" στη Ρωσία, την Κίνα και άλλες χώρες. Πρόκειται για ένα ανατριχιαστικό παράδειγμα του πώς η πίστη σε ένα μελλοντικό παράδεισο δημιουργεί μια κόλαση στο παρόν. Μπορεί να υπάρξει η παραμικρή αμφιβολία ότι ο ψυχολογικός χρόνος είναι μια σοβαρή και επικίνδυνη ψυχική νόσος;

Πώς λειτουργεί αυτό το νοητικό πρότυπο στη *δική σου* ζωή; Προσπαθείς πάντα να φτάσεις κάπου αλλού από εκεί που βρίσκεσαι τώρα; Είναι το μεγαλύτερο μέρος της δράσης σου απλώς μέσο προς ένα στόχο; Είναι η πληρότητα πάντα στην άλλη γωνία ή περιορισμένη σε βραχύβιες απολαύσεις, όπως το σεξ, το φαγητό, το ποτό, τα ναρκωτικά ή οι συγκινήσεις και η έξαψη; Είσαι πάντα εστιασμένος στο να γίνεις, να πετύχεις, να αποκτήσεις ή στο να κυνηγάς πότε κάποια νέα συγκίνηση και πότε κάποια απόλαυση; Πιστεύεις πως αν αποκτήσεις περισσότερα πράγματα θα είσαι πιο ικανοποιημένος, πιο επαρκής ή ψυχολογικά πλήρης; Περιμένεις κάποια γυναίκα ή κάποιον άντρα να δώσει νόημα στη ζωή σου;

Όταν η συνειδητότητα είναι ταυτισμένη με το νου, τότε η δύναμη και το άπειρα δημιουργικό δυναμικό που βρίσκονται κρυμμένα στο Τώρα συσκοτίζονται εντελώς από τον ψυχολογικό χρόνο. Η ζωή σου χάνει τότε τον παλμό της, τη φρεσκάδα της, την αίσθηση του θαύματος. Τα παλιά πρότυπα σκέψης, συναισθήματος, συμπεριφοράς, αντίδρασης και επιθυμίας παίζονται σε ατέρμονες επαναληπτικές παραστάσεις, με σενάρια που σου δίνουν κάποιο είδος ταυτότητας, αλλά διαστρεβλώνουν ή καλύπτουν την πραγματικότητα του Τώρα. Ο νους τότε δημιουργεί μια εμμονή με το μέλλον, σαν μια διαφυγή από το μη ικανοποιητικό παρόν.

Η ΑΡΝΗΤΙΚΟΤΗΤΑ ΚΑΙ Ο ΠΟΝΟΣ ΕΧΟΥΝ ΤΙΣ ΡΙΖΕΣ ΤΟΥΣ ΣΤΟ ΧΡΟΝΟ

Όμως η πεποίθηση ότι το μέλλον θα είναι καλύτερο από το παρόν δεν είναι πάντα ψευδαίσθηση. Το παρόν μπορεί να είναι φριχτό, αλλά τα πράγματα μπορούν να καλυτερέψουν στο μέλλον, και συχνά καλυτερεύουν.

Συνήθως, το μέλλον είναι αντίγραφο του παρελθόντος. Είναι δυνατόν να υπάρξουν επιφανειακές αλλαγές, αλλά η *αληθινή* μεταμόρφωση είναι σπάνια και εξαρτάται από το αν μπορείς να είσαι αρκετά παρών ώστε να διαλύσεις το παρελθόν αποκτώντας πρόσβαση στη δύναμη του Τώρα. Αυτό που αντιλαμβάνεσαι σαν μέλλον είναι μέρος της κατάστασης στην οποία βρίσκεται η συνειδητότητά σου τώρα. Αν ο νους σου κουβαλάει ένα βαρύ φορτίο παρελθόντος, θα βιώνεις "μία από τα ίδια". Το παρελθόν διαιωνίζεται μέσα από την έλλειψη της παρουσίας. Η ποιότητα της συνειδητότητάς σου ετούτη τη στιγμή είναι αυτή που πλάθει το μέλλον — το οποίο, φυσικά, μπορεί να βιωθεί μόνο ως Τώρα.

Μπορεί να κερδίσεις δέκα εκατομμύρια δολάρια, αλλά αυτό το είδος της αλλαγής είναι πολύ επιφανειακό. Απλώς θα συνέχιζες να εφαρμόζεις τα ίδια πρότυπα, που έχουν γίνει εξαρτημένα αντανακλαστικά, σε πιο πολυτελές περιβάλλον.

Οι άνθρωποι έμαθαν να διασπούν το άτομο. Αντί να σκοτώνουν δέκα ή είκοσι ανθρώπους με ένα ξύλινο ρόπαλο, ένας και μόνο άνθρωπος μπορεί τώρα να εξοντώσει ένα εκατομμύριο ανθρώπους απλώς με το πάτημα ενός κουμπιού. Είναι αυτό *αληθινή* αλλαγή;

Αν είναι η ποιότητα της συνειδητότητάς σου ετούτη τη στιγμή αυτό που καθορίζει το μέλλον, τότε τι είναι αυτό που καθορίζει την ποιότητα της συνειδητότητάς σου; Ο βαθμός της παρουσίας σου. Έτσι, το μόνο σημείο όπου μπορεί να γίνει μια πραγματική αλλαγή και όπου το παρελθόν μπορεί να διαλυθεί, είναι το Τώρα.

Κάθε αρνητικότητα προκαλείται από τη συσσώρευση του ψυχολογικού χρόνου και την άρνηση του παρόντος. Η ταραχή, το άγχος, η ένταση, το στρες, η ανησυχία – όλα μορφές φόβου – προκαλούνται από υπερβολικά πολύ μέλλον και όχι αρκετή παρουσία. Η ενοχή, οι τύψεις, η μεταμέλεια, η μνησικακία, τα παράπονα, η λύπη, η πικρία και όλες οι μορφές της μη συγχώρησης προκαλούνται από υπερβολικά πολύ παρελθόν και όχι αρκετή παρουσία.

Οι περισσότεροι άνθρωποι δυσκολεύονται να πιστέψουν ότι είναι δυνατόν να υπάρχει μια κατάσταση συνειδητότητας απόλυτα απαλλαγμένη από κάθε αρνητικότητα. Κι όμως, αυτή είναι η απελευθερωμένη κατάσταση προς την οποία δείχνουν όλες οι πνευματικές διδασκαλίες. Είναι η υπόσχεση της λύτρωσης, όχι σε ένα απατηλό μέλλον, αλλά εδώ και τώρα.

Μπορεί να σου φαίνεται δύσκολο να αναγνωρίσεις ότι ο χρόνος είναι η αιτία του πόνου ή των προβλημάτων σου. Πιστεύεις ότι προκαλούνται από συγκεκριμένες καταστάσεις στη ζωή σου και, αν το δει κανείς από μια συμβατική οπτική γωνία, αυτό είναι αλήθεια. Μέχρι όμως να αντιμετωπίσεις τη βασική δυσλειτουργία του νου που δημιουργεί προβλήματα – την προσκόλλησή του στο παρελθόν και στο μέλλον και την άρνηση του Τώρα – τα προβλήματα, στην πραγματικότητα, θα αντικαθιστούν το ένα το άλλο.

Αν όλα σου τα προβλήματα ή αυτά που εσύ αντιλαμβάνεσαι σαν αιτίες του πόνου ή της δυστυχίας σου εξαφανίζονταν σαν από θαύμα από τη ζωή σου, αλλά εσύ δεν είχες γίνει περισσότερο παρών, πιο συνειδητός, πολύ σύντομα θα εύρισκες τον εαυτό σου με ένα παρόμοιο σύνολο προβλημάτων ή αιτιών πόνου, σαν μια σκιά που σε ακολουθεί όπου κι αν πας. Τελικά, υπάρχει ένα μόνο πρόβλημα: ο ίδιος ο νους, που είναι δεμένος στο χρόνο.

Δεν μπορώ να πιστέψω ότι θα μπορούσα ποτέ να φτάσω σε ένα σημείο όπου θα είμαι εντελώς απαλλαγμένος από τα προβλήματά μου.

Έχεις δίκιο. Δεν μπορείς ποτέ να *φτάσεις* σ΄ αυτό το σημείο, επειδή *είσαι* σ' αυτό το σημείο *τώρα.*

Δεν υπάρχει λύτρωση στο χρόνο. Δεν μπορείς να ελευθερωθείς στο μέλλον. Η παρουσία είναι το κλειδί για την ελευθερία, κι έτσι μπορείς να είσαι ελεύθερος μόνο τώρα.

ΒΡΙΣΚΟΝΤΑΣ ΤΗ ΖΩΗ ΚΑΤΩ ΑΠΟ ΤΗΝ ΚΑΤΑΣΤΑΣΗ ΤΗΣ ΖΩΗΣ ΣΟΥ

Δε βλέπω πώς μπορώ να είμαι ελεύθερος τώρα. Τυχαίνει να είμαι εξαιρετικά δυστυχισμένος με τη ζωή μου αυτή τη στιγμή. Αυτό είναι γεγονός, και θα κορόιδευα τον εαυτό μου αν προσπαθούσα να τον πείσω ότι όλα είναι καλά ενώ δεν είναι. Για μένα, η παρούσα στιγμή είναι πολύ δυστυχισμένη· δεν είναι καθόλου λυτρωτική. Αυτό που με κάνει να συνεχίζω είναι η ελπίδα ή η πιθανότητα να βελτιωθούν τα πράγματα στο μέλλον.

Νομίζεις ότι η προσοχή σου είναι στην παρούσα στιγμή, ενώ στην πραγματικότητα την έχει απορροφήσει ολότελα ο χρόνος. Δεν μπορείς να είσαι ταυτόχρονα δυστυχισμένος και απόλυτα παρών στο Τώρα.

Αυτό στο οποίο αναφέρεσαι ως "ζωή" σου θα έπρεπε να ονομάζεται, με μεγαλύτερη ακρίβεια, "κατάσταση της ζωής" σου. Είναι ψυχολογικός χρόνος: παρελθόν και μέλλον. Κάποια πράγματα στο παρελθόν δεν πήγαν όπως ήθελες. Εξακολουθείς να αντιστέκεσαι σε ό,τι έχει συμβεί και τώρα αντιστέκεσαι σε ό,τι υπάρχει. Η ελπίδα σε κάνει να συνεχίζεις, αλλά σε κρατάει εστιασμένο στο μέλλον, κι αυτή η διαρκής εστίαση διαιωνίζει την άρνηση του Τώρα εκ μέρους σου και, κατά συνέπεια, τη δυστυχία σου.

Είναι αλήθεια ότι η παρούσα κατάσταση της ζωής μου είναι αποτέλεσμα εκείνων που συνέβησαν στο παρελθόν, αλλά ε-

ξακολουθεί να είναι η κατάσταση της ζωής μου, κι αυτό που με κάνει δυστυχισμένο είναι το κόλλημά μου σ' αυτά.

Ξέχνα για λίγο την κατάσταση της ζωής σου και δώσε προσοχή στη ζωή σου.

Ποια είναι η διαφορά;

Η κατάσταση της ζωής σου υπάρχει στο χρόνο.
Η ζωή σου είναι τώρα.
Η κατάσταση της ζωής σου είναι αποκύημα του νου.
Η ζωή σου είναι αληθινή.

Βρες τη "στενή πύλη που οδηγεί στη ζωή". Ονομάζεται Τώρα. Περιόρισε τη ζωή σου σε τούτη τη στιγμή. Η κατάσταση της ζωής σου μπορεί να είναι γεμάτη προβλήματα — οι περισσότερες καταστάσεις ζωής είναι — αλλά ψάξε να δεις αν έχεις κάποιο πρόβλημα αυτή τη στιγμή. Όχι αύριο ή σε δέκα λεπτά, αλλά *τώρα.* Έχεις κάποιο πρόβλημα *τώρα;*

Όταν είσαι γεμάτος προβλήματα, δεν υπάρχει χώρος για να μπει τίποτε άλλο, δεν υπάρχει χώρος για λύση. Έτσι, όποτε μπορείς, κάνε λίγο χώρο για να βρεις τη ζωή κάτω από την κατάσταση της ζωής σου.

Να χρησιμοποιείς τις αισθήσεις σου στο έπακρο. Να είσαι εκεί που είσαι. Κοίτα γύρω σου. Κοίτα απλώς, μην ερμηνεύεις. Δες το φως, τα σχήματα, τα χρώματα, τις υφές. Έχε επίγνωση της σιωπηλής παρουσίας του κάθε πράγματος. Άκου τους ήχους· μην τους κρίνεις. Άκου τη σιωπή κάτω από τους ήχους. Άγγιξε κάτι, οτιδήποτε, και νιώσε, αναγνώρισε την Ύπαρξή του. Παρατήρησε το ρυθμό της αναπνοής σου· νιώσε τον αέρα να ρέει μέσα κι έξω από το σώμα σου, νιώσε αυτή τη ζωτική ενέργεια μέσα σου. Επίτρεψε στα πάντα να υπάρχουν, μέσα κι έξω από σένα. Επίτρεψε το "είναι" όλων των πραγμάτων. Προχώρησε βαθιά στο Τώρα.

Έτσι αφήνεις πίσω σου το νεκρωτικό κόσμο της αφηρημένης νοητικής έννοιας, του χρόνου. Βγαίνεις από τον τρελό νου που σου στραγγίζει τη ζωτική ενέργεια, όπως ακριβώς δηλητηριάζει και καταστρέφει αργά τη Γη. Ξυπνάς από το όνειρο του χρόνου και μπαίνεις στο παρόν.

ΟΛΑ ΤΑ ΠΡΟΒΛΗΜΑΤΑ ΕΙΝΑΙ ΨΕΥΔΑΙΣΘΗΣΕΙΣ ΤΟΥ ΝΟΥ

Νιώθω σαν να έχει φύγει από πάνω μου ένα βάρος. Έχω μια αίσθηση ελαφράδας. Νιώθω καθαρός... όμως τα προβλήματά μου είναι ακόμα εδώ, περιμένοντάς με, έτσι δεν είναι; Δεν έχουν λυθεί. Μήπως απλώς τα αποφεύγω προσωρινά;

Ακόμα κι αν βρισκόσουν στον παράδεισο, δε θα περνούσε πολλή ώρα πριν αρχίσει ο νους σου τα "ναι, αλλά..." Τελικά, αυτό για το οποίο μιλάμε δεν είναι η λύση των προβλημάτων σου. Είναι η συνειδητοποίηση ότι *δεν υπάρχουν* προβλήματα. Μόνο καταστάσεις — για να τις αντιμετωπίσεις αργότερα ή να τις αφήσεις ήσυχες και να τις αποδεχτείς ως μέρος του "είναι" της παρούσας στιγμής, μέχρι να αλλάξουν ή να *μπορούν* να αντιμετωπιστούν. Τα προβλήματα είναι κατασκευασμένα από το νου και χρειάζονται χρόνο για να επιβιώσουν. Δεν μπορούν να επιβιώσουν στην πραγματικότητα του Τώρα.

Εστίασε την προσοχή σου στο Τώρα και πες μου τι πρόβλημα έχεις ετούτη τη στιγμή.

Δεν παίρνω καμιά απάντηση επειδή είναι αδύνατον να έχεις πρόβλημα όταν η προσοχή σου είναι εντελώς στραμμένη στο Τώρα. Μπορεί να υπάρχει μια κατάσταση που χρειάζεται είτε να την αντιμετωπίσεις είτε να την αποδεχτείς – αυτό μάλιστα. Γιατί να τη μετατρέψεις σε πρόβλημα; Γιατί να μετατρέψεις οτιδήποτε σε πρόβλημα; Τι τα χρειάζεσαι τα προβλήματα;

Ο νους, ασυνείδητα, αγαπάει τα προβλήματα, επειδή σου δίνουν κάποιου είδους ταυτότητα. Αυτό είναι φυσιολογικό, και είναι τρελό. "Πρόβλημα" σημαίνει ότι εμμένεις νοητικά σε μια κατάσταση, χωρίς να υπάρχει αληθινή πρόθεση ή πιθανότητα να αναλάβεις δράση τώρα. Σημαίνει επίσης ότι κάνεις αυτή την κατάσταση ασυνείδητα μέρος της αίσθησης του εαυτού σου.

Κατακλύζεσαι τόσο πολύ από την κατάσταση της ζωής σου, ώστε χάνεις την αίσθηση σου για τη ζωή, για την Ύπαρξη. Ή, κουβαλάς στο νου σου το παράλογο βάρος εκατοντάδων πραγμάτων που θα έχεις ή που μπορεί να έχεις να κάνεις στο μέλλον, αντί να εστιάζεις την προσοχή σου στο ένα και μόνο πράγμα που *μπορείς* να κάνεις τώρα.

Όταν δημιουργείς ένα πρόβλημα, δημιουργείς πόνο. Το μόνο που χρειάζεται είναι μια απλή επιλογή, μια απλή απόφαση: "Ό,τι κι αν συμβεί, δε θα δημιουργήσω άλλο πόνο για τον εαυτό μου. Δε θα δημιουργήσω άλλα προβλήματα". Αν και είναι μια απλή επιλογή, είναι επίσης και πολύ ριζική. Δε θα πάρεις αυτή την απόφαση αν δεν έχεις πραγματικά "μπουχτίσει" με τον πόνο, αν δεν πεις πραγματικά "φτάνει". Και δε θα μπορέσεις να την ακολουθήσεις, αν δεν αποκτήσεις πρόσβαση στη δύναμη του Τώρα.

Όταν παύεις να δημιουργείς κι άλλο πόνο για τον εαυτό σου, τότε παύεις να δημιουργείς κι άλλο πόνο για τους άλλους. Επίσης, δε μολύνεις πια την πανέμορφη Γη, τον εσώτερο χώρο σου και τη συλλογική ανθρώπινη ψυχή με την αρνητικότητα της δημιουργίας προβλημάτων.

Αν έχεις βρεθεί κάποτε σε μια επικίνδυνη κατάσταση ζωής ή θανάτου, τότε θα ξέρεις ότι δεν ήταν πρόβλημα. Ο νους δεν είχε *χρόνο* να κάνει τα κολπάκια του και να τη μετατρέψει σε πρόβλημα. Σε μια πραγματικά επικίνδυνη κατάσταση, ο νους σταματάει· γίνεσαι απόλυτα παρών στο Τώρα και κάτι απείρως πιο ισχυρό αναλαμβάνει τα ηνία. Αυτός είναι ο λόγος που υπάρχουν τόσο πολλές αναφορές για συνηθισμένους ανθρώπους που γίνονται ξαφνικά ικανοί για απίστευτα θαρραλέες πράξεις. Σε κάθε κατάσταση ανάγκης, ή επιβιώνεις ή όχι. Είτε έτσι είτε αλλιώς, δεν είναι πρόβλημα.

Κάποιοι άνθρωποι θυμώνουν όταν με ακούνε να λέω ότι τα προβλήματα είναι ψευδαισθήσεις. Απειλώ να τους αφαιρέσω την αίσθησή τους για το ποιοι είναι. Έχουν επενδύσει πολύ χρόνο σε μια ψευδή αίσθηση εαυτού. Για πολλά χρόνια, έχουν ασυνείδητα προσδιορίσει ολόκληρη την ταυτότητά τους με βάση τα προβλήματά τους ή τον πόνο τους. Ποιοι θα ήταν χωρίς αυτά;

Ένα μεγάλο μέρος αυτών που λένε, σκέφτονται ή κάνουν οι άνθρωποι έχει στην πραγματικότητα ως κίνητρο το φόβο, που φυσικά είναι πάντα συνδεδεμένος με το ότι έχουν την εστίασή τους στο μέλλον και το ότι δεν είναι σε επαφή με το Τώρα.

Όταν προκύψει μια κατάσταση που χρειάζεται να την αντιμετωπίσεις τώρα, η δράση σου, αν προέρχεται από τη βαθιά επίγνωση της παρούσας στιγμής, θα είναι καθαρή, κοφτερή σαν ξυράφι και θα είναι αποτελεσματική. Δε θα είναι μια αντίδραση που θα προέρχεται από τα περασμένα εξαρτημένα αντανακλαστικά του νου σου, αλλά μια διαισθητική απόκριση στην κατάσταση. Θα ανακαλύψεις ότι είναι πιο αποτελεσματικό να μην κάνεις τίποτε — απλώς να μείνεις επικεντρωμένος στο Τώρα.

ΕΝΑ ΤΕΡΑΣΤΙΟ ΑΛΜΑ ΣΤΗΝ ΕΞΕΛΙΞΗ ΤΗΣ ΣΥΝΕΙΔΗΤΟΤΗΤΑΣ

Έχω βιώσει φευγαλέα αυτή την κατάσταση της ελευθερίας από το νου και το χρόνο, όπως την περιγράφεις, αλλά το παρελθόν και το μέλλον είναι τόσο συντριπτικά ισχυρά που δεν μπορώ να τα κρατήσω απ' έξω για πολύ.

Ο δέσμιος του χρόνου τρόπος λειτουργίας της συνειδητότητας είναι βαθιά ενσωματωμένος στον ανθρώπινο ψυχισμό. Όμως αυτό που κάνουμε εδώ είναι μέρος μια βαθιάς μεταμόρφωσης που συμβαίνει στο συλλογικό ασυνείδητο του πλανήτη και πέρα απ' αυτό. Είναι μέρος της αφύπνισης της συνειδητότητας από το όνειρο της ύλης, της μορφής και του διαχωρισμού. Είναι μέρος του τέλους του χρόνου. Σπάμε νοητικά πρότυπα που έχουν εξουσιάσει την ανθρώπινη ζωή για αιώνες, νοητικά πρότυπα που έχουν δημιουργήσει αφάνταστο πόνο σε μια τεράστια κλίμακα. Δε χρησιμοποιώ τη λέξη "κακό". Μας βοηθάει περισσότερο να το αποκαλέσουμε απουσία συνειδητότητας ή παραφροσύνη.

Αυτό το σπάσιμο του παλιού τρόπου λειτουργίας της συνειδητότητας ή μάλλον της ασυνειδησίας, είναι κάτι που πρέπει να κάνουμε ή θα συμβεί έτσι κι αλλιώς; Θέλω να πω, είναι αναπόφευκτη αυτή η αλλαγή;

Αυτό είναι θέμα προοπτικής. Η δράση σου κι αυτό που συμβαίνει, στην πραγματικότητα είναι μία και μόνη διαδικασα· επειδή είσαι ένα με την ολότητα της συνειδητότητας, δεν μπορείς να χωρίσεις αυτά τα δύο. Όμως δεν υπάρχει εγγύηση ότι οι άνθρωποι θα τα καταφέρουν. Η διαδικασία δεν είναι αναπόφευκτη ή αυτόματη. Η συνεργασία σου είναι ένα ουσιαστικό μέρος της. Όπως κι αν το δεις, είναι ένα τεράστιο άλμα στην εξέλιξη της συνειδητότητας, καθώς και η μοναδική μας ευκαιρία να επιβιώσουμε ως γένος.

Η ΧΑΡΑ ΤΗΣ ΥΠΑΡΞΗΣ

Για να καταλάβεις αν έχεις επιτρέψει στον εαυτό σου να κυριευτεί από τον ψυχολογικό χρόνο, μπορείς να χρησιμοποιήσεις ένα απλό κριτήριο. Ρώτα τον εαυτό σου: "Υπάρχει χαρά, ηρεμία κι ελαφράδα σ' αυτό που κάνω;" Αν όχι, τότε ο χρόνος καλύπτει την παρούσα στιγμή και εσύ αντιλαμβάνεσαι τη ζωή σαν βάρος ή αγώνα.

Αν δεν υπάρχει χαρά, ηρεμία ή ελαφράδα σ' αυτό που κάνεις, δε σημαίνει απαραίτητα ότι χρειάζεται να αλλάξεις *αυτό* που κάνεις. Μπορεί να είναι αρκετό να αλλάξεις το *πώς*. Το "πώς" είναι πάντα πιο σημαντικό από το "τι". Δες αν μπορείς να δώσεις πολύ περισσότερη προσοχή στη *δράση*, παρά στο αποτέλεσμα που θέλεις να πετύχεις μέσα απ' αυτήν. Δώσε την πλήρη προσοχή σου σε οτιδήποτε παρουσιάζει η στιγμή. Αυτό υπονοεί ότι δέχεσαι επίσης απόλυτα αυτό που *υπάρχει*, επειδή δεν μπορείς να δίνεις την πλήρη προσοχή σου σε κάτι και ταυτόχρονα να του αντιστέκεσαι.

Μόλις τιμήσεις την παρούσα στιγμή, η δυστυχία και ο αγώνας διαλύονται και η ζωή αρχίζει να ρέει με χαρά και ηρεμία. Όταν ενεργείς μέσα από την επίγνωση της παρούσας στιγμής, ό,τι κι αν κάνεις διαποτίζεται από μια αίσθηση ποιότητας, ενδιαφέροντος και αγάπης – ακόμα και η πιο απλή πράξη.

Έτσι, μην ασχολείσαι με τους καρπούς της δράσης σου – δώσε απλώς προσοχή στην ίδια τη δράση. Οι καρποί θα έρθουν από μόνοι τους. Αυτή είναι μια δυναμική πνευματική πρακτική. Στην *Μπαγκαβάτ Γκίτα,* μια από τις πιο παλιές και πιο όμορφες πνευματικές διδασκαλίες που υπάρχουν, η μη προσκόλληση στους καρπούς της δράσης ονομάζεται Κάρμα Γιόγκα. Περιγράφεται ως η ατραπός της "καθαγιασμένης δράσης".

Όταν ο ψυχαναγκαστικός αγώνας μακριά από το Τώρα παύει, τότε η χαρά της ύπαρξης ρέει μέσα σε κάθε τι που κάνεις. Τη στιγμή που η προσοχή σου στρέφεται στο Τώρα, νιώθεις μια παρουσία, μια ησυχία, μια γαλήνη. Δεν εξαρτάσαι πια από το μέλλον για πληρότητα και ικανοποίηση – δεν προσβλέπεις σ' αυτό για λύτρωση. Επομένως, δεν είσαι προσκολλημένος στα αποτελέσματα. Ούτε η αποτυχία ούτε η επιτυχία έχουν τη δύναμη να αλλάξουν την εσωτερική σου κατάσταση της Ύπαρξης. Έχεις βρει τη ζωή κάτω από την κατάσταση της ζωής σου.

Με την απουσία του ψυχολογικού χρόνου, η αίσθηση του εαυτού σου αντλείται από την Ύπαρξη, όχι από το προσωπικό σου παρελθόν. Κατά συνέπεια, η ψυχολογική ανάγκη να γίνεις οτιδήποτε άλλο από αυτό που ήδη είσαι δεν υπάρχει πια. Στον κόσμο, στο επίπεδο της κατάστασης της ζωής σου, μπορεί βέβαια να γίνεις πλούσιος, μορφωμένος, επιτυχημένος, απαλλαγμένος από τούτο ή από κείνο, αλλά στη βαθύτερη διάσταση της Ύπαρξης είσαι πλήρης και ολόκληρος *τώρα.*

Σ' αυτή την κατάσταση της ολότητας, θα μπορώ ή θα θέλω ακόμα να επιδιώκω εξωτερικούς στόχους;

Φυσικά, αλλά δε θα έχεις απατηλές προσδοκίες για το ότι κάτι ή κάποιος στο μέλλον θα σε σώσει ή θα σε κάνει ευτυχισμένο. Σε ό,τι αφορά την κατάσταση της ζωής σου, μπορεί να υπάρχουν πράγματα να επιτευχθούν ή να αποκτηθούν. Αυτός είναι ο κόσμος της μορφής, του κέρδους και της ζημιάς. Όμως, σε ένα βαθύτερο επίπεδο, είσαι ήδη πλήρης και όταν το συνειδητοποιήσεις αυτό, υπάρχει μια παιχνιδιάρικη, χαρούμενη διάθεση πίσω απ' ό,τι κάνεις. Όντας απαλλαγμένος από τον ψυχολογικό χρόνο, δεν επιδιώκεις πια τους στόχους σου με άκαμπτη αποφασιστικότητα, σπρωγμένος από το φόβο, το θυμό, την έλλειψη ικανοποίησης ή την ανάγκη να γίνεις κάποιος. Ούτε σε κρατάει στην αδράνεια ο φόβος της αποτυχίας, η οποία, για το εγώ, είναι απώλεια του εαυτού.

Όταν η βαθύτερη έννοια του εαυτού σου προέρχεται από την Ύπαρξη, όταν είσαι απαλλαγμένος από το να "γίνεις", σαν ψυχολογική ανάγκη, ούτε η ευτυχία σου ούτε η αίσθηση του εαυτού σου εξαρτώνται από το αποτέλεσμα, κι έτσι απαλλάσσεσαι από το φόβο. Δεν επιδιώκεις τη μονιμότητα εκεί που δεν μπορεί να βρεθεί: στον κόσμο της μορφής, του κέρδους και της απώλειας, της γέννησης και του θανάτου. Δεν απαιτείς να σε κάνουν ευτυχισμένο οι καταστάσεις, οι συνθήκες, τα μέρη ή οι άνθρωποι, ούτε υποφέρεις επειδή δεν ανταποκρίνονται στις προσδοκίες σου.

Όλα είναι σεβαστά, αλλά τίποτε δεν έχει σημασία. Οι μορφές γεννιούνται και πεθαίνουν, όμως εσύ έχεις επίγνωση του αιώνιου κάτω από τη μορφή. Ξέρεις, όπως λέγεται και στα "*Μαθήματα θαυμάτων*" πως "τίποτε αληθινό δεν μπορεί να απειληθεί".

Όταν βρίσκεσαι σ' αυτή την κατάσταση της Ύπαρξής σου, πώς μπορείς να μην πετύχεις; Έχεις ήδη πετύχει.

ΚΕΦΑΛΑΙΟ ΤΕΣΣΕΡΑ

ΣΤΡΑΤΗΓΙΚΕΣ ΤΟΥ ΝΟΥ ΓΙΑ ΝΑ ΑΠΟΦΕΥΓΕΙ ΤΟ ΤΩΡΑ

Απωλεια του Τωρα: η βασικη πλανη

Ακόμα κι αν δεχτώ ολοκληρωτικά ότι τελικά ο χρόνος είναι ψευδαίσθηση, τι διαφορά θα έκανε αυτό στη ζωή μου; Και πάλι πρέπει να ζω σ΄ έναν κόσμο που κυριαρχείται από το χρόνο.

Η νοητική αποδοχή είναι απλώς άλλη μια πεποίθηση και δε θα κάνει και μεγάλη διαφορά στη ζωή σου. Για να αντιληφθείς αυτή την αλήθεια, χρειάζεται να τη ζήσεις. Όταν κάθε κύτταρο του κορμιού σου είναι τόσο παρόν ώστε να πάλλεται από ζωή, και όταν μπορείς να νιώθεις αυτή τη ζωή κάθε στιγμή σαν τη χαρά της Ύπαρξης, τότε μπορείς πράγματι να πεις ότι έχεις απαλλαγεί από το χρόνο.

Όμως και πάλι πρέπει να πληρώσω τους λογαριασμούς μου αύριο, και πάλι θα γεράσω και θα πεθάνω, όπως όλοι. Πώς μπορώ ποτέ να πω ότι έχω απαλλαγεί από το χρόνο;

Οι αυριανοί λογαριασμοί δεν είναι το πρόβλημα. Η διάλυση του υλικού σώματος δεν είναι το πρόβλημα. Η απώλεια του Τώρα είναι το πρόβλημα, ή μάλλον είναι η βασική πλάνη που μετατρέπει μια απλή κατάσταση, ένα γεγονός ή ένα συναίσθημα σε προσωπικό πρόβλημα και πόνο. Η απώλεια του Τώρα είναι απώλεια της Ύπαρξης.

Το να είσαι απαλλαγμένος από το χρόνο σημαίνει να είσαι απαλλαγμένος από την ψυχολογική ανάγκη του παρελθόντος για την ταυτότητά σου και του μέλλοντος για την ολοκλήρωσή σου. Αντιπροσωπεύει την πιο βαθιά μεταμόρφωση της συνειδητότητας που μπορείς να φανταστείς. Σε σπάνιες περιπτώσεις, αυτή η αλλαγή συνειδητότητας συμβαίνει εντυπωσιακά και ριζικά, μια για πάντα. Όταν συμβαίνει κάτι τέτοιο, συνήθως γίνεται μέσα από την πλήρη παράδοση, όταν βιώνεις έντονο πόνο. Όμως οι περισσότεροι άνθρωποι πρέπει να δουλέψουν για να την πετύχουν.

Όταν έχεις ρίξει για πρώτη φορά κάποιες φευγαλέες ματιές στην άχρονη κατάσταση της συνειδητότητας, αρχίζεις να κινείσαι μπρος–πίσω ανάμεσα στο χρόνο και στην παρουσία. Πρώτα αποκτάς επίγνωση του πόσο σπάνια η προσοχή σου είναι πραγματικά στο Τώρα. Όμως το να ξέρεις ότι δεν είσαι παρών είναι μεγάλη επιτυχία: αυτή η γνώση είναι παρουσία — έστω κι αν στην αρχή δεν κρατάει παρά λίγα δευτερόλεπτα ωρολογιακού χρόνου πριν χαθεί ξανά.

Έπειτα, όλο και πιο συχνά, *επιλέγεις* να εστιάζεις τη συνειδητότητά σου στην παρούσα στιγμή μάλλον, παρά στο παρελθόν ή στο μέλλον. Επίσης, όποτε αντιλαμβάνεσαι ότι είχες χάσει το Τώρα, μπορείς να επιστρέφεις και να μένεις σ' αυτό όχι μόνο για ένα–δυο δευτερόλεπτα, αλλά για μεγαλύτερα διαστήματα ωρολογιακού χρόνου.

Έτσι, πριν εδραιωθείς σταθερά στην κατάσταση της παρουσίας, δηλαδή πριν γίνεις απόλυτα συνειδητός, για κάποιο διάστημα κινείσαι μπρος-πίσω, μεταξύ συνειδητότητας και μη συνειδητότητας, μεταξύ της κατάστασης της παρουσίας και της κατάστασης της ταύτισης με το νου. Χάνεις το Τώρα, και επιστρέφεις σ' αυτό ξανά και ξανά. Τελικά, η παρουσία γίνεται η κυρίαρχη κατάστασή σου.

Για τους περισσότερους ανθρώπους, η παρουσία είτε δε βιώνεται ποτέ είτε βιώνεται μόνο τυχαία και για λίγο, σε σπάνιες περιπτώσεις, χωρίς να αναγνωρίζεται ως αυτό που είναι. Οι περισσότεροι ταλαντεύονται όχι μεταξύ συνειδητότητας και ασυνειδησίας, αλλά μόνο μεταξύ διαφορετικών επιπέδων ασυνειδησίας.

ΣΥΝΗΘΙΣΜΕΝΗ ΑΣΥΝΕΙΔΗΣΙΑ ΚΑΙ ΒΑΘΙΑ ΑΣΥΝΕΙΔΗΣΙΑ

Τι εννοείς λέγοντας "διαφορετικά επίπεδα ασυνειδησίας";

Όπως ίσως γνωρίζεις, στον ύπνο κινείσαι συνεχώς μεταξύ της φάσης του ύπνου δίχως όνειρα και της ονειρικής κατάστασης. Παρόμοια, στην εγρήγορση, οι περισσότεροι άνθρωποι κινούνται μόνο μεταξύ της συνηθισμένης ασυνειδησίας και της βαθιάς ασυνειδησίας. Αυτό που ονομάζω συνηθισμένη ασυνειδησία σημαίνει να είσαι ταυτισμένος με τις διαδικασίες της σκέψης και των συναισθημάτων σου, των αντιδράσεων, των επιθυμιών και των αποστροφών σου. Είναι η φυσιολογική κατάσταση των περισσότερων ανθρώπων.

Σ' αυτή την κατάσταση, εξουσιάζεσαι από τον εγωικό νου και δεν έχεις επίγνωση της Ύπαρξης. Δεν είναι μια κατάσταση έντονου πόνου ή δυστυχίας, αλλά ένα σχεδόν συνεχές χαμηλό επίπεδο δυσφορίας, έλλειψης ικανοποίησης, ανίας ή νευρικότητας – σαν "παράσιτα" στο φόντο. Μπορεί να μην το αντιλαμβάνεσαι επειδή είναι σε μεγάλο βαθμό μέρος της "φυσιολογικής" ζωής, όπως ακριβώς δεν αντιλαμβάνεσαι ένα συνεχή χαμηλό θόρυβο στο φόντο, σαν βόμβο ενός κλιματιστικού, μέχρι να σταματήσει. Όταν ξαφνικά σταματήσει, έχεις μια αίσθηση ανακούφισης.

Πολλοί χρησιμοποιούν το αλκοόλ, τα ναρκωτικά, το σεξ, το φαγητό, τη δουλειά, την τηλεόραση ή ακόμα και τα ψώνια σαν αναισθητικό, σε μια ασυνείδητη προσπάθεια να απομακρύνουν αυτήν τη δυσφορία. Όταν συμβαίνει αυτό, μια δραστηριότητα που μπορεί να είναι πολύ ευχάριστη όταν χρησιμοποιείται με μέτρο παίρνει μια ψυχαναγκαστική ή εθιστική χροιά, και το μόνο που μπορείς να πετύχεις μέσα απ' αυτήν είναι μια εξαιρετικά βραχύβια ανακούφιση.

Η δυσφορία της συνηθισμένης ασυνειδησίας μετατρέπεται στον πόνο της βαθιάς ασυνειδησίας – μιας κατάστασης ενός πολύ πιο έντονου και πιο φανερού πόνου ή δυστυχίας – όταν τα πράγματα "πάνε στραβά", όταν το εγώ απειλείται ή όταν υπάρχει μια σοβαρή πρόκληση, απειλή ή απώλεια στην κατάσταση της ζωής σου, αληθινή ή φανταστική, ή ακόμα και σύγκρουση σε μια σχέση. Είναι μια πιο έντονη εκδοχή της συνηθισμένης ασυνειδησίας, που διαφέρει όχι σε ποιότητα, αλλά σε βαθμό.

Στη συνηθισμένη ασυνειδησία, η αντίσταση ή η άρνηση σ' αυτό που υπάρχει δημιουργεί τη δυσφορία και την έλλειψη ικανοποίησης που οι περισσότεροι άνθρωποι αποδέχονται ως φυσιολογική ζωή. Όταν αυτή η αντίσταση εντείνεται από κάποια πρόκληση ή απειλή προς το εγώ, τότε φέρνει στην επιφάνεια έντονη αρνητικότητα όπως θυμό, οξύ φόβο, επιθετικότητα, κατάθλιψη και ένα σωρό άλλα. Η βαθιά ασυνειδησία συχνά σημαίνει ότι το πονο-σώμα έχει πυροδοτηθεί και ότι έχεις ταυτιστεί μαζί του. Η σωματική βία θα ήταν αδύνατη χωρίς τη βαθιά ασυνειδησία, η οποία μπορεί επίσης να εκδηλωθεί εύκολα όταν ένα πλήθος ανθρώπων ή ακόμα κι ένα ολόκληρο έθνος παράγει ένα συλλογικό αρνητικό ενεργειακό πεδίο.

Η καλύτερη ένδειξη για το επίπεδο της συνειδητότητάς σου είναι το πώς αντιμετωπίζεις τις προκλήσεις της ζωής όταν εμφανίζονται. Μέσα από αυτές τις προκλήσεις, ένα ήδη μη συνειδητό άτομο έχει την τάση να γίνεται ακόμα πιο βαθιά ασυνείδητο και ένα συνειδητό άτομο ακόμα πιο συνειδητό. Μπορείς να χρησιμοποιήσεις μια πρόκληση για να σε ξυπνήσει ή μπορείς να της επιτρέψεις να σε τραβήξει σε ακόμα πιο βαθύ ύπνο. Το όνειρο της συνηθισμένης ασυνειδησίας μετατρέπεται τότε σε εφιάλτη.

Αν δεν μπορείς να είσαι παρών ακόμα και σε φυσιολογικές καταστάσεις, όπως όταν κάθεσαι μόνος σου σε ένα δωμάτιο, όταν περπατάς μέσα στο δάσος ή όταν ακούς κάποιον να μιλάει, τότε σίγουρα δεν μπορείς να μείνεις συνειδητός όταν κάτι "πάει στραβά" ή όταν έρχεσαι αντιμέτωπος με δύσκολους ανθρώπους ή καταστάσεις, με κάποια απώλεια ή με την απειλή της απώλειας. Τότε σε κυριεύει κάποιου είδους αντίδραση, που τελικά είναι πάντα κάποια μορφή φόβου, και σε τραβάει σε βαθιά ασυνειδησία.

Αυτές οι προκλήσεις είναι οι εξετάσεις σου. Μόνο ο τρόπος που τις αντιμετωπίζεις δείχνουν σε σένα και στους άλλους πού βρίσκεσαι σε σχέση με την κατάσταση της συνειδητότητάς σου, κι όχι το πόση ώρα μπορείς να καθίσεις με τα μάτια κλειστά ή τι οράματα βλέπεις.

Έτσι, είναι ουσιαστικής σημασίας το να βάλεις περισσότερη συνειδητότητα στη ζωή σου σε συνηθισμένες καταστάσεις, όταν όλα πηγαίνουν σχετικά ομαλά. Με αυτό τον τρόπο, ανοίγεσαι στη δύναμη της παρουσίας. Παράγεις ένα ενεργειακό πεδίο υψηλής δόνησης μέσα σου και γύρω σου. Καμιά ασυνειδησία, καμιά αρνητικότητα, καμιά δυσαρμονία ή βία δεν μπορεί να μπει σ' αυτό το πεδίο και να επιβιώσει, όπως ακριβώς το σκοτάδι δεν μπορεί να επιβιώσει με την παρουσία του φωτός.

Όταν μαθαίνεις να παρατηρείς τις σκέψεις και τα συναισθήματά σου, πράγμα που είναι ουσιαστικό μέρος τού να είσαι παρών, θα εκπλαγείς την πρώτη φορά που θα συνειδητοποιήσεις αυτά τα "παράσιτα" που υπάρχουν πάντα στο φόντο της συνηθισμένης ασυνειδησίας και θα καταλάβεις ότι πολύ σπάνια είσαι πραγματικά ήρεμος μέσα σου, ή ίσως και ποτέ.

Στο επίπεδο της σκέψης σου θα βρεις μεγάλη αντίσταση, με τη μορφή κρίσεων, δυσφορίας και νοητικής προβολής μακριά από το Τώρα. Στο συναισθηματικό επίπεδο θα υπάρχει ένα υπόγειο ρεύμα δυσφορίας, έντασης, ανίας ή νευρικότητας. Και τα δύο είναι πλευρές του νου στο συνηθισμένο του τρόπο λειτουργίας, την αντίσταση.

ΤΙ ΑΝΑΖΗΤΟΥΝ;

Ο Καρλ Γιουνγκ, σε ένα από τα βιβλία του, αναφέρεται σε μια συζήτηση που είχε με έναν αυτόχθονα Αμερικανό φύλαρχο, ο οποίος του είπε ότι, κατά τη δική του αντίληψη, οι λευκοί έχουν πρόσωπα γεμάτα ένταση, μάτια που καρφώνουν και σκληρή συμπεριφορά. Είπε: "Πάντα αναζητούν κάτι. Τι αναζητούν; Οι λευκοί πάντα θέλουν κάτι. Είναι πάντα δύσθυμοι και ανήσυχοι. Δεν ξέρουμε τι θέλουν. Πιστεύουμε ότι είναι τρελοί".

Αυτό το υπόγειο ρεύμα της συνεχούς δυσθυμίας ξεκίνησε πολύ πριν την εμφάνιση του Δυτικού βιομηχανικού πολιτισμού, φυσικά, αλλά στο Δυτικό πολιτισμό, που τώρα καλύπτει σχεδόν ολόκληρη την υδρόγειο, εκδηλώνεται με μια οξύτητα δίχως προηγούμενο. Υπήρχε ήδη την εποχή του Ιησού, υπήρχε 600 χρόνια πιο πριν, την εποχή του Βούδα, και πολύ πιο πριν κι απ' αυτήν.

"Γιατί είστε πάντα ανήσυχοι;" ρωτούσε ο Ιησούς τους μαθητές του. "Μπορούν οι ανήσυχες σκέψεις να προσθέσουν έστω και μία μέρα στη ζωή σας;" Αλλά και ο Βούδας δίδαξε ότι η ρίζα του πόνου βρίσκεται στις συνεχείς επιθυμίες και στους έντονους πόθους μας.

Η αντίσταση στο Τώρα, ως συλλογική δυσλειτουργία, συνδέεται από τη φύση της με την απώλεια της συνειδητότητας της Ύπαρξης και αποτελεί τη βάση του απάνθρωπου βιομηχανικού πολιτισμού μας.

Ο Φρόιντ αναγνώριζε επίσης την ύπαρξη αυτού του υπόγειου ρεύματος της δυσφορίας και έγραψε γι' αυτήν στο βιβλίο του "*Ο πολιτισμός ως πηγή δυστυχίας*", αλλά δεν αναγνώρισε την αληθινή της ρίζα και δεν μπόρεσε να αντιληφθεί ότι η λύτρωση απ' αυτήν είναι δυνατή.

Αυτή η συλλογική δυσλειτουργία έχει δημιουργήσει έναν πολύ δυστυχισμένο και εξαιρετικά βίαιο πολιτισμό, που έχει γίνει απειλή όχι μόνο για τον ίδιο, αλλά και για όλη τη ζωή πάνω στον πλανήτη.

ΔΙΑΛΥΟΝΤΑΣ ΤΗ ΣΥΝΗΘΙΣΜΕΝΗ ΑΣΥΝΕΙΔΗΣΙΑ

Πώς μπορώ λοιπόν να ελευθερωθώ απ' αυτό το βάσανο;

Κάνοντάς το συνειδητό. Παρατήρησε τους πολλούς τρόπους με τους οποίους η δυσφορία, η έλλειψη ικανοποίησης και η ένταση εμφανίζονται μέσα σου μέσα από τις περιττές κρίσεις, την αντίσταση σ' αυτό που *υπάρχει* και την άρνηση του Τώρα. Οτιδήποτε ασυνείδητο διαλύεται όταν ρίχνεις πάνω του το λαμπερό φως της συνειδητότητας. Όταν ξέρεις πώς να διαλύεις τη συνηθισμένη ασυνειδησία, τότε το φως της παρουσίας σου ακτινοβολεί και σου είναι πολύ πιο εύκολο να αντιμετωπίζεις τη βαθιά ασυνειδησία όποτε αισθάνεσαι το βάρος της να σε τραβάει.

Ωστόσο, μπορεί να μην είναι εύκολο να επισημάνεις τη συνηθισμένη ασυνειδησία, επειδή είναι τόσο φυσιολογική. Απόκτησε τη συνήθεια να παρακολουθείς τη νοητική–συναισθηματική σου κατάσταση με την αυτοπαρατήρηση. "Είμαι ήρεμος αυτή τη στιγμή;" Αυτή είναι μια καλή ερώτηση· να την κάνεις στον εαυτό σου συχνά. Ή, μπορείς να ρωτήσεις: "Τι συμβαίνει μέσα μου αυτή τη στιγμή;" Δείχνε τουλάχιστον το ίδιο ενδιαφέρον για το τι συμβαίνει μέσα σου, μ' αυτό που δείχνεις για το τι συμβαίνει έξω από σένα. Αν το μέσα είναι σωστό, το έξω θα ακολουθήσει. Η πρωταρχική πραγματικότητα είναι μέσα, η δευτερεύουσα είναι έξω.

Όμως μην απαντήσεις αμέσως σ΄ αυτές τις ερωτήσεις. Κατεύθυνε πρώτα την προσοχή σου προς τα μέσα. Ρίξε μια ματιά μέσα σου. Τι είδους σκέψεις παράγει ο νους σου; Τι αισθάνεσαι; Κατεύθυνε την προσοχή σου μέσα στο σώμα σου. Υπάρχει κάποια ένταση;

Όταν διαπιστώσεις ότι υπάρχει ένα χαμηλό επίπεδο δυσφορίας, τα παράσιτα του φόντου, δες με ποιον τρόπο αποφεύγεις, αντιστέκεσαι ή αρνείσαι τη ζωή — με το να αρνείσαι το Τώρα.

Υπάρχουν πολλοί τρόποι με τους οποίους οι άνθρωποι αντιστέκονται στην παρούσα στιγμή. Θα σου δώσω μερικά παραδείγματα. Με την εξάσκηση, η δύναμη της αυτοπαρατήρησής σου, της παρακολούθησης της εσωτερικής σου κατάστασης, θα οξυνθεί.

ΑΠΑΛΛΑΓΗ ΑΠΟ ΤΗ ΔΥΣΤΥΧΙΑ

Αγανακτείς όταν κάνεις αυτό που κάνεις; Μπορεί αυτό να έχει σχέση με τη δουλειά σου ή με οτιδήποτε άλλο. Και το κάνεις, αλλά ένα μέρος σου αγανακτεί και αντιστέκεται. Μήπως κουβαλάς για κάποιον κοντινό σου άνθρωπο μνησικακία που δεν την έχεις εκφράσει ποτέ; Αντιλαμβάνεσαι ότι η ενέργεια που εκπέμπεις με αυτό τον τρόπο είναι τόσο βλαβερή, ώστε στην πραγματικότητα μολύνει κι εσένα και τους γύρω σου;

Ρίξε μια καλή ματιά μέσα σου. Υπάρχει έστω και το παραμικρό ίχνος αγανάκτησης ή απροθυμίας; Αν υπάρχει, παρατήρησέ το τόσο στο νοητικό όσο και στο συναισθηματικό επίπεδο. Τι σκέψεις δημιουργεί ο νους σου για αυτή την κατάσταση; Έπειτα κοίτα το συναίσθημα, που είναι η αντίδραση του σώματος σε αυτές τις σκέψεις. Νιώσε το συναίσθημα. Είναι ευχάριστο ή δυσάρεστο; Είναι μια ενέργεια που θα διάλεγες να την έχεις μέσα σου; *Έχεις* άλλη επιλογή;

Ίσως *πράγματι* κάποιος να σε εκμεταλλεύεται, ίσως η δραστηριότητα που κάνεις να *είναι* βαρετή, ίσως κάποιος κοντινός σου άνθρωπος να *είναι* ανειλικρινής, εκνευριστικός ή μη συνειδητός, αλλά όλα αυτά είναι άσχετα. Είτε αυτά που σκέφτεσαι και νιώθεις είναι δικαιολογημένα είτε όχι, δεν έχει σημασία. Το γεγονός είναι ότι αντιστέκεσαι σ' αυτό που *υπάρχει*. Κάνεις την παρούσα στιγμή εχθρό σου. Δημιουργείς δυστυχία, σύγκρουση ανάμεσα στο εσωτερικό και στο εξωτερικό. Η δυστυχία σου "ρυπαίνει" όχι μόνο την εσωτερική σου ύπαρξη κι αυτούς που είναι γύρω σου, αλλά και τη συλλογική ανθρώπινη ψυχή, της οποίας είσαι αξεχώριστο μέρος. Η ρύπανση του πλανήτη δεν είναι παρά μια εξωτερική αντανάκλαση μιας εσωτερικής ψυχικής ρύπανσης: εκατομμύρια μη συνειδητών ανθρώπων που δεν αναλαμβάνουν την ευθύνη του εσώτερου χώρου τους.

Ή σταμάτα να κάνεις αυτό που κάνεις, ή μίλα στον ενδιαφερόμενο και έκφρασέ του αυτό που αισθάνεσαι, ή παραιτήσου από την αρνητικότητα που έχει δημιουργήσει ο νους σου γύρω από την κατάσταση και που δεν εξυπηρετεί κανέναν απολύτως σκοπό πέρα από το να δημιουργεί μια πλαστή αίσθηση εαυτού. Είναι σημαντικό να αναγνωρίσεις τη ματαιότητά της.

Η αρνητικότητα δεν είναι ποτέ ο καλύτερος τρόπος να αντιμετωπίσεις οποιαδήποτε κατάσταση. Στην πραγματικότητα, στις περισσότερες περιπτώσεις σε κρατάει κολλημένο σ' αυτήν, εμποδίζοντας την αληθινή αλλαγή. Οτιδήποτε γίνεται με αρνητική ενέργεια θα μολυνθεί απ' αυτήν, και με τον καιρό θα δώσει περισσότερο πόνο, περισσότερη δυστυχία. Επιπλέον, κάθε αρνητική εσωτερική κατάσταση είναι κολλητική: η δυστυχία εξαπλώνεται πιο εύκολα από μια σωματική αρρώστια. Μέσα από το νόμο της συνήχησης, πυροδοτεί και τρέφει τη λανθάνουσα δυστυχία και στους άλλους, εκτός κι αν έχουν ανοσία — δηλαδή, υψηλό επίπεδο συνειδητότητας.

Ρυπαίνεις τον κόσμο ή καθαρίζεις τη σαβούρα; Εσύ είσαι υπεύθυνος για τον εσώτερο χώρο σου, εσύ και κανένας άλλος, και επιπλέον είσαι υπεύθυνος για τον πλανήτη. Όπως είναι τα πράγματα μέσα έτσι είναι και έξω: αν οι άνθρωποι καθαρίσουν την εσωτερική ρύπανση, τότε θα πάψουν να δημιουργούν και εξωτερική ρύπανση.

Πώς μπορούμε να πετάξουμε την αρνητικότητα, όπως μας προτείνεις;

Πετώντας την. Πώς πετάς ένα αναμμένο κάρβουνο που κρατάς στο χέρι σου; Πώς πετάς μια βαριά και άχρηστη βαλίτσα που κουβαλάς; Αναγνωρίζοντας ότι δε θέλεις να υποστείς τον πόνο ή να κουβαλήσεις άλλο πια το βάρος, και αφήνοντάς το.

Η βαθιά ασυνειδησία, όπως το πονο-σώμα ή κάποιος άλλος βαθύς πόνος, όπως η απώλεια κάποιου αγαπημένου προσώπου, χρειάζεται συνήθως να μεταστοιχειωθεί, μέσα από την αποδοχή και το φως της παρουσίας σου – της διατηρούμενης προσοχής σου. Πολλά πρότυπα στη συνηθισμένη ασυνειδησία, από την άλλη, μπορούν απλά να πεταχτούν όταν καταλάβεις ότι δεν τα θέλεις και δεν τα χρειάζεσαι πια, όταν συνειδητοποιήσεις ότι έχεις επιλογή, ότι δεν είσαι απλώς ένας σωρός από εξαρτημένα αντανακλαστικά. Όλα αυτά προϋποθέτουν ότι έχεις τη δυνατότητα να προσεγγίσεις τη δύναμη του Τώρα. Χωρίς αυτήν, δεν έχεις επιλογή.

Αν αποκαλείς κάποια συναισθήματα αρνητικά, τότε δε δημιουργείς μια νοητική πολικότητα καλού και κακού, όπως εξήγησες προηγουμένως;

Όχι. Η πολικότητα δημιουργήθηκε σε ένα προηγούμενο στάδιο, όταν ο νους σου έκρινε την παρούσα στιγμή ως κακή. Αυτή η κρίση δημιούργησε στη συνέχεια το αρνητικό συναίσθημα.

Αν όμως αποκαλείς κάποια συναισθήματα αρνητικά, τότε δε λες, στην πραγματικότητα, ότι δε θα έπρεπε να υπάρχουν, ότι δεν είναι καλό να έχουμε αυτά τα συναισθήματα;
Αυτό που έχω καταλάβει εγώ είναι ότι πρέπει να επιτρέπουμε στον εαυτό μας να νιώθει οποιαδήποτε συναισθήματα εμφανίζονται, αντί να τα κρίνουμε σαν κακά ή να λέμε ότι δεν πρέπει να τα έχουμε. Είναι εντάξει να νιώθουμε αγανακτισμένοι· είναι εντάξει να είμαστε θυμωμένοι, εκνευρισμένοι, κυκλοθυμικοί ή οτιδήποτε – διαφορετικά, μπαίνουμε σε εσωτερική σύγκρουση, σε απώθηση ή σε άρνηση. Όλα είναι εντάξει όπως είναι.

Φυσικά. Από τη στιγμή που ένα νοητικό πρότυπο, ένα συναίσθημα ή μια αντίδραση υπάρχει, δέξου το. Δεν ήσουν αρκετά συνειδητός ώστε να έχεις επιλογή σ' αυτή την υπόθεση. Αυτό δεν είναι κρίση, είναι απλώς ένα γεγονός. Αν *είχες* επιλογή ή αντιλαμβανόσουν ότι *έχεις* επιλογή, θα επέλεγες τον πόνο ή τη χαρά, την ηρεμία ή την ταραχή, την ειρήνη ή τη σύγκρουση; Θα επέλεγες μια σκέψη ή ένα συναίσθημα που σε ξεκόβει από τη φυσική κατάσταση της ευεξίας, της χαράς της ζωής μέσα σου; Κάθε τέτοιο συναίσθημα το αποκαλώ αρνητικό, που απλά σημαίνει κακό. Όχι με την έννοια "δε θα έπρεπε να το κάνεις αυτό", αλλά πολύ απλά, ρεαλιστικά κακό, όπως το να νιώθεις ναυτία.

Πώς είναι δυνατόν να έχουν σκοτώσει οι άνθρωποι περισσότερους από 100 εκατομμύρια συνανθρώπους τους μέσα στον εικοστό αιώνα και μόνο; Το να προκαλούν πόνο τέτοιου μεγέθους σε κάποιους άλλους είναι πέρα από τα όρια της φαντασίας. Κι αυτό, χωρίς να υπολογίσουμε τη νοητική, συναισθηματική και σωματική βία, τα βασανιστήρια, τον πόνο και τη σκληρότητα που συνεχίζουν να προκαλούν ο ένας στον άλλον, καθώς και σε άλλα όντα. Και όλα αυτά, σε καθημερινή βάση.

Ενεργούν με αυτό τον τρόπο επειδή είναι σε επαφή με τη φυσική τους κατάσταση, με τη χαρά της ζωής μέσα τους; Φυσικά και όχι. Μόνον εκείνοι που βρίσκονται σε βαθιά αρνητική κατάσταση, που νιώθουν πραγματικά πολύ άσχημα, δημιουργούν μια τέτοια πραγματικότητα, σαν αντανάκλαση του πώς νιώθουν. Τώρα έχουν εμπλακεί στην καταστροφή της φύσης και του πλανήτη που τους συντηρεί. Απίστευτο, αλλά αληθινό. Οι άνθρωποι είναι ένα επικίνδυνα τρελό και πολύ άρρωστο είδος. Αυτό δεν είναι κρίση. Είναι γεγονός. Είναι επίσης γεγονός ότι η ψυχική υγεία *υπάρχει* κάτω από την τρέλα. Η θεραπεία και η σωτηρία είναι στη διάθεσή μας αυτή τη στιγμή.

Ξαναγυρνώντας σ' αυτό που είπες — σίγουρα είναι αλήθεια πως, όταν αποδέχεσαι την αγανάκτηση, την ακεφιά, το θυμό και τα υπόλοιπα δεν είσαι πια υποχρεωμένος να τα ξεσπάς στα τυφλά, και είναι λιγότερο πιθανό να τα προβάλεις στους άλλους. Όμως αναρωτιέμαι μήπως ξεγελάς τον εαυτό σου.

Όταν έχεις ασκηθεί για κάποιο διάστημα στην αποδοχή, έρχεται κάποια στιγμή που χρειάζεται να προχωρήσεις στο επόμενο στάδιο, όπου αυτά τα αρνητικά συναισθήματα δε δημιουργούνται πια. Αν δεν το κάνεις, η "αποδοχή" σου γίνεται απλώς μια νοητική ετικέτα που επιτρέπει στο εγώ σου να συνεχίσει να είναι βουτηγμένο στη δυστυχία κι έτσι να δυναμώνει την αίσθηση του διαχωρισμού από τους άλλους ανθρώπους, από το περιβάλλον σου, από το εδώ και τώρα σου.

Όπως ξέρεις, ο διαχωρισμός είναι η βάση για την αίσθηση ταυτότητας του εγώ. Η αληθινή αποδοχή θα μεταστοιχείωνε αμέσως αυτά τα συναισθήματα. Και αν πραγματικά γνώριζες βαθιά ότι όλα είναι "εντάξει", όπως το έθεσες, πράγμα που φυσικά είναι αλήθεια, τότε θα είχες αυτά τα αρνητικά συναισθήματα; Χωρίς κρίσεις, χωρίς αντίσταση σ' αυτό που *υπάρχει*, δε θα εμφανίζονταν. Έχεις μια ιδέα στο νου σου ότι "όλα είναι εντάξει", αλλά βαθιά μέσα σου δεν το πιστεύεις, κι έτσι τα παλιά νοητικά–συναισθηματικά πρότυπα είναι ακόμα στη θέση τους. Αυτό είναι που σε κάνει να νιώθεις άσχημα.

Κι αυτό εντάξει είναι.

Υπερασπίζεσαι το δικαίωμά σου να μην είσαι συνειδητός, το δικαίωμά σου να υποφέρεις; Μην ανησυχείς· κανένας δεν πρόκειται να σου το πάρει. Από τη στιγμή που καταλαβαίνεις ότι ένα ορισμένο είδος τροφής σε κάνει να αρρωσταίνεις, εσύ συνεχίζεις να την τρως και να διαβεβαιώνεις τον εαυτό σου και τους άλλους ότι είναι εντάξει να είσαι άρρωστος;

ΟΠΟΥ ΚΙ ΑΝ ΕΙΣΑΙ, ΝΑ ΕΙΣΑΙ ΕΚΕΙ ΟΛΟΚΛΗΡΩΤΙΚΑ

Μπορείς να μου δώσεις μερικά ακόμα παραδείγματα συνηθισμένης ασυνειδησίας;

Δες αν μπορείς να συλλάβεις τον εαυτό σου να παραπονιέται, είτε με τα λόγια είτε με τη σκέψη, για μια κατάσταση στην οποία βρίσκεσαι, για το τι λένε ή κάνουν άλλοι άνθρωποι, για το περιβάλλον σου, για την κατάσταση της ζωής σου, ακόμα και για τον καιρό. Τα παράπονα σημαίνουν πάντα ότι δεν αποδέχεσαι αυτό που *υπάρχει.* Μεταφέρουν διαρκώς μια ασυνείδητη αρνητική φόρτιση. Όταν παραπονιέσαι, κάνεις τον εαυτό σου θύμα. Όταν υψώνεις το ανάστημά σου, τη δύναμη την έχεις εσύ. Άλλαξε λοιπόν την κατάσταση αναλαμβάνοντας δράση ή υψώνοντας το ανάστημά σου αν χρειάζεται ή αν είναι δυνατόν· φύγε από αυτή την κατάσταση ή αποδέξου την. Όλα τα άλλα είναι τρέλα.

Η συνηθισμένη ασυνειδησία συνδέεται πάντα, με κάποιον τρόπο, με την άρνηση του Τώρα. Το Τώρα, φυσικά, υπονοεί επίσης και το εδώ. Μήπως αντιστέκεσαι στο εδώ και τώρα σου; Κάποιοι άνθρωποι θα προτιμούσαν πάντα να είναι κάπου αλλού. Το "εδώ" τους δεν είναι ποτέ αρκετά καλό γι' αυτούς. Μέσα από την αυτοπαρατήρηση, βρες αν αυτό συμβαίνει στη ζωή σου. Όπου κι αν είσαι, να είσαι εκεί ολοκληρωτικά.

Αν βρίσκεις το εδώ και τώρα σου αφόρητο, αν το θεωρείς πηγή δυστυχίας για σένα, έχεις τρεις επιλογές: βγάλε τον εαυτό σου από την κατάσταση, άλλαξέ την ή δέξου την ολοκληρωτικά. Αν θέλεις να αναλάβεις την ευθύνη της ζωής σου, πρέπει να επιλέξεις μία από αυτές τις τρεις εναλλακτικές λύσεις, και πρέπει να επιλέξεις *τώρα.* Ύστερα, αποδέξου τις συνέπειες. Χωρίς δικαιολογίες. Χωρίς αρνητικότητα. Χωρίς ψυχική ρύπανση. Κράτα τον εσώτερο χώρο σου καθαρό.

Αν αναλάβεις κάποια δράση – όπως το να αλλάξεις την κατάσταση ή να φύγεις απ΄ αυτήν – πέτα πρώτα την αρνητικότητα, αν είναι δυνατόν. Η δράση που πηγάζει από την επίγνωση σχετικά με το τι χρειάζεται να γίνει είναι πιο αποτελεσματική από τη δράση που πηγάζει από την αρνητικότητα.

Οποιαδήποτε δράση είναι συχνά καλύτερη από καθόλου δράση, ιδιαίτερα αν έχεις κολλήσει σε μια κατάσταση δυστυχίας για πολύ καιρό. Αν είναι λάθος, τουλάχιστον μαθαίνεις κάτι, οπότε δεν είναι πια λάθος. Αν μείνεις κολλημένος, δε μαθαίνεις τίποτε. Είναι φόβος αυτό που σε εμποδίζει να δράσεις; Αναγνώρισε αυτόν το φόβο, παρατήρησέ τον, δώσε του την προσοχή σου, γίνε απόλυτα παρών μέσα απ' αυτόν. *Μην αφήσεις το φόβο να κυριεύσει το νου σου.* Χρησιμοποίησε τη δύναμη του Τώρα. Ο φόβος δεν μπορεί να κυριαρχήσει πάνω της.

Αν δεν υπάρχει πραγματικά τίποτε που να μπορείς να κάνεις για να αλλάξεις το εδώ και τώρα σου και δεν μπορείς να βγεις από την κατάσταση, τότε δέξου το εδώ και τώρα σου ολοκληρωτικά, εγκαταλείποντας κάθε εσωτερική αντίσταση. Ο πλαστός, δυστυχισμένος εαυτός που λατρεύει τη μιζέρια, τη μνησικακία ή την αυτολύπηση δεν μπορεί πια να επιβιώσει. Αυτό ονομάζεται παράδοση.

Η παράδοση δεν είναι αδυναμία. Περιέχει πολύ μεγάλη δύναμη. Μόνο εκείνος που είναι παραδομένος έχει πνευματική δύναμη. Μέσα από την παράδοση είσαι απαλλαγμένος εσωτερικά από την κατάσταση. Τότε ανακαλύπτεις ότι η κατάσταση αλλάζει χωρίς καμιά προσπάθεια από τη μεριά σου. Όπως και να έχει το πράγμα, είσαι ελεύθερος.

Ή, μήπως υπάρχει κάτι που "θα έπρεπε" να κάνεις αλλά δεν το κάνεις; Σήκω τώρα και κάν' το. Διαφορετικά, δέξου απόλυτα την αδράνεια, την τεμπελιά ή την παθητικότητά σου αυτή τη στιγμή, αν αυτή είναι η επιλογή σου. Μπες μέσα της ολοκληρωτικά. Απόλαυσέ την. Γίνε όσο τεμπέλης ή αδρανής μπορείς. Αν μπεις μέσα στην κατάσταση απόλυτα και συνειδητά, σύντομα θα βγεις. Ή μπορεί και να μη βγεις. Είτε έτσι είτε αλλιώς, δεν υπάρχει εσωτερική σύγκρουση, δεν υπάρχει αντίσταση, δεν υπάρχει αρνητικότητα.

Είσαι στρεσαρισμένος; Είσαι τόσο απασχολημένος με το να φτάσεις στο μέλλον, ώστε το παρόν υποβιβάζεται σε μέσο για να φτάσεις εκεί; Το στρες προκαλείται με το να είσαι "εδώ" ενώ θέλεις να είσαι "εκεί" ή με το να είσαι στο παρόν και να θέλεις να είσαι στο μέλλον. Είναι ένας διχασμός που σε ξεσκίζει εσωτερικά. Το να δημιουργείς και να ζεις με έναν τέτοιο εσώτερο διχασμό είναι τρελό. Το γεγονός ότι το κάνουν όλοι οι άλλοι δεν το κάνει λιγότερο τρελό.

Αν αναγκαστείς, μπορείς να κινηθείς γρήγορα, να δουλέψεις γρήγορα ή ακόμα και να τρέξεις, χωρίς να προβάλεις τον εαυτό σου στο μέλλον και χωρίς να αντιστέκεσαι στο παρόν. Καθώς κινείσαι, δουλεύεις, τρέχεις — κάν' το ολοκληρωτικά. Απόλαυσε τη ροή της ενέργειας, την υψηλή ενέργεια εκείνης της στιγμής. Τώρα δεν είσαι πια στρεσαρισμένος, δε σκίζεις πια τον εαυτό σου στα δυο. Απλώς κινείσαι, τρέχεις, δουλεύεις — και το απολαμβάνεις. Ή, μπορείς να τα παρατήσεις όλα και να αράξεις σ΄ ένα παγκάκι στο πάρκο. Όταν το κάνεις όμως, πρόσεχε το νου σου. Μπορεί να πει: "Θα έπρεπε να δουλεύεις. Σπαταλάς το χρόνο σου". Παρατήρησε το νου. Χαμογέλασέ του.

Το παρελθόν απασχολεί ένα μεγάλο μέρος της προσοχής σου; Μιλάς γι' αυτό και το σκέφτεσαι συχνά, είτε θετικά είτε αρνητικά; Ασχολείσαι με τα καταπληκτικά πράγματα που πέτυχες, τις περιπέτειες ή τις εμπειρίες σου ή τη θυματοποίησή σου και τα φριχτά πράγματα που σου έκαναν ή που ίσως έκανες εσύ σε κάποιον άλλον; Δημιουργούν οι διαδικασίες της σκέψης σου ενοχές, περηφάνια, μνησικακία, θυμό, μεταμέλεια ή αυτολύπηση; Τότε όχι μόνο δυναμώνεις μια πλαστή αίσθηση εαυτού, αλλά επιταχύνεις τη γήρανση του σώματός σου, συσσωρεύοντας το παρελθόν στην ψυχή σου. Επαλήθευσέ το αυτό παρατηρώντας γύρω σου τους ανθρώπους εκείνους που έχουν έντονα την τάση να εμμένουν στο παρελθόν.

Άφηνε κάθε λεπτό το παρελθόν να πεθαίνει. Δεν το χρειάζεσαι. Να αναφέρεσαι σ' αυτό μόνον όταν είναι απολύτως σχετικό με το παρόν. Νιώσε τη δύναμη ετούτης της στιγμής και την πληρότητα της Ύπαρξης. Νιώσε την παρουσία σου.

Ανησυχείς; Κάνεις πολλές σκέψεις του είδους "και τι θα γίνει αν..."; Αυτό σημαίνει ότι είσαι ταυτισμένος με το νου σου, που προβάλλεται σε μια φανταστική μελλοντική κατάσταση και δημιουργεί φόβο. Δεν υπάρχει τρόπος να αντιμετωπίσεις με επιτυχία μια τέτοια κατάσταση, επειδή δεν υπάρχει. Είναι ένα φάντασμα του νου. Μπορείς να σταματήσεις αυτή την παραφροσύνη που διαβρώνει την υγεία και τη ζωή σου, με το να αναγνωρίσεις απλώς την παρούσα στιγμή. Εστίασε την προσοχή σου στην αναπνοή σου. Νιώσε τον αέρα να ρέει μέσα και έξω από το σώμα σου. Νιώσε το εσώτερο ενεργειακό σου πεδίο. Το μόνο που έχεις ποτέ να αντιμετωπίσεις, να τα βγάλεις πέρα μαζί του στην πραγματική ζωή — σε αντίθεση με τις φανταστικές νοητικές προβολές — είναι *ετούτη η στιγμή.*

Ρώτα τον εαυτό σου τι "πρόβλημα" έχεις αυτή τη στιγμή, όχι του χρόνου, αύριο ή μετά από πέντε λεπτά. Τι δεν πάει καλά με τούτη τη στιγμή; Μπορείς πάντα να τα βγάζεις πέρα με το Τώρα, αλλά δεν μπορείς ποτέ να τα βγάλεις πέρα με το μέλλον — ούτε και χρειάζεται. Η απάντηση, η δύναμη, η σωστή δράση ή ο ψυχολογικός πόρος θα είναι εκεί όταν τα χρειάζεσαι, όχι πριν, όχι μετά.

"Κάποια μέρα θα το καταφέρω". Μήπως ο στόχος σου απασχολεί τόσο πολύ την προσοχή σου, ώστε υποβιβάζεις την παρούσα στιγμή σε μέσο προς ένα σκοπό; Μήπως αφαιρεί τη χαρά από τη δράση σου; Μήπως περιμένεις να αρχίσεις να ζεις; Αν έχεις αναπτύξει ένα τέτοιο νοητικό πρότυπο, ανεξάρτητα από το τι πετυχαίνεις ή παίρνεις, το παρόν δε θα είναι ποτέ αρκετά καλό· το μέλλον θα φαίνεται πάντα καλύτερο. Τέλεια συνταγή για μόνιμη έλλειψη ικανοποίησης και πραγμάτωσης, δε συμφωνείς;

Μήπως είσαι "εθισμένος στην αναμονή"; Πόσο μέρος της ζωής σου περνάς περιμένοντας; Αυτό που ονομάζω "αναμονή μικρής κλίμακας" είναι να περιμένεις στην ουρά στο ταχυδρομείο, σ΄ ένα μποτιλιάρισμα στο δρόμο, στο αεροδρόμιο ή να περιμένεις κάποιον να έρθει. "Αναμονή μεγάλης κλίμακας" είναι να περιμένεις τις επόμενες διακοπές, μια καλύτερη δουλειά, τα παιδιά να μεγαλώσουν, μια σχέση με πραγματικό νόημα, την επιτυχία, να βγάλεις λεφτά, να γίνεις "κάποιος", να φωτιστείς. Δεν είναι ασυνήθιστο να περνούν οι άνθρωποι μια ολόκληρη ζωή περιμένοντας να αρχίσουν να ζουν.

Η αναμονή είναι μια κατάσταση του νου. Βασικά, σημαίνει ότι θέλεις το μέλλον, δε θέλεις το παρόν. Δε θέλεις αυτό που έχεις και θέλεις αυτό που δεν έχεις. Με κάθε είδος αναμονής δημιουργείς ασυνείδητα μια εσωτερική σύγκρουση ανάμεσα στο εδώ και τώρα σου, όπου δε θέλεις να είσαι, και στο προβαλλόμενο μέλλον, όπου θέλεις να είσαι. Αυτό μειώνει σε μεγάλο βαθμό την ποιότητα της ζωής σου, κάνοντάς σε να χάνεις το παρόν.

Δεν υπάρχει τίποτε κακό με το να προσπαθείς να βελτιώσεις την κατάσταση της ζωής σου. Μπορείς να βελτιώσεις την κατάσταση της ζωής σου, αλλά δεν μπορείς να βελτιώσεις τη ζωή σου. Η ζωή είναι πρωταρχική. Η ζωή είναι η βαθύτερη εσωτερική σου Ύπαρξη. Είναι ήδη ολόκληρη, πλήρης, τέλεια. Η κατάσταση της ζωής σου αποτελείται από τις περιστάσεις και τις εμπειρίες σου. Δεν υπάρχει τίποτε κακό στο να βάζεις στόχους και να προσπαθείς να καταφέρεις πράγματα. Το λάθος βρίσκεται στο να το χρησιμοποιείς αυτό σαν υποκατάστατο για την αίσθηση της ζωής, για την Ύπαρξη. Το μόνο σημείο πρόσβασης σ' αυτήν είναι το Τώρα. Αν κάνεις αυτό το λάθος, είσαι σαν αρχιτέκτονας που δε δίνει σημασία στα θεμέλια ενός κτηρίου, αλλά ξοδεύει πολύ χρόνο δουλεύοντας με τα τούβλα.

Για παράδειγμα, πολλοί άνθρωποι περιμένουν την ευημερία. Όμως αυτή δεν μπορεί να έρθει στο μέλλον. Όταν τιμάς, αναγνωρίζεις και δέχεσαι πλήρως την παρούσα σου πραγματικότητα — πού είσαι, ποιος είσαι, τι κάνεις αυτήν ακριβώς τη στιγμή — όταν δέχεσαι πλήρως αυτό που έχεις, τότε είσαι ευγνώμων γι' αυτό, ευγνώμων γι' αυτό που *υπάρχει*, ευγνώμων για την Ύπαρξη. Η ευγνωμοσύνη για την παρούσα στιγμή και την πληρότητα *της ζωής τώρα* είναι η αληθινή ευημερία, που δεν μπορεί να έρθει στο μέλλον. Τότε, με τον καιρό, αυτή η ευημερία εκδηλώνεται για σένα με διάφορους τρόπους.

Αν δεν είσαι ικανοποιημένος με αυτό που έχεις ή είσαι απογοητευμένος ή θυμωμένος για την παρούσα σου έλλειψη, αυτό μπορεί να σου δώσει κίνητρα να γίνεις πλούσιος, αλλά ακόμα κι αν βγάλεις εκατομμύρια, θα συνεχίσεις να βιώνεις την εσωτερική κατάσταση της έλλειψης και βαθιά μέσα σου θα συνεχίσεις να νιώθεις ανικανοποίητος. Μπορεί να έχεις πολλές συναρπαστικές εμπειρίες που αγοράζονται με τα χρήματα, αλλά οι εμπειρίες αυτές θα έρχονται και θα παρέρχονται, και θα σε αφήνουν πάντα με ένα αίσθημα κενού και με την ανάγκη για περισσότερη σωματική ή ψυχολογική ικανοποίηση. Δε θα κατοικείς στην Ύπαρξη, ώστε να νιώθεις την πληρότητα της ζωής τώρα. Αυτή και μόνο αυτή είναι ο αληθινός πλούτος.

Παραιτήσου λοιπόν από την αναμονή, σαν κατάσταση του νου. Όταν τσακώσεις τον εαυτό σου να γλιστράει στην αναμονή... βγες αμέσως από κει. Μπες στην παρούσα στιγμή. Άφησε τον εαυτό σου απλώς να υπάρχει και να το απολαμβάνει. Όταν είσαι παρών, δεν υπάρχει ποτέ ανάγκη να περιμένεις για οτιδήποτε. Έτσι, την επόμενη φορά που κάποιος θα σου πει: "Συγνώμη που σε έκανα να περιμένεις", μπορείς να απαντήσεις: "Κανένα πρόβλημα. Δεν περίμενα. Καθόμουν και απολάμβανα – απολάμβανα τον εαυτό μου!"

Αυτές είναι κάποιες από τις συνηθισμένες στρατηγικές του νου για την άρνηση της παρούσας στιγμής, που αποτελούν μέρος της συνηθισμένης ασυνειδησίας. Είναι εύκολο να μην τις αντιλαμβανόμαστε επειδή, σε μεγάλο βαθμό, είναι μέρος της φυσιολογικής ζωής: τα παράσιτα στο φόντο, μια διαρκής αίσθηση ανικανοποίητου.

Όμως, όσο περισσότερο ασκείσαι στην παρατήρηση της εσωτερικής νοητικής–συναισθηματικής σου κατάστασης, τόσο ευκολότερο θα είναι να καταλαβαίνεις πότε έχεις παγιδευτεί στο παρελθόν ή στο μέλλον, δηλαδή στην απουσία συνειδητότητας. Έτσι θα μπορείς να ξυπνάς από το όνειρο του χρόνου και να βρίσκεσαι και πάλι στο παρόν.

Όμως πρόσεχε: ο πλαστός, δυστυχισμένος εαυτός, που βασίζεται στην ταύτιση με το νου, ζει στο χρόνο. Γνωρίζει ότι η παρούσα στιγμή είναι ο θάνατός του κι έτσι νιώθει να απειλείται πολύ απ' αυτήν. Θα κάνει ό,τι μπορεί για να σε βγάλει από το Τώρα. Θα προσπαθήσει να σε κρατήσει παγιδευμένο στο χρόνο.

Ο ΕΣΩΤΕΡΟΣ ΣΚΟΠΟΣ ΤΟΥ ΤΑΞΙΔΙΟΥ ΤΗΣ ΖΩΗΣ ΣΟΥ

Μπορώ να καταλάβω την αλήθεια αυτού που λες, αλλά εξακολουθώ να πιστεύω ότι πρέπει να έχουμε ένα σκοπό στο ταξίδι της ζωής μας· διαφορετικά, απλώς περιπλανιόμαστε άσκοπα, και σκοπός σημαίνει μέλλον, σωστά; Πώς το συμβιβάζουμε αυτό με το να ζούμε στο παρόν;

Όταν κάνεις ένα ταξίδι, είναι βέβαια χρήσιμο να ξέρεις πού πας ή τουλάχιστον τη γενική κατεύθυνση προς την οποία κινείσαι, αλλά μην ξεχνάς: το μόνο πράγμα που τελικά είναι αληθινό σε σχέση με το ταξίδι σου είναι το βήμα που κάνεις ετούτη τη στιγμή. Αυτό είναι το μόνο που υπάρχει.

Το ταξίδι της ζωής σου έχει έναν εξωτερικό και έναν εσώτερο σκοπό. Ο εξωτερικός σκοπός είναι να φτάσεις στο στόχο ή τον προορισμό σου, να επιτύχεις αυτό που ξεκίνησες να κάνεις, να κατορθώσεις αυτό ή εκείνο, πράγμα που, φυσικά, προϋποθέτει μέλλον. Αν όμως ο προορισμός σου ή τα βήματα που πρόκειται να κάνεις στο μέλλον απασχολούν ένα τόσο μεγάλο μέρος της προσοχής σου ώστε να γίνονται πιο σημαντικά από το βήμα που κάνεις τώρα, τότε χάνεις εντελώς τον εσώτερο σκοπό του ταξιδιού, που δεν έχει καμιά σχέση με το *πού* πας ή το *τι* κάνεις, αλλά έχει μεγάλη σχέση με το *πώς*. Δεν έχει καμιά σχέση με το μέλλον, αλλά μεγάλη σχέση με την ποιότητα της συνειδητότητάς σου ετούτη τη στιγμή.

Ο εξωτερικός σκοπός ανήκει στην οριζόντια διάσταση του χώρου και του χρόνου· ο εσώτερος σκοπός αφορά το βάθεμα της Ύπαρξής σου στην κατακόρυφη διάσταση του άχρονου Τώρα. Το εξωτερικό ταξίδι μπορεί να περιέχει ένα εκατομμύριο βήματα· το εσώτερο ταξίδι έχει μόνο ένα: το βήμα που κάνεις αυτή τη στιγμή. Καθώς αποκτάς βαθύτερη επίγνωση αυτού του ενός βήματος, συνειδητοποιείς ότι ήδη περιέχει μέσα του όλα τα άλλα βήματα, καθώς και τον προορισμό. Αυτό το ένα βήμα έχει μεταμορφωθεί σε μια έκφραση τελειότητας, σε μια πράξη μεγάλης ομορφιάς και ποιότητας. Σε έχει πάει μέσα στην Ύπαρξη, και το φως της θα λάμπει μέσα απ' αυτό. Αυτός είναι τόσο ο σκοπός όσο και η πραγμάτωση του εσώτερου ταξιδιού σου, του ταξιδιού μέσα στον εαυτό σου.

Έχει σημασία αν θα πετύχω τον εξωτερικό μου σκοπό, αν θα πετύχω ή θα αποτύχω στον κόσμο;

Θα έχει σημασία για σένα εφόσον δε θα έχεις πραγματοποιήσει τον εσώτερο σκοπό σου. Στο κάτω–κάτω, ο εξωτερικός σκοπός είναι απλώς ένα παιχνίδι που μπορεί να συνεχίσεις να παίζεις μόνο και μόνο επειδή το απολαμβάνεις. Είναι επίσης δυνατόν να αποτύχεις εντελώς στον εξωτερικό σου σκοπό και ταυτόχρονα να πετύχεις εντελώς τον εσώτερο σκοπό σου — ή και το αντίστροφο, που στην πραγματικότητα είναι πολύ πιο συνηθισμένο: εξωτερικά πλούτη και εσωτερική φτώχια ή "να έχεις κερδίσει τον κόσμο και να έχεις χάσει την ψυχή σου", όπως το έθεσε ο Ιησούς.

Τελικά, φυσικά, *κάθε* εξωτερικός σκοπός είναι καταδικασμένος να "αποτύχει" αργά ή γρήγορα, μόνο και μόνο επειδή υπόκειται στο νόμο της παροδικότητας όλων των πραγμάτων. Όσο πιο γρήγορα αντιληφθείς ότι ο εξωτερικός σου σκοπός δεν μπορεί να σου δώσει διαρκή ικανοποίηση, τόσο το καλύτερο. Όταν έχεις δει τα όρια του εξωτερικού σου σκοπού, τότε παραιτείσαι από τη μη ρεαλιστική προσδοκία σου ότι θα πρέπει να σε κάνει ευτυχισμένο, και έτσι τον κάνεις υπηρέτη του εσώτερου σκοπού σου.

Το παρελθον δεν μπορει να επιβιωσει οταν εισαι παρων στο Τωρα

Ανέφερες ότι το να σκεφτόμαστε ή να μιλάμε για το παρελθόν όταν δεν είναι απαραίτητο, είναι ένας από τους τρόπους με τους οποίους αποφεύγουμε το παρόν. Όμως, πέρα από το παρελθόν που θυμόμαστε και με το οποίο ίσως ταυτιζόμαστε, δεν υπάρχει άλλο ένα επίπεδο παρελθόντος μέσα μας, που είναι πολύ πιο βαθιά εδραιωμένο; Μιλάω για το ασυνείδητο παρελθόν που καθορίζει τη ζωή μας, ιδιαίτερα μέσα από τις εμπειρίες της πρώιμης παιδικής ηλικίας, ίσως και από εμπειρίες περασμένων ζωών.
Έπειτα υπάρχει και η πολιτισμική μας εκπαίδευση, που έχει να κάνει με το πού ζούμε, γεωγραφικά, καθώς και με την ιστορική χρονική περίοδο στην οποία ζούμε. Όλα αυτά καθορίζουν το πώς βλέπουμε τον κόσμο, πώς αντιδρούμε, τι σκεφτόμαστε, τι είδους σχέσεις έχουμε, πώς ζούμε γενικά τη ζωή μας. Πώς είναι δυνατόν να τα συνειδητοποιήσουμε όλ' αυτά ή να απαλλαγούμε απ' αυτά; Πόσος καιρός θα χρειαζόταν για κάτι τέτοιο; Κι ακόμα κι αν το καταφέρναμε, τι θα απέμενε τελικά;

Τι απομένει όταν τελειώνει η ψευδαίσθηση;

Δεν είναι ανάγκη να ερευνήσεις το ασυνείδητο παρελθόν μέσα σου, παρά μόνο καθώς εκδηλώνεται ετούτη τη στιγμή σαν σκέψη, σαν συναίσθημα, επιθυμία, αντίδραση ή σαν ένα εξωτερικό γεγονός που σου συμβαίνει. Οτιδήποτε χρειάζεται να ξέρεις γύρω από το ασυνείδητο παρελθόν μέσα σου, θα το φέρουν στην επιφάνεια οι προκλήσεις του παρόντος. Αν αρχίσεις να σκαλίζεις το παρελθόν, θα γίνει ένα απύθμενο πηγάδι: υπάρχει πάντα κι άλλο.

Μπορεί να πιστεύεις ότι χρειάζεσαι περισσότερο χρόνο για να καταλάβεις το παρελθόν και να ελευθερωθείς απ' αυτό, με άλλα λόγια, ότι το μέλλον θα σε λυτρώσει τελικά από το παρελθόν. Αυτό είναι πλάνη. Μόνο το παρόν μπορεί να σε ελευθερώσει από το παρελθόν. Ο περισσότερος χρόνος δεν μπορεί να σε ελευθερώσει από το χρόνο. Προσέγγισε τη δύναμη του Τώρα. Αυτό είναι το κλειδί.

Τι είναι η δύναμη του Τώρα;

Δεν είναι άλλη από τη δύναμη της παρουσίας σου· είναι η συνειδητότητά σου απαλλαγμένη από σκεπτο–μορφές.

Ασχολήσου λοιπόν με το παρελθόν στο επίπεδο του παρόντος. Όσο περισσότερη προσοχή δίνεις στο παρελθόν, τόσο περισσότερο το ενεργοποιείς, και τόσο περισσότερο είναι πιθανό να κατασκευάσεις έναν "εαυτό" απ' αυτό. Μην παρανοήσεις αυτό που σου λέω: η προσοχή είναι ουσιαστικής σημασίας, αλλά όχι για το παρελθόν ως παρελθόν.

Δώσε προσοχή στο παρόν· δώσε προσοχή στη συμπεριφορά σου, στις αντιδράσεις, τις διαθέσεις, τις σκέψεις, τα συναισθήματα, τους φόβους και τις επιθυμίες σου, όπως εκδηλώνονται στο παρόν. *Εκεί είναι* το παρελθόν σε σένα. Αν μπορείς να είσαι αρκετά παρών ώστε να τα παρατηρείς όλ΄ αυτά, όχι επικριτικά ή αναλυτικά, αλλά χωρίς κρίσεις, τότε αντιμετωπίζεις με επιτυχία το παρελθόν και το διαλύεις με τη δύναμη της παρουσίας σου. Δεν μπορείς να βρεις τον εαυτό σου με το να μπαίνεις στο παρελθόν. Βρίσκεις τον εαυτό σου με το να έρθεις στο παρόν.

Το να καταλάβω το παρελθόν δε με βοηθάει να καταλάβω γιατί κάνω ορισμένα πράγματα, γιατί αντιδρώ με ορισμένους τρόπους ή γιατί δημιουργώ ασυνείδητα το δικό μου "δράμα", τα πρότυπά μου στις σχέσεις και τα λοιπά;

Καθώς αποκτάς μεγαλύτερη συνείδηση της παρούσας σου προσωπικότητας, μπορεί ξαφνικά να αποκτήσεις κάποια ενόραση σχετικά με το *γιατί* η "εκπαίδευσή" σου λειτουργεί με αυτούς τους συγκεκριμένους τρόπους – για παράδειγμα, γιατί οι σχέσεις σου ακολουθούν ορισμένα πρότυπα – και μπορεί να θυμηθείς κάποια γεγονότα που συνέβησαν στο παρελθόν ή να τα δεις πιο καθαρά. Αυτό ίσως σε βοηθήσει, αλλά δεν είναι ουσιαστικής σημασίας.

Αυτό που είναι ουσιαστικό είναι η συνειδητή σου παρουσία. *Αυτή* διαλύει το παρελθόν. Αυτή είναι ο μεταμορφωτικός παράγοντας. Έτσι, μην επιδιώκεις να καταλάβεις το παρελθόν, αλλά γίνε όσο πιο παρών μπορείς. Το παρελθόν δεν μπορεί να επιβιώσει όταν είσαι παρών. Μπορεί να επιβιώσει μόνο όταν είσαι απών.

ΚΕΦΑΛΑΙΟ ΠΕΝΤΕ

Η ΚΑΤΑΣΤΑΣΗ ΤΗΣ ΠΑΡΟΥΣΙΑΣ

ΔΕΝ ΕΙΝΑΙ ΑΥΤΟ ΠΟΥ ΣΚΕΦΤΕΣΑΙ ΟΤΙ ΕΙΝΑΙ

Λες συνεχώς ότι η κατάσταση της παρουσίας είναι το κλειδί. Νομίζω ότι το καταλαβαίνω νοητικά, αλλά δεν ξέρω αν το έχω ποτέ αληθινά βιώσει. Αναρωτιέμαι – είναι αυτό που σκέφτομαι πως είναι ή είναι κάτι εντελώς διαφορετικό;

Δεν είναι αυτό που σκέφτεσαι ότι είναι! Δεν μπορείς να σκεφτείς την παρουσία. Ο νους δεν μπορεί να την καταλάβει. Κατανοώ την παρουσία σημαίνει είμαι παρών. Κάνε ένα μικρό πείραμα. Κλείσε τα μάτια σου και πες στον εαυτό σου: "Αναρωτιέμαι ποια θα είναι η επόμενη σκέψη μου". Ύστερα μείνε σε μεγάλη εγρήγορση και περίμενε την επόμενη σκέψη. Γίνε σαν μια γάτα που παρακολουθεί μια ποντικότρυπα. Ποια σκέψη θα βγει από κει; Δοκίμασέ το τώρα.

Λοιπόν;

Χρειάστηκε να περιμένω πολλή ώρα μέχρι να μου έρθει μια σκέψη.

Ακριβώς. Όσο βρίσκεσαι σε κατάσταση έντονης παρουσίας, είσαι απαλλαγμένος από σκέψεις. Είσαι ήσυχος, αλλά σε μεγάλη εγρήγορση. Τη στιγμή που η συνειδητή σου προσοχή πέφτει κάτω από ένα ορισμένο επίπεδο, η σκέψη μπαίνει μέσα ορμητικά. Τα νοητικά παράσιτα επιστρέφουν· η ησυχία χάνεται. Είσαι πίσω στο χρόνο.

Για να ελέγξουν το βαθμό της παρουσίας των μαθητών τους, κάποιοι δάσκαλοι του Ζεν τούς πλησιάζουν αθόρυβα από πίσω και τους χτυπούν ξαφνικά μ΄ ένα ραβδί. Μεγάλο σοκ! Αν ο μαθητής ήταν απόλυτα παρών και σε κατάσταση εγρήγορσης, αν είχε "κρατήσει τη ζώνη του δεμένη και το λυχνάρι του αναμμένο", μια από τις αναλογίες που χρησιμοποιεί ο Ιησούς για την παρουσία, θα είχε αντιληφθεί το δάσκαλο που πλησίαζε και θα τον είχε σταματήσει ή θα είχε τραβηχτεί στο πλάι. Αφού όμως χτυπήθηκε, αυτό σημαίνει ότι ήταν βυθισμένος στις σκέψεις του, δηλαδή απών, ασυνείδητος.

Για να μένεις παρών στην καθημερινή ζωή, να είσαι βαθιά ριζωμένος μέσα στον εαυτό σου· διαφορετικά ο νους, που έχει μια απίστευτη ορμή, θα σε παρασύρει μαζί του σαν άγριος ποταμός.

Τι εννοείς λέγοντας "ριζωμένος μέσα στον εαυτό σου";

Εννοώ να κατοικείς το σώμα σου πλήρως. Να διατηρείς πάντα ένα μέρος της προσοχής σου στο εσώτερο ενεργειακό πεδίο του σώματός σου. Να νιώθεις το σώμα από μέσα, για να το πούμε έτσι. Η συναίσθηση του σώματος σε βοηθάει να μένεις παρών. Σε αγκυροβολεί στο Τώρα (βλ. Κεφάλαιο έξι).

Το εσωτερο νοημα της "αναμονης"

Κατά μία έννοια, η κατάσταση της παρουσίας θα μπορούσε να συγκριθεί με την αναμονή. Ο Ιησούς χρησιμοποιεί την αναλογία της αναμονής σε μερικές από τις παραβολές του. Δε μιλάμε εδώ για το συνηθισμένο βαριεστημένο ή ανήσυχο είδος αναμονής, που είναι άρνηση του παρόντος και για το οποίο μίλησα ήδη. Δεν είναι μια αναμονή στην οποία η προσοχή σου είναι εστιασμένη σε κάποιο σημείο στο μέλλον, όπου αντιλαμβάνεσαι το παρόν σαν ανεπιθύμητο εμπόδιο που δε σ΄ αφήνει να έχεις αυτό που θέλεις. Υπάρχει ένα ποιοτικά διαφορετικό είδος αναμονής, που απαιτεί την πλήρη εγρήγορσή σου.

Μπορεί κάτι να συμβεί ανά πάσα στιγμή, και αν δεν είσαι απόλυτα ξυπνητός, απόλυτα ήσυχος, θα το χάσεις. Αυτό είναι το είδος της αναμονής για την οποία μιλάει ο Ιησούς. Σ' αυτή την κατάσταση, όλη σου η προσοχή είναι στραμμένη στο Τώρα. Δεν περισσεύει τίποτε για ονειροπόληση, σκέψη, μνήμη, προσδοκία. Δεν υπάρχει ένταση ή φόβος, παρά μόνο άγρυπνη παρουσία. Είσαι παρών με όλη σου την Ύπαρξη, με κάθε κύτταρο του κορμιού σου. Σ' αυτή την κατάσταση, το "εσύ" που έχει παρελθόν και μέλλον, η προσωπικότητα αν θέλεις, σχεδόν δεν υπάρχει πια. Κι όμως, δεν έχει χαθεί τίποτε πολύτιμο. Εξακολουθείς να είσαι ουσιαστικά ο εαυτός σου. Στην πραγματικότητα, είσαι πληρέστερα ο εαυτός σου απ' ό,τι ήσουν ποτέ πριν, ή, μάλλον, μόνο *τώρα* είσαι πραγματικά ο εαυτός σου.

"Να είσαι σαν τον υπηρέτη που περιμένει την επιστροφή του αφέντη του", λέει ο Ιησούς. Ο υπηρέτης δεν ξέρει τι ώρα θα γυρίσει ο αφέντης. Έτσι, μένει ξύπνιος, άγρυπνος, σε ετοιμότητα, ακίνητος, μην τυχόν και χάσει την άφιξη του αφέντη του.

Σε μια άλλη παραβολή, ο Ιησούς μιλάει για τις πέντε μωρές (ασυνείδητες) παρθένες που δεν έχουν αρκετό λάδι (συνειδητότητα) για να διατηρήσουν τα λυχνάρια τους αναμμένα (να μείνουν παρούσες), κι έτσι χάνουν τον "Νυμφίο" (το Τώρα) και δεν πηγαίνουν στο γλέντι του γάμου (φώτιση). Αυτές οι πέντε αποτελούν την αντίθεση των πέντε συνετών γυναικών που είχαν αρκετό λάδι για τα λυχνάρια τους (έμειναν συνειδητές).

Ακόμα κι εκείνοι που έγραψαν τα Ευαγγέλια, δεν κατάλαβαν το νόημα αυτών των παραβολών, κι έτσι οι πρώτες λαθεμένες ερμηνείες και διαστρεβλώσεις τρύπωσαν στο κείμενο καθώς γραφόταν. Με τις διαδοχικές λαθεμένες ερμηνείες, το αληθινό νόημα χάθηκε εντελώς. Οι παραβολές αυτές δεν αφορούν το τέλος του κόσμου, αλλά το τέλος του ψυχολογικού χρόνου. Υποδεικνύουν την υπέρβαση του εγωικού νου και τη δυνατότητα να ζούμε σε μια εντελώς διαφορετική κατάσταση συνειδητότητας.

Η ΟΜΟΡΦΙΑ ΑΝΑΔΥΕΤΑΙ ΣΤΗΝ ΗΣΥΧΙΑ ΤΗΣ ΠΑΡΟΥΣΙΑΣ ΣΟΥ

Αυτό που μόλις περιέγραψες είναι κάτι που βιώνω κάποιες φορές μόνο για λίγες στιγμές, όταν είμαι μόνος μου και περιβάλλομαι από τη φύση.

Ναι. Οι δάσκαλοι του Ζεν χρησιμοποιούν τη λέξη *σατόρι* για να περιγράψουν μια αστραπή ενόρασης, μια στιγμή μη-νου και ολοκληρωτικής παρουσίας. Αν και το *σατόρι* δεν είναι μόνιμη μεταμόρφωση, να είσαι ευγνώμων όταν έρχεται, γιατί σου δίνει μια γεύση φώτισης. Μπορεί, μάλιστα, να το έχεις βιώσει πολλές φορές, χωρίς να ξέρεις τι είναι και χωρίς να αντιλαμβάνεσαι τη σημασία του.

Η παρουσία είναι απαραίτητη για να αποκτήσεις επίγνωση της ομορφιάς, του μεγαλείου, της ιερότητας της φύσης. Σου έχει τύχει ποτέ να κοιτάξεις το άπειρο του ουρανού μια ξάστερη νύχτα, γεμάτος δέος για την απόλυτη ησυχία και την ασύλληπτη απεραντοσύνη του; Έχεις ακούσει, πραγματικά ακούσει, τον ήχο ενός βουνίσιου ρυακιού μέσα στο δάσος; Ή το τραγούδι ενός κότσυφα το σούρουπο, ένα ήσυχο καλοκαιρινό βραδάκι;

Για να αντιληφθεί τέτοια πράγματα ο νους, πρέπει να είναι ήσυχος. Χρειάζεται να αφήσεις κάτω για μια στιγμή τις προσωπικές σου αποσκευές με τα προβλήματα, το παρελθόν και το μέλλον, καθώς και τη γνώση σου, διαφορετικά θα βλέπεις αλλά δε θα βλέπεις, θα ακούς αλλά δε θα ακούς.

Για να δεις, για ν΄ ακούσεις, είναι απαραίτητη η ολοκληρωτική σου παρουσία.

Πέρα από την ομορφιά των εξωτερικών μορφών, υπάρχει και κάτι άλλο, κάτι που δεν μπορεί να κατονομαστεί, κάτι άφατο, κάποια βαθιά, εσωτερική, ιερή ουσία.

Όποτε και όπου υπάρχει ομορφιά, η λάμψη αυτής της εσωτερικής ουσίας καταφέρνει να περάσει. Σου αποκαλύπτεται μόνον όταν είσαι παρών. Μήπως αυτή η ανώνυμη ουσία και η παρουσία σου είναι ένα και το αυτό; Θα υπήρχε χωρίς την παρουσία σου; Μπες βαθιά μέσα της. Βρες την απάντηση μόνος σου.

Όταν βίωνες αυτές τις στιγμές της παρουσίας, ίσως δεν αντιλαμβανόσουν ότι ήσουν για λίγο σε μια κατάσταση μη-νου. Αυτό συμβαίνει επειδή το διάκενο ανάμεσα σ' αυτή την κατάσταση και την εισροή της σκέψης είναι πολύ στενό. Το *σατόρι* σου μπορεί να διάρκεσε μόνο μερικά δευτερόλεπτα πριν μπει στη μέση ο νους, αλλά υπήρξε· διαφορετικά δε θα είχες βιώσει την ομορφιά.

Ο νους δεν μπορεί ούτε να αναγνωρίσει ούτε να δημιουργήσει την ομορφιά. Μόνο για λίγα δευτερόλεπτα, ενώ ήσουν ολότελα παρών, υπήρξε αυτή η ομορφιά, αυτή η ιερότητα.

Επειδή το κενό ήταν στενό και δεν υπήρχε ετοιμότητα και εγρήγορση από τη μεριά σου, ίσως δεν κατάφερες να δεις τη θεμελιώδη διαφορά ανάμεσα στην αντίληψη, στη δίχως σκέψη συναίσθηση της ομορφιάς, και στην ονομασία και ερμηνεία της σαν σκέψη. Το χρονικό κενό ήταν τόσο μικρό, ώστε φάνηκε σαν να είναι μία και μόνη διαδικασία. Η αλήθεια είναι, ωστόσο, ότι από τη στιγμή που μπήκε η σκέψη, το μόνο που είχες από αυτή την εμπειρία ήταν μια ανάμνησή της.

Όσο μεγαλύτερο είναι το χρονικό κενό ανάμεσα στην αντίληψη και τη σκέψη, τόσο πιο βαθιά πας μέσα σου, δηλαδή, τόσο πιο συνειδητός είσαι.

Πολλοί άνθρωποι είναι τόσο φυλακισμένοι στο νου τους, ώστε η ομορφιά της φύσης δεν υπάρχει πραγματικά γι' αυτούς. Μπορεί να πουν "τι όμορφο λουλούδι", αλλά αυτό είναι απλώς μια μηχανική νοητική ετικέτα. Επειδή δεν είναι ήσυχοι, δεν είναι παρόντες, δε βλέπουν αληθινά το λουλούδι, δε νιώθουν την ουσία του, την ιερότητά του – όπως ακριβώς δεν ξέρουν τον εαυτό τους, δε νιώθουν την ίδια τους την ουσία, την ίδια τους την ιερότητα.

Επειδή ζούμε σ΄ έναν πολιτισμό που κυριαρχείται τόσο πολύ από το νου, το μεγαλύτερο μέρος της σύγχρονης τέχνης, της αρχιτεκτονικής, της μουσικής και της λογοτεχνίας είναι, με πολύ λίγες εξαιρέσεις, χωρίς ομορφιά, χωρίς εσωτερική ουσία. Ο λόγος είναι ότι οι άνθρωποι που τα δημιουργούν όλα αυτά δεν μπορούν – έστω και για μια στιγμή – να ελευθερωθούν από το νου τους. Έτσι, δεν είναι ποτέ σε επαφή με εκείνο το μέρος μέσα τους όπου γεννιούνται η αληθινή δημιουργικότητα και η ομορφιά.

Ο νους, αφημένος στον εαυτό του, δημιουργεί τερατουργήματα, και όχι μόνο σε γκαλερί τέχνης. Κοίτα τις πόλεις μας, κοίτα τους βιομηχανικούς σκουπιδότοπους. Κανένας πολιτισμός δε δημιούργησε ποτέ τόσο μεγάλη ασχήμια.

ΠΡΑΓΜΑΤΩΝΟΝΤΑΣ ΤΗΝ ΚΑΘΑΡΗ ΣΥΝΕΙΔΗΤΟΤΗΤΑ

Η παρουσία είναι το ίδιο με την Ύπαρξη;

Όταν αποκτάς συνείδηση της Ύπαρξης, αυτό που πραγματικά συμβαίνει είναι ότι η Ύπαρξη αποκτά συνείδηση του εαυτού της. Όταν η Ύπαρξη αποκτά συνείδηση του εαυτού της, αυτό είναι παρουσία. Αφού η Ύπαρξη, η συνειδητότητα και η ζωή είναι συνώνυμες, θα μπορούσαμε να πούμε ότι παρουσία σημαίνει συνειδητότητα που αποκτά συνείδηση του εαυτού της ή ζωή που αποκτά αυτο-συνείδηση. Όμως, μην κολλάς στις λέξεις και μην καταβάλλεις προσπάθεια να καταλάβεις αυτό που λέω. Δεν υπάρχει τίποτε που χρειάζεται να καταλάβεις για να μπορέσεις να είσαι παρών.

Τελικά καταλαβαίνω αυτό που μόλις είπες, αλλά φαίνεται σαν να υπονοείς ότι η Ύπαρξη, η έσχατη υπερβατική πραγματικότητα, δεν είναι ακόμα ολοκληρωμένη, ότι βρίσκεται σε μια διαδικασία εξέλιξης. Χρειάζεται ο Θεός χρόνο για προσωπική ανάπτυξη;

Ναι, αλλά μόνο όπως Τον βλέπει κάποιος από την περιορισμένη προοπτική του δήλου σύμπαντος. Στη Βίβλο, ο Θεός δηλώνει: "Είμαι το Άλφα και το Ωμέγα και είμαι ο ζων Ένας". Στην άχρονη σφαίρα όπου κατοικεί ο Θεός, που είναι επίσης και *το δικό σου* σπίτι, η αρχή και το τέλος, το Άλφα και το Ωμέγα, είναι ένα, και η ουσία όλων εκείνων που έχουν ποτέ υπάρξει και θα υπάρξουν ποτέ είναι αιωνίως παρόντα σε μια άδηλη κατάσταση ενότητας και τελειότητας πέρα από οτιδήποτε μπορεί ποτέ να φανταστεί ή να κατανοήσει ο ανθρώπινος νους.

Όμως στο δικό μας κόσμο των φαινομενικά χωριστών μορφών, η άχρονη τελειότητα είναι μια αδιανόητη έννοια. Εδώ, ακόμα και η συνειδητότητα, που είναι το φως που εκπέμπεται από την αιώνια Πηγή, φαίνεται να υπόκειται σε μια διαδικασία εξέλιξης, αλλά αυτό οφείλεται στην περιορισμένη μας αντίληψη. Σε απόλυτους όρους, αυτό δεν είναι έτσι. Παρ΄ όλα αυτά, επίτρεψέ μου να συνεχίσω να μιλάω για λίγο σχετικά με την εξέλιξη της συνειδητότητας σε τούτο τον κόσμο.

Το κάθε τι που υπάρχει έχει Ύπαρξη, έχει θεϊκή ουσία, έχει κάποιο βαθμό συνειδητότητας. Ακόμα και μια πέτρα έχει στοιχειώδη συνειδητότητα· διαφορετικά δε θα υπήρχε. Τα άτομα και τα μόριά της θα διασκορπίζονταν. Το κάθε τι είναι ζωντανό. Ο ήλιος, η γη, τα φυτά, τα ζώα, οι άνθρωποι – όλα είναι εκφράσεις συνειδητότητας σε διαφορετικούς βαθμούς, συνειδητότητας που εκδηλώνεται σαν μορφή.

Ο κόσμος εμφανίζεται όταν η συνειδητότητα παίρνει σχήματα και μορφές, σκεπτομορφές και υλικές μορφές. Κοίτα τα εκατομμύρια των μορφών ζωής που υπάρχουν πάνω σε τούτο τον πλανήτη μόνο, στη θάλασσα, στην ξηρά, στον αέρα – και κάθε μορφή ζωής αναπαράγεται εκατομμύρια φορές. Με ποιο σκοπό; Παίζει κάποιος ή κάτι ένα παιχνίδι, ένα παιχνίδι με τη μορφή;

Αυτό είναι που αναρωτήθηκαν οι αρχαίοι προφήτες της Ινδίας. Έβλεπαν τον κόσμο σαν *λίλα*, ένα είδος θεϊκού παιχνιδιού που παίζει ο Θεός. Οι ατομικές μορφές ζωής προφανώς δεν είναι και πολύ σημαντικές σ' αυτό το παιχνίδι. Στη θάλασσα, οι περισσότερες μορφές ζωής δεν επιβιώνουν παρά λίγα μόνο λεπτά μετά τη γέννησή τους. Η ανθρώπινη μορφή μετατρέπεται επίσης πολύ γρήγορα σε χώμα, και όταν χαθεί είναι σαν να μην υπήρξε ποτέ.

Είναι αυτό τραγικό, είναι σκληρό; Μόνο αν δημιουργήσεις μια ξεχωριστή ταυτότητα για κάθε μορφή, αν ξεχάσεις ότι η συνειδητότητά της είναι θεϊκή ουσία που εκφράζεται σε μορφή. Όμως δεν το *γνωρίζεις* αυτό πραγματικά, μέχρι να συνειδητοποιήσεις τη δική σου θεϊκή ουσία ως καθαρή συνειδητότητα.

Αν γεννηθεί ένα ψάρι στο ενυδρείο σου και το βαφτίσεις Γιάννη, του γράψεις ένα πιστοποιητικό γέννησης, του μιλήσεις για την ιστορία της οικογένειάς του και δύο λεπτά αργότερα γίνει μεζές για ένα άλλο ψάρι — αυτό είναι τραγικό. Όμως είναι τραγικό επειδή προέβαλες ένα χωριστό εαυτό εκεί που δεν υπήρχε. Έπιασες ένα κλάσμα μιας δυναμικής διαδικασίας, ενός μοριακού χορού, κι έφτιαξες απ' αυτό μια ξεχωριστή οντότητα.

Η συνειδητότητα μεταμφιέζεται σε μορφές, που φτάνουν σε τέτοια πολυπλοκότητα ώστε χάνει εντελώς τον εαυτό της μέσα τους. Στους ανθρώπους της σημερινής εποχής, η συνειδητότητα είναι εντελώς ταυτισμένη με τη μεταμφίεσή της. Γνωρίζει τον εαυτό της μόνο σαν μορφή και κατά συνέπεια ζει με το φόβο της εξάλειψης της σωματικής ή ψυχολογικής της μορφής.

Αυτός είναι ο εγωικός νους, κι εκεί είναι που δημιουργείται η σοβαρή δυσλειτουργία. Τώρα φαίνεται σαν κάτι να πήγε πολύ στραβά κάπου στο δρόμο της εξέλιξης. Όμως ακόμα κι αυτό είναι μέρος, του θεϊκού παιχνιδιού. Τελικά, η πίεση του πόνου που δημιουργείται από αυτή τη φαινομενική δυσλειτουργία αναγκάζει τη συνειδητότητα να αποταυτιστεί από τη μορφή και την αφυπνίζει από το όνειρο της μορφής. Αποκτά και πάλι αυτο-συνειδητότητα, αλλά σε ένα πολύ πιο βαθύ επίπεδο απ' ό,τι τότε που την έχασε.

Αυτή η διαδικασία εξηγείται από τον Ιησού στην παραβολή του για τον άσωτο υιό, που αφήνει το σπίτι του πατέρα του, σπαταλά τον πλούτο του, γίνεται πάμφτωχος και αναγκάζεται από τον πόνο του να επιστρέψει στο σπίτι. Όταν επιστρέφει, ο πατέρας του *τον αγαπάει περισσότερο από πριν.* Η κατάσταση του γιου είναι η ίδια κι όμως δεν είναι η ίδια. Έχει μια επιπλέον διάσταση: έχει βάθος. Η παραβολή περιγράφει ένα ταξίδι από την ασυνείδητη στη συνειδητή τελειότητα, μέσα από τη φαινομενική ατέλεια και το "κακό".

Μπορείς να δεις τώρα τη βαθύτερη και ευρύτερη σημασία τού να είσαι παρών ως παρατηρητής του νου σου; Όποτε παρατηρείς το νου, αποσύρεις τη συνειδητότητα από τις νοο-μορφές, κι αυτή γίνεται τότε εκείνο πού ονομάζουμε παρατηρητή. Κατά συνέπεια, ο παρατηρητής – η καθαρή συνειδητότητα πέρα από τη μορφή –γίνεται ισχυρότερη, και οι νοητικοί σχηματισμοί γίνονται ασθενέστεροι.

Όταν μιλάμε για παρατήρηση του νου, προσωποποιούμε ένα γεγονός που έχει πραγματικά κοσμική σημασία: μέσα από σένα, η συνειδητότητα αφυπνίζεται από το όνειρο της ταύτισης με τη μορφή και αποσύρεται από αυτήν. Αυτό προαγγέλλει ένα γεγονός που πιθανώς είναι ακόμα στο μακρινό μέλλον, από την άποψη του ωρολογιακού χρόνου, αλλά είναι ήδη και μέρος του. Αυτό το γεγονός λέγεται – το τέλος του κόσμου.

Όταν η συνειδητότητα απελευθερώνεται από την ταύτισή της με υλικές και νοητικές μορφές, γίνεται αυτό που μπορούμε να αποκαλέσουμε καθαρή ή φωτισμένη συνειδητότητα ή παρουσία. Αυτό έχει ήδη συμβεί σε κάποια άτομα και φαίνεται ότι είναι προορισμένο να συμβεί σύντομα σε πολύ ευρύτερη κλίμακα, αν και δεν υπάρχει απόλυτη εγγύηση γι΄ αυτό. Οι περισσότεροι άνθρωποι είναι ακόμα πιασμένοι στη μέγγενη της εγωικής λειτουργίας της συνειδητότητας. Είναι ταυτισμένοι με το νου τους και κατευθύνονται απ΄ αυτόν. Αλλά έτσι θα βιώνουν όλο και μεγαλύτερη σύγχυση, σύγκρουση, βία, αρρώστια, απελπισία, τρέλα.

Ο εγωικός νους έχει γίνει σαν πλοίο που βουλιάζει. Αν δε βγεις, θα πας στον πάτο μαζί του. Ο συλλογικός εγωικός νους είναι η πιο επικίνδυνα παράφρων και καταστροφική οντότητα που κατοίκησε ποτέ σε τούτο τον πλανήτη. Τι νομίζεις πως θα συμβεί στη Γη αν η ανθρώπινη συνειδητότητα δεν αλλάξει;

Ήδη, το μόνο καταφύγιο που βρίσκουν οι περισσότεροι άνθρωποι από τον ίδιο τους το νου είναι να οπισθοχωρούν πότε–πότε σε ένα επίπεδο συνειδητότητας κάτω από τη σκέψη. Όλοι το κάνουμε αυτό τη νύχτα, όταν κοιμόμαστε. Όμως, αυτό συμβαίνει επίσης σε κάποιο βαθμό και μέσω του σεξ, του αλκοόλ και άλλων ναρκωτικών που καταστέλλουν την υπερβολική δραστηριότητα του νου. Αν δεν υπήρχαν το αλκοόλ, τα ηρεμιστικά, τα αντικαταθλιπτικά, καθώς και τα παράνομα ναρκωτικά, που καταναλώνονται όλα σε τεράστιες ποσότητες, η παραφροσύνη του ανθρώπινου νου θα γινόταν ακόμα πιο εκτυφλωτικά φανερή απ' όσο είναι ήδη.

Πιστεύω ότι ένα μεγάλο μέρος του πληθυσμού, αν του στερούσαν τα φάρμακα και τα ναρκωτικά του, θα αποτελούσε κίνδυνο για τον εαυτό του και για τους άλλους. Αυτές οι ουσίες, φυσικά, απλώς κρατούν τους ανθρώπους κολλημένους στη δυσλειτουργία. Η τόσο διαδεδομένη χρήση τους απλώς καθυστερεί την κατάρρευση των παλιών νοητικών δομών και την ανάδυση μιας υψηλότερης συνειδητότητας. Παρ΄ όλο που οι χρήστες μπορεί να νιώθουν κάποια ανακούφιση από το καθημερινό μαρτύριο που τους επιβάλλει ο νους τους, εμποδίζονται από το να δημιουργήσουν αρκετή συνειδητή παρουσία ώστε να υψωθούν πάνω από τη σκέψη κι έτσι να βρουν την αληθινή λύτρωση.

Η καταφυγή σε ένα επίπεδο συνειδητότητας κάτω από το νου, που είναι το προ-σκεπτικό επίπεδο των μακρινών μας προγόνων, όπως και των ζώων και των φυτών, δεν είναι επιλογή για μας. Δεν υπάρχει δρόμος επιστροφής. Αν η ανθρώπινη φυλή θέλει να επιβιώσει, χρειάζεται να πάει στο επόμενο στάδιο.

Η συνειδητότητα εξελίσσεται από τη μια άκρη του σύμπαντος ως την άλλη με δισεκατομμύρια μορφές. Έτσι, ακόμα κι αν δεν καταφέρναμε να επιβιώσουμε, δε θα είχε και μεγάλη σημασία σε κοσμική κλίμακα. Κανένα κέρδος σε συνειδητότητα δε χάνεται ποτέ, κι έτσι απλώς θα εκφραζόταν μέσω κάποιας άλλης μορφής. Όμως, αυτό το ίδιο το γεγονός ότι μιλάω εδώ κι εσύ διαβάζεις αυτά που λέω είναι ένα ξεκάθαρο σημάδι ότι μια νέα συνειδητότητα αποκτά *πραγματικά* ένα πάτημα σε τούτο τον πλανήτη.

Δεν υπάρχει τίποτε το προσωπικό σ' αυτό· δε σε διδάσκω. Είσαι συνειδητότητα κι ακούς τον εαυτό σου. Υπάρχει μια ρήση που λέει: "Αυτός που διδάσκει κι αυτός που διδάσκεται δημιουργούν μαζί τη διδασκαλία". Έτσι κι αλλιώς, οι ίδιες οι λέξεις δεν είναι σημαντικές. Δεν είναι η Αλήθεια· απλώς δείχνουν προς το μέρος της.

Μιλάω από την κατάσταση της παρουσίας και, καθώς μιλάω, ίσως να μπορείς να έρθεις κι εσύ μαζί μου σ' αυτή την κατάσταση. Παρ΄ όλο που κάθε λέξη που χρησιμοποιώ έχει μια ιστορία, φυσικά, και έρχεται από το παρελθόν όπως ολόκληρος ο κώδικας της γλώσσας, οι λέξεις που σου λέω τώρα μεταφέρουν την υψηλή ενεργειακή συχνότητα της παρουσίας, εντελώς ξέχωρα από το μήνυμα που μεταδίδουν ως λέξεις.

Η σιωπή είναι ένας ακόμα πιο δυναμικός μεταφορέας της παρουσίας, κι έτσι, καθώς διαβάζεις, έχε επίγνωση της σιωπής που υπάρχει ανάμεσα και κάτω από τις λέξεις. Έχε επίγνωση των κενών. Το να ακούς τη σιωπή, όπου και να βρίσκεσαι, είναι ένας εύκολος και άμεσος τρόπος να γίνεσαι παρών. Ακόμα κι αν υπάρχει θόρυβος, υπάρχει πάντα κάποια σιωπή από κάτω και ανάμεσα στους ήχους. Το να ακούς τη σιωπή δημιουργεί αμέσως ησυχία μέσα σου. Μόνο η ησυχία μέσα σου μπορεί να αντιληφθεί τη σιωπή απέξω. Και τι άλλο είναι η ησυχία, αν όχι παρουσία, συνειδητότητα απαλλαγμένη από σκεπτο–μορφές; Εδώ είναι η ζωντανή συνειδητοποίηση αυτού για το οποίο μιλάμε.

ΧΡΙΣΤΟΣ:
Η ΠΡΑΓΜΑΤΙΚΟΤΗΤΑ ΤΗΣ ΘΕΪΚΗΣ ΣΟΥ ΠΑΡΟΥΣΙΑΣ

Μην προσκολληθείς σε κάποια λέξη. Μπορείς να αντικαταστήσεις το "Χριστός" με τη λέξη "παρουσία", αν αυτή έχει περισσότερο νόημα για σένα. Ο Χριστός είναι η θεϊκή σου ουσία ή ο Εαυτός, όπως αποκαλείται μερικές φορές στην Ανατολή. Η μόνη διαφορά ανάμεσα στο Χριστό και στην παρουσία είναι ότι ο Χριστός αναφέρεται στη θεϊκότητα που κατοικεί μέσα σου, ανεξάρτητα από το αν τη συνειδητοποιείς ή όχι, ενώ η παρουσία σημαίνει την *αφυπνισμένη* σου θεϊκότητα ή θεϊκή ουσία.

Πολλές παρανοήσεις και λαθεμένες πεποιθήσεις θα ξεκαθαρίσουν αν αντιληφθείς ότι δεν υπάρχει παρελθόν ή μέλλον στο Χριστό. Το να πούμε ότι ο Χριστός *υπήρξε* ή *θα υπάρξει*, είναι αντίφαση. Ο Ιησούς υπήρξε. Ήταν ο άνθρωπος που έζησε πριν από δύο χιλιάδες χρόνια και πραγμάτωσε τη θεϊκή παρουσία, την αληθινή του φύση. Κι έτσι είπε: "Πριν υπάρξει ο Αβραάμ, εγώ υπάρχω". Δεν είπε: "Υπήρχα ήδη όταν γεννήθηκε ο Αβραάμ". Αυτό θα σήμαινε ότι βρισκόταν ακόμα μέσα στη διάσταση του χρόνου και της μορφής. Οι λέξεις *εγώ υπάρχω* χρησιμοποιημένες σε μια πρόταση που αρχίζει στον αόριστο, υποδηλώνουν μια ριζική μεταβολή, μια ασυνέχεια στη χρονική διάσταση.

Αυτή είναι μια πολύ βαθυστόχαστη φράση, που μοιάζει με εκείνες του Ζεν. Ο Ιησούς προσπάθησε να μεταδώσει έμμεσα, όχι μέσα από αμετροεπείς σκέψεις, το νόημα της παρουσίας, της αυτοπραγμάτωσης. Είχε πάει πέρα από τη διάσταση της συνειδητότητας που κυριαρχείται από το χρόνο, στη σφαίρα του άχρονου. Η διάσταση της αιωνιότητας είχε έρθει σε τούτο τον κόσμο. Αιωνιότητα, φυσικά, δε σημαίνει ατέλειωτος χρόνος, αλλά καθόλου χρόνος. Έτσι, ο άνθρωπος Ιησούς έγινε Χριστός, ένα όχημα καθαρής συνειδητότητας.

Και ποιος είναι ο ορισμός που δίνει ο Θεός για τον εαυτό Του στη Βίβλο; Είπε ο Θεός "υπήρχα πάντα και θα υπάρχω πάντα"; Φυσικά όχι. Αυτό θα είχε προσδώσει πραγματικότητα στο παρελθόν και στο μέλλον. Ο Θεός είπε: "ΕΓΩ ΕΙΜΙ Ο ΩΝ". Δεν υπάρχει χρόνος εδώ, μόνο παρουσία.

Η "Δευτέρα Παρουσία" του Χριστού είναι μια μεταμόρφωση της ανθρώπινης συνειδητότητας, μια μετακίνηση από το χρόνο στην παρουσία, από τη σκέψη στην καθαρή συνειδητότητα, κι όχι ο ερχομός κάποιου άντρα ή γυναίκας. Αν ο "Χριστός" επέστρεφε αύριο με κάποια εξωτερική μορφή, τι άλλο θα ήταν δυνατόν να σου πει πέρα από τούτο: "Εγώ είμαι η Αλήθεια. Είμαι θεϊκή παρουσία. Είμαι αιώνια ζωή. Είμαι μέσα σου. Είμαι εδώ. Είμαι Τώρα".

Αντίχριστος: Βία, Φόβος

Μην προσωποποιείς ποτέ το Χριστό. Μην τον μετατρέπεις σε μια μορφική ταυτότητα.

Οι Αβατάρ, οι θεϊκές μητέρες, οι φωτισμένοι δάσκαλοι – οι πολύ λίγοι που είναι αληθινοί – δεν είναι κάτι το ξεχωριστό ως άνθρωποι. Χωρίς έναν ψεύτικο εαυτό που να τον υποστηρίζουν, να τον υπερασπίζονται και να τον τρέφουν, είναι πιο απλοί, πιο συνηθισμένοι από τους συνηθισμένους άντρες και γυναίκες. Οποιοσδήποτε με ένα ισχυρό εγώ θα τους θεωρούσε ασήμαντους ή, το πιο πιθανό, δε θα τους έβλεπε καθόλου.

Αν σε έλκει ένας φωτισμένος δάσκαλος, αυτό συμβαίνει επειδή υπάρχει ήδη αρκετή παρουσία μέσα σου ώστε να αναγνωρίζει την παρουσία σε κάποιον άλλον. Υπήρχαν πολλοί άνθρωποι που δεν αναγνώρισαν τον Ιησού ή το Βούδα, όπως υπάρχουν και πάντα υπήρχαν πολλοί άνθρωποι που έλκονται από ψευδο-δασκάλους. Τα εγώ έλκονται από μεγαλύτερα εγώ.

Το σκοτάδι δεν μπορεί να αναγνωρίσει το φως. Μόνο το φως μπορεί να αναγνωρίσει το φως. Έτσι, μην πιστεύεις ότι το φως είναι έξω από σένα ή ότι μπορεί να έρθει μέσω μιας συγκεκριμένης μορφής. Αν μόνο ο δάσκαλός σου είναι μια ενσάρκωση του Θεού, τότε ποιος είσαι εσύ; Κάθε είδος αποκλειστικότητας είναι ταύτιση με τη μορφή, και ταύτιση με τη μορφή σημαίνει εγώ, όσο καλά κι αν μεταμφιέζεται.

Χρησιμοποίησε την παρουσία του δασκάλου για να καθρεφτίσεις τη δική σου ταυτότητα πίσω σε σένα, πέρα από όνομα και μορφή, και για να γίνεις ο ίδιος πιο έντονα παρών. Σύντομα θα διαπιστώσεις ότι δεν υπάρχει "δικό μου" ή "δικό σου" στην παρουσία. Η παρουσία είναι μία.

Η ομαδική δουλειά μπορεί επίσης να βοηθήσει το φως της παρουσίας σου να γίνει πιο έντονο. Μια ομάδα ανθρώπων που συγκεντρώνονται σε μια κατάσταση παρουσίας παράγει ένα συλλογικό ενεργειακό πεδίο μεγάλης έντασης. Δεν αυξάνει μόνο το βαθμό παρουσίας κάθε μέλους της ομάδας, αλλά βοηθάει επίσης να ελευθερωθεί η συλλογική ανθρώπινη συνειδητότητα από την κυριαρχία του νου. Αυτό θα κάνει την κατάσταση της παρουσίας όλο και περισσότερο προσβάσιμη σε άλλα άτομα.

Όμως, αν ένα τουλάχιστον μέλος της ομάδας δεν είναι ήδη σταθερά εδραιωμένο σ' αυτήν, μπορώντας έτσι να διατηρεί την ενεργειακή δόνηση αυτής της κατάστασης, ο εγωικός νους μπορεί εύκολα να επιβληθεί ξανά και να σαμποτάρει τις προσπάθειες της ομάδας. Αν και η ομαδική εργασία είναι ανεκτίμητη, δεν είναι αρκετή και δεν πρέπει να καταλήξεις να εξαρτιέσαι απ' αυτήν. Ούτε πρέπει να καταλήξεις να εξαρτιέσαι από ένα δάσκαλο, από κάποιο βαθύ γνώστη, παρά μόνο κατά τη διάρκεια της μεταβατικής περιόδου, όταν μαθαίνεις το νόημα και την πρακτική της παρουσίας.

ΚΕΦΑΛΑΙΟ ΕΞΙ

ΤΟ ΕΣΩΤΕΡΟ ΣΩΜΑ

Η ΥΠΑΡΞΗ ΕΙΝΑΙ Ο ΒΑΘΥΤΕΡΟΣ ΕΑΥΤΟΣ ΣΟΥ

Μίλησες νωρίτερα για τη σημασία που έχει το να έχουμε βαθιές ρίζες μέσα στο σώμα ή το να κατοικούμε το σώμα. Μπορείς να εξηγήσεις τι εννοείς μ' αυτό;

Το σώμα μπορεί να γίνει ένα σημείο πρόσβασης στη σφαίρα της Ύπαρξης. Ας πάμε λίγο πιο βαθιά σ' αυτό το θέμα τώρα.

Εξακολουθώ να μην είμαι και πολύ σίγουρος ότι καταλαβαίνω απόλυτα τι εννοείς λέγοντας "Ύπαρξη".

"Νερό; Τι θες να πεις; Δεν το καταλαβαίνω". Αυτό θα έλεγε ένα ψάρι, αν είχε ανθρώπινο νου.

Σταμάτα, σε παρακαλώ, να προσπαθείς να καταλάβεις την Ύπαρξη. Την έχεις ήδη δει φευγαλέα αλλά ουσιαστικά, όμως ο νους θα προσπαθεί πάντα να τη στριμώξει σε ένα μικρό κουτάκι και μετά να κολλήσει πάνω του μια ετικέτα. Την Ύπαρξη δεν μπορείς να την καταλάβεις. Δεν μπορεί να γίνει αντικείμενο γνώσης. Στην Ύπαρξη, υποκείμενο και αντικείμενο συγχωνεύονται σε ένα.

Η Ύπαρξη μπορεί να γίνει αισθητή ως το πάντα παρόν *Είμαι* που είναι πέρα από όνομα και μορφή. Το να αισθάνεσαι και επομένως να ξέρεις ότι *είσαι* και το να παραμένεις σ' αυτή τη βαθιά ριζωμένη κατάσταση είναι φώτιση, είναι η αλήθεια που λέει ο Ιησούς ότι θα σε ελευθερώσει.

Θα με ελευθερώσει από τι;

Από την *ψευδαίσθηση* ότι δεν είσαι τίποτε περισσότερο από υλικό σώμα και νους. Αυτή η "ψευδαίσθηση του εαυτού", όπως την αποκαλεί ο Βούδας, είναι το βασικό σφάλμα. Θα σε ελευθερώσει από το *φόβο* με τις αμέτρητες μεταμφιέσεις του, που αποτελεί την αναπόφευκτη συνέπεια αυτής της ψευδαίσθησης – το φόβο που είναι ο μόνιμος βασανιστής σου όσο αντλείς την αίσθηση του εαυτού σου μόνο από αυτή την εφήμερη και ευάλωτη μορφή. Και από την *αμαρτία*, που είναι ο πόνος που προκαλείς ασυνείδητα στον εαυτό σου και σε άλλους, όσο αυτή η πλανεμένη αίσθηση του εαυτού κυβερνάει αυτά που σκέφτεσαι, λες και κάνεις.

Κοιτα περα απο τις λεξεις

Δε μ' αρέσει η λέξη "αμαρτία". Υποδηλώνει ότι κρίνομαι και βρίσκομαι ένοχος.

Το καταλαβαίνω. Μέσα στους αιώνες, πολλές λαθεμένες απόψεις και ερμηνείες έχουν συσσωρευτεί γύρω από λέξεις όπως η *αμαρτία*, λόγω άγνοιας, παρανόησης ή μιας επιθυμίας για έλεγχο, αλλά περιέχουν έναν ουσιαστικό πυρήνα αλήθειας. Αν δεν μπορείς να δεις πέρα από τέτοιου είδους ερμηνείες κι επομένως δεν μπορείς να αναγνωρίσεις την πραγματικότητα προς την οποία δείχνει η λέξη, τότε μην τη χρησιμοποιείς.

Μην κολλάς στο επίπεδο των λέξεων. Μια λέξη δεν είναι τίποτε περισσότερο από ένα μέσο προς ένα σκοπό. Είναι κάτι αφηρημένο. Σαν μια οδική πινακίδα, δείχνει κάτι πίσω από τον εαυτό της. Η λέξη *μέλι* δεν είναι μέλι. Μπορείς να μελετάς και να μιλάς για το μέλι για χρόνια ολόκληρα, αλλά δε θα το *γνωρίσεις* πραγματικά αν δεν το γευτείς. Αφού το έχεις γευτεί, η λέξη θα γίνει λιγότερο σημαντική για σένα.

Παρόμοια, μπορεί να μιλάς ή να σκέφτεσαι για το Θεό συνεχώς για όλη την υπόλοιπη ζωή σου, αλλά σημαίνει αυτό ότι γνωρίζεις ή ότι έχεις ρίξει έστω και μια φευγαλέα ματιά στην πραγματικότητα την οποία υποδεικνύει η λέξη; Αληθινά, δεν είναι τίποτε περισσότερο από μια ψυχαναγκαστική προσκόλληση σε μια οδική πινακίδα, σε ένα νοητικό είδωλο.

Ισχύει επίσης και το αντίθετο: αν, για οποιοδήποτε λόγο, αντιπαθείς τη λέξη *μέλι*, αυτό μπορεί να σε εμποδίζει ακόμα και να το δοκιμάσεις. Αν έχεις μια έντονη αποστροφή, που είναι η αρνητική μορφή της προσκόλλησης, για τη λέξη *Θεός*, μπορεί να αρνείσαι όχι απλώς τη λέξη, αλλά και την πραγματικότητα προς την οποία δείχνει. Ξεκόβεις τον εαυτό σου από την πιθανότητα να βιώσει αυτή την πραγματικότητα.

Όλα αυτά, φυσικά, είναι από τη φύση τους συνδεδεμένα με το γεγονός ότι είσαι ταυτισμένος με το νου σου.

Έτσι, αν μια λέξη δε λειτουργεί πια για σένα, τότε παράτα την και αντικατάστησέ τη με μία που λειτουργεί. Αν δε σου αρέσει η λέξη *αμαρτία*, ονόμασέ την ασυνειδησία ή παραφροσύνη. Αυτό μπορεί να σε φέρει πιο κοντά στην αλήθεια, στην πραγματικότητα πίσω από τη λέξη, από ό,τι μια λέξη που έχει χρησιμοποιηθεί άσχημα για πολλά χρόνια, όπως η λέξη *αμαρτία*. Επίσης, η "καινούργια" λέξη δεν αφήνει πολύ χώρο για ενοχή.

Ούτε κι αυτές οι λέξεις μ' αρέσουν. Υποδηλώνουν ότι κάτι δεν πάει καλά με μένα. Ότι κρίνομαι.

Και βέβαια δεν πάει κάτι καλά με σένα – αλλά δεν κρίνεσαι.

Δεν έχω πρόθεση να σε προσβάλω προσωπικά, αλλά μήπως δεν ανήκεις στην ανθρώπινη φυλή που έχει σκοτώσει πάνω από 100 εκατομμύρια μέλη του ίδιου της του είδους, μόνο στον εικοστό αιώνα;

Εννοείς ενοχή μέσω συσχετισμού;

Δεν είναι θέμα ενοχής. Όμως όσο σε κυβερνάει ο εγωικός νους, είσαι μέρος της συλλογικής παραφροσύνης. Ίσως να μην έχεις κοιτάξει πολύ βαθιά μέσα στην ανθρώπινη κατάσταση, όταν κυριαρχείται από τον εγωικό νου. Άνοιξε τα μάτια σου και δες το φόβο, την απελπισία, την απληστία και τη βία που διαποτίζουν τα πάντα. Δες την αποτρόπαιη σκληρότητα και τον πόνο που έχουν προκαλέσει οι άνθρωποι και που συνεχίζουν να προκαλούν ο ένας στον άλλον, καθώς και σε άλλες μορφές ζωής στον πλανήτη, σε μια αφάνταστη κλίμακα. Δε χρειάζεται να καταδικάζεις. Απλώς να παρατηρείς. Αυτό είναι αμαρτία. Εκείνο είναι παραφροσύνη. Αυτό είναι ασυνειδησία. Πάνω απ' όλα, μην ξεχνάς να παρατηρείς τον ίδιο σου το νου. Αναζήτησε εκεί τη ρίζα της παραφροσύνης.

ΒΡΙΣΚΟΝΤΑΣ ΤΗΝ ΑΟΡΑΤΗ ΚΑΙ ΑΦΘΑΡΤΗ ΠΡΑΓΜΑΤΙΚΟΤΗΤΑ ΣΟΥ

Είπες ότι η ταύτιση με την υλική μας μορφή είναι μέρος της ψευδαίσθησης· επομένως, πώς μπορεί το σώμα, η υλική μορφή, να σε φέρει σε μια συνειδητοποίηση της ΄Υπαρξης;

Το σώμα που μπορείς να δεις και ν΄ αγγίξεις δεν μπορεί να σε πάει μέσα στην Ύπαρξη. Όμως αυτό το ορατό και απτό σώμα είναι μόνο ένα εξωτερικό κέλυφος ή μάλλον μια περιορισμένη και διαστρεβλωμένη αντίληψη μιας βαθύτερης πραγματικότητας. Στη φυσική σου κατάσταση σύνδεσης με την Ύπαρξη, αυτή η βαθύτερη πραγματικότητα μπορεί να γίνεται αισθητή κάθε στιγμή ως το αόρατο εσώτερο σώμα, η εμψυχωτική παρουσία μέσα σου. Έτσι, το να "κατοικείς το σώμα" σημαίνει να νιώθεις το σώμα από μέσα, να νιώθεις τη ζωή μέσα στο σώμα και κατά συνέπεια να καταλήξεις να καταλάβεις ότι είσαι πέρα από την εξωτερική μορφή.

Όμως αυτό είναι μόνο η αρχή ενός ταξιδιού προς τα μέσα, που σε πηγαίνει ακόμα πιο βαθιά σε μια σφαίρα μεγάλης ησυχίας και γαλήνης, αλλά και μεγάλης δύναμης και παλλόμενης ζωής. Στην αρχή, μπορεί να τη βλέπεις μόνο φευγαλέα, αλλά μέσα απ' αυτές τις κλεφτές ματιές θα αρχίσεις να αντιλαμβάνεσαι ότι δεν είσαι ένα ασήμαντο κομματάκι σε ένα αφιλόξενο σύμπαν, ένα ψήγμα που αιωρείται για λίγο μεταξύ γέννησης και θανάτου, που έχει δικαίωμα σε λίγες σύντομες χαρές που ακολουθούνται από πόνο και, τελικά, από τον αφανισμό.

Κάτω από την εξωτερική μας μορφή, είμαστε συνδεδεμένοι με κάτι τόσο απέραντο, τόσο απροσμέτρητο και ιερό, που δεν μπορούμε να το συλλάβουμε ούτε να μιλήσουμε γι' αυτό – κι όμως μιλάω γι' αυτό τώρα. Μιλάω γι' αυτό όχι για να σου δώσω κάτι να πιστεύεις, αλλά για να σου δείξω πώς μπορείς να το γνωρίσεις μόνος σου.

Είσαι ξεκομμένος από την Ύπαρξη όσο ο νους σου απασχολεί όλη σου την προσοχή. Όταν συμβαίνει αυτό – και συμβαίνει συνεχώς για τους περισσότερους ανθρώπους – δεν είσαι στο σώμα σου. Ο νους απορροφά όλη σου τη συνειδητότητα και τη μεταμορφώνει σε νοητικά κατασκευάσματα. Δεν μπορείς να σταματήσεις να σκέφτεσαι.

Η ψυχαναγκαστική σκέψη έχει γίνει μια συλλογική ασθένεια. Ολόκληρη η αίσθησή σου για το ποιος είσαι προέρχεται τότε από τη δραστηριότητα του νου. Η ταυτότητά σου, καθώς δεν είναι πια ριζωμένη στην Ύπαρξη, γίνεται ένα ευάλωτο και πάντα ενδεές νοητικό κατασκεύασμα που το διακατέχει ο φόβος, ως το κυρίαρχο συναίσθημα που βρίσκεται από κάτω. Το μόνο πράγμα που έχει αληθινά σημασία λείπει τότε από τη ζωή σου: η συνείδηση του βαθύτερου εαυτού σου – της αόρατης και άφθαρτης πραγματικότητάς σου.

Για να αποκτήσεις συνείδηση της Ύπαρξης, χρειάζεται να διεκδικήσεις ξανά τη συνειδητότητα από το νου. Αυτό είναι ένα από τα πιο ουσιαστικά καθήκοντά σου στο πνευματικό σου ταξίδι. Θα ελευθερώσει τεράστιες ποσότητες συνειδητότητας, που μέχρι τώρα ήταν παγιδευμένες σε άχρηστες και ψυχαναγκαστικές σκέψεις. Ένας πολύ αποτελεσματικός τρόπος για να το κάνεις αυτό είναι να τραβήξεις απλώς την εστίασή σου από τη σκέψη και να την κατευθύνεις μέσα στο σώμα, εκεί όπου μπορείς να νιώσεις την Ύπαρξη από την πρώτη στιγμή ως το αόρατο ενεργειακό πεδίο που δίνει ζωή σ' αυτό που αντιλαμβάνεσαι σαν υλικό σώμα.

Η ΣΥΝΔΕΣΗ ΜΕ ΤΟ ΕΣΩΤΕΡΟ ΣΩΜΑ

Σε παρακαλώ, δοκίμασέ το τώρα. Μπορείς αν θέλεις να κλείσεις τα μάτια σου γι' αυτή την άσκηση. Αργότερα, όταν το να "είσαι στο σώμα σου" θα έχει γίνει φυσικό και εύκολο για σένα, αυτό δε θα είναι πια απαραίτητο.

Κατεύθυνε την προσοχή σου μέσα στο σώμα σου. Νιώσ' το από μέσα. Είναι ζωντανό; Υπάρχει ζωή στα χέρια, στα μπράτσα, στα πόδια, στα πέλματα, στην κοιλιά, στο στήθος σου; Μπορείς να νιώσεις το λεπτό ενεργειακό πεδίο που διαπερνά ολόκληρο το σώμα και δίνει παλλόμενη ζωή σε κάθε όργανο και κάθε κύτταρο; Μπορείς να το νιώσεις ταυτόχρονα σε όλα τα μέρη του σώματος, σαν ένα μοναδικό ενεργειακό πεδίο;

Συνέχισε να εστιάζεις την προσοχή σου στην αίσθηση του εσώτερου σώματός σου για λίγες στιγμές. Μην αρχίσεις να το σκέφτεσαι. Νιώσ' το. Όσο περισσότερη προσοχή δίνεις σ΄ αυτή την αίσθηση, τόσο πιο καθαρή και δυνατή γίνεται. Νιώθεις το κάθε σου κύτταρο πιο ζωντανό, και αν έχεις δυνατή αίσθηση όρασης, μπορεί να δεις το σώμα σου να ακτινοβολεί.

Παρ΄ όλο που μια τέτοια εικόνα μπορεί να σε βοηθήσει προσωρινά, ωστόσο δώσε μεγαλύτερη προσοχή στην αίσθηση που έχεις παρά σε οποιαδήποτε εικόνα. Μια εικόνα, όσο όμορφη ή δυνατή κι αν είναι, είναι ήδη προσδιορισμένη σε μορφή, κι έτσι σου δίνει λιγότερες ευκαιρίες για να προχωρήσεις βαθύτερα.

Η αίσθηση του εσώτερου σώματός σου είναι άμορφη, απεριόριστη και απύθμενη. Μπορείς πάντα να προχωρήσεις πιο βαθιά μέσα του. Αν δεν μπορείς να νιώσεις και πολλά σ' αυτό το στάδιο, δώσε προσοχή σε οτιδήποτε *μπορείς* να νιώσεις. Ίσως να αισθάνεσαι απλώς ένα ελαφρό μυρμήγκιασμα στα χέρια ή στα πόδια σου. Αυτό είναι αρκετό προς το παρόν. Απλώς εστιάσου στην αίσθηση. Το σώμα σου ζωντανεύει. Αργότερα, θα εξασκηθούμε περισσότερο.

Άνοιξε σε παρακαλώ τα μάτια σου τώρα, αλλά κράτησε την προσοχή σου στο εσώτερο ενεργειακό πεδίο του σώματος, καθώς κοιτάς γύρω σου. Το εσώτερο σώμα βρίσκεται στο κατώφλι ανάμεσα στη μορφική σου ταυτότητα και την ουσιαστική σου ταυτότητα, την αληθινή σου φύση. Ποτέ μη χάνεις την επαφή σου μαζί του.

ΜΕΤΑΜΟΡΦΩΣΗ ΜΕΣΑ ΑΠΟ ΤΟ ΣΩΜΑ

Γιατί οι περισσότερες θρησκείες έχουν καταδικάσει ή αρνηθεί το σώμα; Φαίνεται ότι οι πνευματικοί αναζητητές θεωρούσαν πάντα το σώμα σαν εμπόδιο ή ακόμα και σαν κάτι αμαρτωλό.

Γιατί τόσο λίγοι αναζητητές έχουν βρει αυτό που αναζητούσαν;

Στο επίπεδο του σώματος, οι άνθρωποι είναι πολύ κοντά στα ζώα. Όλες τις βασικές σωματικές λειτουργίες και ανάγκες – ηδονή, πόνο, αναπνοή, πείνα, δίψα, αφόδευση, ύπνο, ώθηση να βρούμε σύντροφο και να αναπαραχθούμε και, φυσικά, γέννηση και θάνατο – τις μοιραζόμαστε με τα ζώα. Πολύ καιρό μετά την πτώση τους από την κατάσταση της θείας χάριτος και της ενότητας, στην κατάσταση της ψευδαίσθησης, οι άνθρωποι ξύπνησαν ξαφνικά μέσα σε κάτι που φαινόταν να είναι ένα σώμα ζώου – κι αυτό τους τάραξε πολύ. "Μην ξεγελιέσαι. Δεν είσαι τίποτε περισσότερο από ένα ζώο". Αυτή φαινόταν να είναι η αλήθεια που τους κοιτούσε καταπρόσωπο. Όμως ήταν μια αλήθεια υπερβολικά ενοχλητική για να την αντέξουν.

Ο Αδάμ και η Εύα είδαν ότι ήταν γυμνοί και φοβήθηκαν. Πολύ σύντομα, εγκαταστάθηκε μέσα τους μια ασυνείδητη άρνηση της ζωώδους φύσης τους. Η απειλή ότι μπορεί να καταλαμβάνονταν από ισχυρές ενστικτώδεις παρορμήσεις και να ξαναπέσουν σε πλήρη ασυνειδησία ήταν πραγματικά πολύ αληθινή. Ντροπή και ταμπού εμφανίστηκαν γύρω από ορισμένες περιοχές του σώματος και από κάποιες σωματικές λειτουργίες, ιδιαίτερα γύρω από περιοχές και λειτουργίες που αφορούσαν τη σεξουαλικότητα.

Το φως της συνειδητότητάς τους δεν ήταν ακόμα αρκετά δυνατό ώστε να συμφιλιωθούν με τη ζωώδη φύση τους, να της επιτρέψουν να *υπάρχει* και μάλιστα να απολαμβάνουν αυτή την πλευρά του εαυτού τους — και πολύ περισσότερο βέβαια να μπουν βαθιά μέσα της για να βρουν το θεϊκό που κρυβόταν εκεί, την πραγματικότητα μέσα στην ψευδαίσθηση. Έτσι, έκαναν αυτό που ήταν υποχρεωμένοι να κάνουν. Άρχισαν να αποσυνδέονται από το σώμα τους. Έβλεπαν τον εαυτό τους να έχει σώμα, αντί απλώς να είναι αυτό το σώμα.

Όταν εμφανίστηκαν οι θρησκείες, αυτή η αποσύνδεση έγινε ακόμα πιο φανερή μέσα από την πεποίθηση ότι "δεν είσαι το σώμα σου". Αμέτρητοι άνθρωποι μέσα στους αιώνες, σε Δύση και Ανατολή, έχουν προσπαθήσει να βρουν το Θεό, τη σωτηρία ή τη φώτιση μέσα από την άρνηση του σώματος. Αυτό πήρε τη μορφή άρνησης των ηδονών που προσφέρουν οι αισθήσεις, και της σεξουαλικότητας ιδιαίτερα, τη μορφή της νηστείας και άλλων ασκητικών πρακτικών. Πολλοί προκαλούσαν ακόμα και πόνο στο σώμα τους, σε μια προσπάθεια να το εξασθενίσουν ή να το τιμωρήσουν, επειδή το θεωρούσαν αμαρτωλό. Στο Χριστιανισμό, αυτό ονομάστηκε εξαγνισμός της σάρκας.

Άλλοι προσπάθησαν να ξεφύγουν από το σώμα μπαίνοντας σε κατάσταση έκστασης ή επιδιώκοντας εξωσωματικές εμπειρίες. Πολλοί είναι αυτοί που εξακολουθούν να το κάνουν. Ακόμα και για το Βούδα λέγεται ότι ασκήθηκε στην άρνηση του σώματος μέσα από νηστεία και ακραίες μορφές ασκητισμού για έξι χρόνια, αλλά δεν κατέκτησε τη φώτιση μέχρι που παραιτήθηκε από αυτή την πρακτική.

Το γεγονός είναι ότι κανείς δε φωτίστηκε μέσα από την άρνηση ή τον πόλεμο με το σώμα ή μέσα από μια εξωσωματική εμπειρία.

Παρ' όλο που μια τέτοια εμπειρία μπορεί να είναι συναρπαστική και σου δίνει τη δυνατότητα να ρίξεις μια φευγαλέα ματιά στην κατάσταση της απελευθέρωσης από την υλική μορφή, τελικά χρειάζεται πάντα να επιστρέφεις στο σώμα, όπου συντελείται το ουσιαστικό έργο της μεταμόρφωσης. Η μεταμόρφωση γίνεται μέσω του σώματος, όχι μακριά απ' αυτό. Γι' αυτό, ποτέ κανένας αληθινός δάσκαλος δεν υποστήριξε τη μάχη με το σώμα ή την εγκατάλειψή του, αν και οι οπαδοί τους, που λειτουργούν με βάση το νου, συχνά το κάνουν.

Από τις αρχαίες διδασκαλίες που αφορούν στο σώμα έχουν διασωθεί μόνο κάποια αποσπάσματα, όπως η φράση του Ιησού "ολόκληρο το σώμα σας θα γεμίσει με φως", ή διασώζονται ως μύθοι, όπως η πεποίθηση ότι ο Ιησούς δεν εγκατέλειψε ποτέ το σώμα του, αλλά παρέμεινε ένα μαζί του και αναλήφθηκε στους "ουρανούς" μαζί του. Σχεδόν κανένας μέχρι σήμερα δεν έχει καταλάβει αυτά τα αποσπάσματα ή το κρυμμένο μήνυμα ορισμένων μύθων. Η πεποίθηση "δεν είσαι το σώμα σου" έχει επικρατήσει παγκόσμια, οδηγώντας στην άρνηση του σώματος και σε προσπάθειες να ξεφύγει κανείς απ' αυτό. Αμέτρητοι αναζητητές έχουν εμποδιστεί με αυτό τον τρόπο από το να κατακτήσουν την πνευματική πραγμάτωση και να βρουν αυτό που αναζητούν.

Είναι δυνατόν να ανακτήσουμε τις χαμένες διδασκαλίες σχετικά με τη σημασία του σώματος ή να τις ανακατασκευάσουμε από τα αποσπάσματα που υπάρχουν;

Δε χρειάζεται κάτι τέτοιο. Όλες οι πνευματικές διδασκαλίες προέρχονται από την ίδια Πηγή. Με αυτή την έννοια, υπάρχει, και πάντα υπήρχε, ένας μόνο δάσκαλος, που εμφανίζεται με πολλές διαφορετικές μορφές. Εγώ είμαι αυτός ο δάσκαλος, όπως είσαι κι εσύ, από τη στιγμή που θα μπορέσεις να αποκτήσεις πρόσβαση στην Πηγή που βρίσκεται μέσα σου. Και ο δρόμος προς αυτήν περνάει μέσα από το εσώτερο σώμα.

Αν και όλες οι πνευματικές διδασκαλίες προέρχονται από την ίδια Πηγή, από τη στιγμή που εκφράζονται λεκτικά και γράφονται, προφανώς δεν είναι τίποτε περισσότερο από συλλογές λέξεων — και οι λέξεις δεν είναι τίποτε περισσότερο από οδικές πινακίδες, όπως είπαμε και πριν. Όλες οι διδασκαλίες αυτού του είδους είναι οδικές πινακίδες που δείχνουν το δρόμο για την επιστροφή στην Πηγή.

Έχω ήδη μιλήσει για την Αλήθεια που είναι κρυμμένη μέσα στο σώμα σου, αλλά θα σου συνοψίσω ξανά τις χαμένες διδασκαλίες των μεγάλων δασκάλων — να λοιπόν άλλη μια οδική πινακίδα. Προσπάθησε σε παρακαλώ να νιώθεις το εσώτερο σου σώμα καθώς διαβάζεις.

Τι ΕΙΝΑΙ ΤΕΛΙΚΑ ΤΟ ΣΩΜΑ;

Αυτό που αντιλαμβάνεσαι σαν ένα πυκνό υλικό οικοδόμημα που ονομάζεται σώμα και που υπόκειται στην αρρώστια, στα γηρατειά και στο θάνατο δεν είναι τελικά αληθινό — δεν είναι εσύ. Είναι μια λαθεμένη αντίληψη της ουσιαστικής σου πραγματικότητας, που είναι πέρα από τη γέννηση και το θάνατο. Αυτή η λαθεμένη αντίληψη οφείλεται στους περιορισμούς του νου σου που, έχοντας χάσει την επαφή του με την Ύπαρξη, δημιουργεί το σώμα για να αποδείξει την πλασματική πεποίθηση του διαχωρισμού και για να δικαιολογήσει την κατάσταση του φόβου του. Όμως, μην αποστρέφεσαι το σώμα, γιατί μέσα σ' αυτό το σύμβολο της παροδικότητας, του περιορισμού και του θανάτου κρύβεται η λαμπρότητα της ουσιαστικής και αθάνατης πραγματικότητάς σου. Μη στρέφεις αλλού την προσοχή σου στην αναζήτησή σου για την Αλήθεια, γιατί δε βρίσκεται πουθενά αλλού παρά μέσα στο σώμα σου.

Μη μάχεσαι το σώμα γιατί, κάνοντάς το, μάχεσαι ενάντια στην ίδια σου την πραγματικότητα. *Είσαι* το σώμα σου. Το σώμα που μπορείς να δεις και ν' αγγίξεις δεν είναι παρά ένα λεπτό πλασματικό πέπλο. Από κάτω του βρίσκεται το αόρατο εσώτερο σώμα, η είσοδος προς την Ύπαρξη, προς την Άδηλη Ζωή. Μέσα από το εσώτερο σώμα συνδέεσαι αξεχώριστα με αυτή την άδηλη Μία Ζωή, που είναι αγέννητη, αθάνατη, αιώνια παρούσα. Μέσα από το εσώτερο σώμα, είσαι για πάντα ένα με το Θεό.

Έχε βαθιές ρίζες μέσα σου

Το κλειδί είναι να βρίσκεσαι σε μόνιμη σύνδεση με το εσώτερο σώμα σου – να το νιώθεις συνεχώς. Αυτό θα βαθύνει και θα μεταμορφώσει τη ζωή σου ταχύτατα. Όσο περισσότερη συνειδητότητα κατευθύνεις στο εσώτερο σώμα, τόσο υψηλότερη γίνεται η παλμική του συχνότητα, όπως ένα φως που δυναμώνει καθώς γυρνάς το ροοστάτη, αυξάνοντας έτσι τη ροή του ηλεκτρικού ρεύματος. Σ' αυτό το υψηλότερο ενεργειακό επίπεδο, η αρνητικότητα δεν μπορεί πια να σε επηρεάσει και έλκεις νέες περιστάσεις που καθρεφτίζουν αυτή την υψηλότερη συχνότητα.

Όταν κρατάς την προσοχή σου εστιασμένη στο σώμα όσο περισσότερο γίνεται, είσαι αγκυροβολημένος στο Τώρα. Δε χάνεσαι στον εξωτερικό κόσμο και δε χάνεσαι στο νου σου. Σκέψεις και συναισθήματα, φόβοι και επιθυμίες, υπάρχουν ακόμα σε κάποιο βαθμό, αλλά δε σε εξουσιάζουν πια.

Εξέτασε σε παρακαλώ πού είναι η προσοχή σου αυτή τη στιγμή. Διαβάζεις αυτές τις λέξεις μέσα στο βιβλίο. Αυτό είναι το εστιακό σημείο της προσοχή σου. Περιφερειακά έχεις επίσης επίγνωση του χώρου γύρω σου, άλλων ανθρώπων και λοιπά. Ακόμα, μπορεί να υπάρχει και κάποια νοητική δραστηριότητα γύρω από αυτά που διαβάζεις, κάποιος νοητικός σχολιασμός. Ωστόσο, δεν είναι ανάγκη να απορροφά *όλη* σου την προσοχή κάτι απ' όλα αυτά. Δες αν μπορείς να είσαι ταυτόχρονα σε επαφή με το εσώτερο σώμα σου. Κράτα ένα μέρος της προσοχής σου εστιασμένο μέσα σου. Μην την αφήνεις να είναι όλη στραμμένη προς τα έξω. Νιώσε ολόκληρο το σώμα σου από μέσα, ως ενιαίο ενεργειακό πεδίο. Είναι σχεδόν σαν να διαβάζεις με ολόκληρο το σώμα σου. Ας γίνει αυτό η άσκησή σου για τις επόμενες μέρες και εβδομάδες.

Μη χαρίζεις όλη σου την προσοχή στο νου σου και στον εξωτερικό κόσμο. Να εστιάζεσαι βέβαια σ' αυτό που κάνεις, αλλά ταυτόχρονα να νιώθεις το εσώτερο σώμα, όποτε είναι δυνατόν. Μείνε ριζωμένος μέσα σου. Ύστερα παρατήρησε πώς αυτό αλλάζει την κατάσταση της συνειδητότητάς σου και την ποιότητα αυτού που κάνεις.

Όποτε περιμένεις, σε μια ουρά ή σε κάποιο μποτιλιάρισμα, όπου κι αν βρίσκεσαι, χρησιμοποίησε αυτόν το χρόνο για να νιώσεις το εσώτερο σώμα σου. Με αυτό τον τρόπο, τα μποτιλιαρίσματα και οι ουρές γίνονται πολύ ευχάριστα. Αντί να προβάλεις νοερά τον εαυτό σου μακριά από το Τώρα, μπες πιο βαθιά στο Τώρα, μπαίνοντας πιο βαθιά στο σώμα σου.

Η τέχνη της επίγνωσης του εσώτερου σώματος θα εξελιχθεί σε έναν εντελώς νέο τρόπο ζωής για σένα, σε μια κατάσταση σύνδεσης με την Ύπαρξη, και θα φέρει ένα βάθος στη ζωή σου που δεν έχεις ποτέ ξανά γνωρίσει.

Είναι εύκολο να μένεις παρών και να είσαι παρατηρητής του νου σου όταν είσαι βαθιά ριζωμένος μέσα στο σώμα σου. Ανεξάρτητα από το τι συμβαίνει έξω, τίποτε δεν μπορεί πια να σε κλονίσει.

Όταν δεν μένεις παρών – και το να κατοικείς το σώμα σου είναι πάντα μια ουσιαστική πλευρά της παρουσίας – συνεχίζεις να διοικείσαι από το νου σου. Το σενάριο μέσα στο κεφάλι σου που έμαθες πριν από πολύ καιρό, η εκπαίδευση του νου σου, υπαγορεύει τη σκέψη και τη συμπεριφορά σου. Μπορεί να ελευθερώνεσαι απ' αυτόν για σύντομα διαλείμματα, αλλά σπάνια για πολύ. Αυτό ισχύει ιδιαίτερα όταν κάτι "δεν πάει καλά" ή όταν υπάρχει κάποια απώλεια ή αναστάτωση. Η αντίδρασή σου, σαν εξαρτημένο αντανακλαστικό, είναι αθέλητη, αυτόματη και προβλέψιμη, τροφοδοτημένη από το ένα βασικό συναίσθημα που βρίσκεται κάτω από την κατάσταση της συνειδητότητας που είναι ταυτισμένη με το νου: το φόβο.

Έτσι, όταν έρχονται τέτοιου είδους προκλήσεις, όπως κάνουν πάντα, απόκτησε τη συνήθεια να στρέφεσαι αμέσως μέσα σου και να εστιάζεσαι όσο πιο πολύ μπορείς στο εσώτερο ενεργειακό πεδίο του σώματός σου. Αυτό δεν χρειάζεται να σου παίρνει πολύ χρόνο, μόνο λίγα δευτερόλεπτα. Όμως είναι απαραίτητο να το κάνεις τη στιγμή που εμφανίζεται η πρόκληση. Κάθε καθυστέρηση επιτρέπει σε μια εξαρτημένη νοητική–συναισθηματική αντίδραση να εμφανιστεί και να σε κυριεύσει.

Όταν εστιάζεσαι μέσα σου και νιώθεις το εσώτερο σώμα, γίνεσαι ήσυχος και παρών, καθώς αποσύρεις τη συνειδητότητα από το νου. Αν χρειάζεται να υπάρξει κάποια αντίδραση στην κατάσταση, αυτή προέρχεται από αυτό το βαθύτερο επίπεδο. Όπως ο ήλιος είναι αμέτρητα πιο λαμπρός από τη φλόγα ενός κεριού, έτσι υπάρχει αμέτρητα περισσότερη ευφυΐα στην Ύπαρξη, απ' ό,τι στο νου σου.

Όσο είσαι σε συνειδητή επαφή με το εσώτερο σώμα σου, είσαι σαν δέντρο βαθιά ριζωμένο στη γη ή σαν κτήριο με βαθιά και στέρεα θεμέλια. Αυτή η αναλογία χρησιμοποιείται από τον Ιησού στη γενικά παρεξηγημένη παραβολή των δύο αντρών που χτίζουν ένα σπίτι. Ο ένας το χτίζει στην άμμο, χωρίς θεμέλια. Όταν έρχονται οι καταιγίδες και οι πλημμύρες, το σπίτι παρασύρεται. Ο άλλος *σκάβει βαθιά* μέχρι που φτάνει στο βράχο, κι έπειτα χτίζει το σπίτι του, που δεν το παρασύρουν οι πλημμύρες.

ΠΡΙΝ ΜΠΕΙΣ ΣΤΟ ΣΩΜΑ, ΣΥΓΧΩΡΗΣΕ

Ένιωσα πολύ άβολα όταν προσπάθησα να κατευθύνω την προσοχή μου στο εσώτερο σώμα. Είχα ένα συναίσθημα αγωνίας και αισθανόμουν ναυτία. Έτσι, δεν κατάφερα να βιώσω αυτό για το οποίο μιλάς.

Αυτό που ένιωσες ήταν πιθανώς κάποιο συναίσθημα που επιμένει. Πιθανότατα δεν το είχες συνειδητοποιήσει, μέχρι που άρχισες να κατευθύνεις ένα μέρος της προσοχής σου μέσα στο σώμα σου. Αν δεν του δώσεις πρώτα κάποια προσοχή, το συναίσθημα σε εμποδίζει να αποκτήσεις πρόσβαση στο εσώτερο σώμα, που βρίσκεται σε ένα βαθύτερο επίπεδο.

Όταν λέω να δώσεις προσοχή στο συναίσθημα, δεν εννοώ να αρχίσεις να το *σκέφτεσαι*, απλώς να το παρατηρείς, να το νιώθεις πλήρως κι έτσι να το αναγνωρίσεις και να το δεχτείς όπως είναι. Κάποια συναισθήματα αναγνωρίζονται εύκολα: θυμός, φόβος, λύπη... Σε άλλα πάλι μπορεί να είναι πιο δύσκολο να δώσεις ένα όνομα. Μπορεί να σου δημιουργούν μια αόριστη αίσθηση δυσφορίας, βάρους ή σφιξίματος, κάτι μεταξύ συναισθήματος και σωματικής αίσθησης. Εν πάση περιπτώσει, αυτό που έχει σημασία δεν είναι το αν μπορείς να του κολλήσεις μια νοητική ετικέτα, αλλά αν μπορείς να έχεις την αίσθησή του όσο περισσότερο μπορείς. Η προσοχή είναι το κλειδί για τη μεταμόρφωση – και η πλήρης προσοχή συνεπάγεται επίσης αποδοχή. Η προσοχή είναι σαν μια ακτίνα φωτός – η εστιασμένη δύναμη της συνειδητότητάς σου που μεταστοιχειώνει τα πάντα στον εαυτό της.

Σε έναν πλήρως λειτουργικό οργανισμό, ένα συναίσθημα έχει πολύ σύντομη διάρκεια ζωής. Είναι σαν ένα στιγμιαίο ρυτίδιασμα, ένας στιγμιαίος κυματισμός στην επιφάνεια της Ύπαρξής σου. Όταν όμως δεν είσαι στο σώμα σου, ένα συναίσθημα μπορεί να επιβιώνει μέσα σου για μέρες ή εβδομάδες ή να σμίξει με άλλα συναισθήματα παρόμοιας συχνότητας, που έχουν συγχωνευτεί και έχουν γίνει το πονο-σώμα. Τότε γίνεται ένα παράσιτο που μπορεί να ζει μέσα σου για χρόνια, να τρέφεται από την ενέργειά σου, να σε οδηγήσει σε σωματικές ασθένειες και να κάνει τη ζωή σου σκέτη δυστυχία. (βλ. Κεφάλαιο 2).

Έτσι λοιπόν, στρέψε την προσοχή σου στο να νιώσεις το συναίσθημα και έλεγξε αν ο νους σου επιμένει σε ένα πρότυπο δυσαρέσκειας, όπως η κατηγόρια, η αυτολύπηση ή η μνησικακία, που τρέφει αυτό το συναίσθημα. Αν έτσι έχουν τα πράγματα, αυτό σημαίνει ότι δεν έχεις συγχωρήσει. Μπορεί να μην έχεις συγχωρήσει κάποιον άλλον ή τον εαυτό σου, αλλά μπορεί θαυμάσια να μην έχεις συγχωρήσει και μια οποιαδήποτε κατάσταση — περασμένη, τωρινή ή μελλοντική — που ο νους σου αρνείται να δεχτεί.

Ναι, μπορεί να μη συγχωρείς ακόμα και κάτι που έχει σχέση με το μέλλον. Είναι η άρνηση του νου να δεχτεί την αβεβαιότητα, να δεχτεί ότι το μέλλον είναι, τελικά, πέρα από τον έλεγχό του. Συγχώρηση σημαίνει να παραιτηθείς από τη δυσαρέσκειά σου, κι έτσι να παραιτηθείς από τη λύπη. Είναι κάτι που συμβαίνει φυσικά, από τη στιγμή που αντιλαμβάνεσαι ότι η δυσαρέσκειά σου δεν εξυπηρετεί άλλο σκοπό πέρα από το να συντηρεί μια πλαστή αίσθηση εαυτού. Συγχώρηση σημαίνει να μην προβάλλεις αντίσταση στη ζωή — να επιτρέπεις στη ζωή να ζει μέσα από σένα. Οι εναλλακτικές επιλογές είναι ο πόνος και η ταλαιπωρία, μια πολύ περιορισμένη ροή ζωτικής ενέργειας και, σε πολλές περιπτώσεις, σωματική αρρώστια.

Τη στιγμή που συγχωρείς αληθινά, έχεις πάρει πάλι πίσω τη δύναμή σου από το νου. Τότε ο νους δεν μπορεί πια να σε εξουσιάζει, όπως ακριβώς ο πλαστός εαυτός που έχει κατασκευάσει ο νους, το εγώ, δεν μπορεί να επιβιώσει χωρίς έριδες και σύγκρουση. Ο νους *δεν μπορεί* να συγχωρήσει. Μόνο *εσύ* μπορείς. Γίνεσαι παρών, μπαίνεις στο σώμα σου, νιώθεις την παλλόμενη γαλήνη και την ηρεμία που απορρέουν από την Ύπαρξη. Γι' αυτό είπε ο Χριστός: "Πριν εισέλθετε στο ναό, συγχωρήστε".

Ο ΣΥΝΔΕΣΜΟΣ ΣΟΥ ΜΕ ΤΟ ΑΔΗΛΟ

Ποια είναι η σχέση ανάμεσα στην παρουσία και στο εσώτερο σώμα;

Η παρουσία είναι καθαρή συνειδητότητα – συνειδητότητα που έχει ανακτηθεί από το νου, από τον κόσμο της μορφής. Το εσώτερο σώμα είναι ο σύνδεσμός σου με το Άδηλο, και στην πιο βαθιά όψη του *είναι* το Άδηλο: η Πηγή από την οποία απορρέει η συνειδητότητα, όπως το φως απορρέει από τον ήλιο. Η επίγνωση του εσώτερου σώματος είναι η συνειδητότητα που θυμάται την προέλευσή της και επιστρέφει στην Πηγή.

Το Άδηλο είναι το ίδιο με την Ύπαρξη;

Ναι. Με τη λέξη *Άδηλο* επιχειρούμε, χρησιμοποιώντας μια άρνηση, να εκφράσουμε Εκείνο που δεν μπορεί να ειπωθεί ή να γίνει αντικείμενο σκέψης ή φαντασίας. Το *Άδηλο* δείχνει το τι *είναι* λέγοντας τι *δεν* είναι. Η *Ύπαρξη,* αντίθετα, είναι ένας θετικός όρος. Μην προσκολληθείς, σε παρακαλώ, στη μια ή στην άλλη λέξη και μην αρχίσεις να τις κάνεις αντικείμενο πίστης. Οι λέξεις δεν είναι τίποτε άλλο παρά οδικές πινακίδες.

Είπες ότι η παρουσία είναι συνειδητότητα που έχει διεκδικηθεί και έχει επιστρέψει από το νου. Ποιος κάνει αυτή τη διεκδίκηση;

Εσύ. Επειδή όμως στην ουσία σου είσαι συνειδητότητα, θα μπορούσαμε επίσης να πούμε ότι είναι η αφύπνιση της συνειδητότητας από το όνειρο της μορφής. Αυτό δεν σημαίνει ότι η δική σου μορφή θα εξαφανιστεί στη στιγμή μέσα σε μια έκρηξη φωτός. Μπορείς να συνεχίζεις να ζεις στην παρούσα σου μορφή κι όμως να γνωρίζεις το άμορφο και το αθάνατο μέσα σου.

Πρέπει να ομολογήσω ότι αυτό είναι πολύ πέρα από την κατανόησή μου, κι όμως σε κάποιο βαθύτερο επίπεδο έχω την αίσθηση ότι ξέρω για ποιό πράγμα μιλάς. Είναι περισσότερο μια αίσθηση, παρά οτιδήποτε άλλο. Μήπως ξεγελάω τον εαυτό μου;

Όχι. Αυτή η αίσθηση θα σε πάει πιο κοντά στην αλήθεια τού ποιος είσαι απ' ότι η σκέψη. Δεν μπορώ να σου πω τίποτε που να μην το γνωρίζεις ήδη βαθιά μέσα σου. Όταν έχεις φτάσει σε ένα ορισμένο στάδιο εσωτερικής σύνδεσης, τότε αναγνωρίζεις την αλήθεια όταν την ακούς. Αν δεν έχεις φτάσει ακόμα σ' αυτό το στάδιο, τότε χρειάζεται να ασκηθείς στην επίγνωση του σώματός σου για να το καταφέρεις.

Επιβραδυνοντας τη διαδικασια της γηρανσης

Στο μεταξύ, η επίγνωση του εσώτερου σώματος έχει κι άλλα οφέλη στην υλική σφαίρα. Ένα από αυτά είναι μια σημαντική επιβράδυνση της γήρανσης του υλικού σώματος.

Ενώ το εξωτερικό σώμα φυσιολογικά φαίνεται να γερνάει και να μαραίνεται σχετικά γρήγορα, το εσώτερο σώμα δεν αλλάζει με το χρόνο, μόνο που μπορεί να το νιώθεις πιο βαθιά και να γίνεσαι αυτό πιο ολοκληρωμένα. Αν είσαι είκοσι ετών τώρα, νιώθεις το ενεργειακό πεδίο του εσώτερου σώματος με τον ίδιο ακριβώς τρόπο όπως και όταν θα είσαι ογδόντα. Το εσώτερο σώμα θα είναι το ίδιο παλλόμενα ζωντανό. Μόλις αλλάξει η συνηθισμένη σου κατάσταση, από το να είσαι έξω από το σώμα σου και παγιδευμένος στο νου σου, στο να είσαι μέσα στο σώμα σου και παρών στο Τώρα, νιώθεις το υλικό σου σώμα ελαφρύτερο, καθαρότερο, πιο ζωντανό. Καθώς υπάρχει περισσότερη συνειδητότητα στο σώμα, η μοριακή του δομή γίνεται πραγματικά λιγότερο πυκνή. Περισσότερη συνειδητότητα σημαίνει μείωση της ψευδαίσθησης της υλικότητας.

Όταν ταυτίζεσαι περισσότερο με το άχρονο εσώτερο σώμα, παρά με το εξωτερικό σώμα, όταν η παρουσία γίνεται ο φυσιολογικός σου τρόπος συνειδητότητας και το παρελθόν και το μέλλον δεν εξουσιάζουν πια την προσοχή σου, τότε δε συσσωρεύεις πια χρόνο στην ψυχή και στα κύτταρα του σώματός σου.

Η συσσώρευση του χρόνου, σαν ψυχολογικό φορτίο του παρελθόντος και του μέλλοντος, εμποδίζει σε μεγάλο βαθμό την ικανότητα των κυττάρων να αυτοανανεώνονται. Έτσι, όταν κατοικείς το εσώτερο σώμα, το εξωτερικό σώμα γερνάει με πολύ βραδύτερους ρυθμούς και, ακόμα κι όταν γεράσει, η άχρονη ουσία σου λάμπει μέσα από την εξωτερική μορφή και δεν έχεις την εμφάνιση ενός ηλικιωμένου ανθρώπου.

Υπάρχει κάποια επιστημονική απόδειξη γι' αυτό;

Δοκίμασέ το, και θα *είσαι* η απόδειξη.

ΕΝΙΣΧΥΟΝΤΑΣ ΤΟ ΑΝΟΣΟΠΟΙΗΤΙΚΟ ΣΥΣΤΗΜΑ

Ένα άλλο όφελος αυτής της πρακτικής στη σφαίρα του υλικού, είναι μια μεγάλη ενίσχυση του ανοσοποιητικού συστήματος. Όσο περισσότερη συνειδητότητα φέρνεις μέσα στο σώμα, τόσο ισχυρότερο γίνεται το ανοσοποιητικό σου σύστημα. Είναι λες και κάθε κύτταρο ξυπνάει και αγαλλιάζει.

Το σώμα λατρεύει την προσοχή σου. Αυτή η διαδικασία είναι επίσης και μια δραστική μορφή αυτοθεραπείας. Οι περισσότερες αρρώστιες τρυπώνουν όταν δεν είσαι παρών στο σώμα. Αν ο αφέντης του σπιτιού δεν είναι παρών, τότε κάθε λογής ύποπτοι τύποι θρονιάζονται εκεί μέσα. Όταν κατοικείς στο σώμα σου, είναι δύσκολο να μπουν ανεπιθύμητοι επισκέπτες.

Δεν είναι μόνο το σωματικό σου ανοσοποιητικό σύστημα που ισχυροποιείται· δυναμώνει επίσης πολύ και το ψυχικό σου ανοσοποιητικό σύστημα. Αυτό το τελευταίο σε προστατεύει από τα αρνητικά νοητικά–συναισθηματικά δυναμικά πεδία των άλλων, που είναι εξαιρετικά "κολλητικά". Το να κατοικείς στο σώμα σε προστατεύει, όχι βάζοντας μπροστά σου μια ασπίδα, αλλά ανεβάζοντας τη συχνότητα της δόνησης του συνολικού ενεργειακού σου πεδίου, έτσι ώστε κάθε τι που δονείται σε χαμηλότερη συχνότητα, όπως ο φόβος, ο θυμός ή η κατάθλιψη, υπάρχει τώρα σε μια διαφορετική τάξη πραγματικότητας. Δεν μπαίνει πια στο πεδίο της συνειδητότητάς σου ή, αν μπει, δε χρειάζεται να του προβάλεις καμιά αντίσταση, επειδή περνάει από μέσα σου και φεύγει. Σε παρακαλώ, μη δεχτείς και μην απορρίψεις απλώς αυτό που λέω. Δοκίμασέ το.

Υπάρχει ένας απλός αλλά δραστικός διαλογισμός αυτοθεραπείας, που μπορείς να τον κάνεις όποτε αισθάνεσαι την ανάγκη να τονώσεις το ανοσοποιητικό σου σύστημα. Είναι ιδιαίτερα αποτελεσματικός αν τον χρησιμοποιήσεις μόλις αισθανθείς τα πρώτα συμπτώματα μιας αρρώστιας, αλλά λειτουργεί επίσης και με αρρώστιες που είναι ήδη εγκατεστημένες στο σώμα σου, αν τον χρησιμοποιείς σε τακτικά διαστήματα και με έντονη εστίαση. Αυτός ο διαλογισμός αντισταθμίζει επίσης κάθε αναστάτωση του ενεργειακού σου πεδίου από κάποια μορφή αρνητικότητας. Ωστόσο, δεν αποτελεί υποκατάστατο για τη συνεχή πρακτική τού να είσαι στο σώμα σου· αλλιώς, το αποτέλεσμά του θα είναι μόνο προσωρινό. Να λοιπόν ποιος είναι αυτός ο διαλογισμός:

Όταν έχεις λίγα λεπτά ελεύθερου χρόνου, και κυρίως τη νύχτα λίγο πριν κοιμηθείς και το πρωί πριν σηκωθείς, "πλημμύρισε" το σώμα σου με συνειδητότητα. Κλείσε τα μάτια σου και ξάπλωσε ανάσκελα. Διάλεξε διαφορετικά μέρη του σώματός σου για να εστιάσεις για λίγο, αρχικά, την προσοχή σου: πόδια, παλάμες, βραχίονες, κοιλιά, στήθος, κεφάλι... Νιώσε τη ζωτική ενέργεια μέσα σ' αυτά τα μέρη όσο πιο έντονα μπορείς.

Μείνε στο κάθε μέρος για δεκαπέντε δευτερόλεπτα περίπου. Ύστερα, άφησε την προσοχή σου να διατρέξει όλο σου το σώμα σαν κύμα μερικές φορές, από τα πόδια ως το κεφάλι και αντίστροφα. Αυτό παίρνει γύρω στο ένα λεπτό. Μετά, νιώσε το εσώτερο σώμα στην ολότητά του, σαν ένα ενιαίο ενεργειακό πεδίο. Κράτα αυτή την αίσθηση για λίγα λεπτά. Όλη αυτή την ώρα, να είσαι έντονα παρών, παρών σε κάθε κύτταρο του σώματός σου. Μη σε απασχολεί αν ο νους καταφέρνει κάποιες φορές να αποσπάσει την προσοχή σου, να τη στρέψει έξω από το σώμα και να σε κάνει να χαθείς σε κάποια σκέψη. Μόλις προσέξεις ότι συμβαίνει αυτό, απλώς στρέψε ξανά την προσοχή σου στο εσώτερο σώμα.

ΑΦΗΣΕ ΤΗΝ ΑΝΑΠΝΟΗ ΝΑ ΣΕ ΠΑΕΙ ΜΕΣΑ ΣΤΟ ΣΩΜΑ

Κάποιες φορές που ο νους μου έχει μια έντονη δραστηριότητα, έχει πάρει τέτοια φόρα ώστε μου είναι αδύνατον να απομακρύνω την προσοχή μου απ΄ αυτόν και να νιώσω το εσώτερο σώμα. Αυτό συμβαίνει ιδιαίτερα όταν μπαίνω σε ένα πρότυπο ανησυχίας ή άγχους, ΄Εχεις κάτι να μου προτείνεις;

Όποτε σου είναι δύσκολο να έρθεις σε επαφή με το εσώτερο σώμα, είναι συνήθως πιο εύκολο να εστιαστείς πρώτα στην αναπνοή σου. Η συνειδητή αναπνοή, που είναι από μόνη της ένας δυναμικός διαλογισμός, θα σε φέρει σιγά-σιγά σε επαφή με το σώμα.

Δώσε όλη σου την προσοχή στην αναπνοή σου, καθώς αυτή κινείται μέσα κι έξω από το σώμα σου. Οδήγησέ τη μέσα στο σώμα και νιώσε την κοιλιά σου να διαστέλλεται και να συστέλλεται ελαφρά με κάθε εισπνοή και εκπνοή. Αν σου είναι εύκολο να οραματίζεσαι, κλείσε τα μάτια σου και δες τον εαυτό σου να περιβάλλεται από φως ή να είναι βυθισμένος σε μια φωτεινή ουσία – σε μια θάλασσα συνειδητότητας. Ύστερα βάλε μέσα σου αυτό το φως εισπνέοντάς το. Νιώσε τη φωτεινή ουσία να πλημμυρίζει το σώμα σου και να το κάνει κι αυτό φωτεινό. Μετά, σιγά-σιγά, εστίασε περισσότερο την προσοχή σου στην αίσθηση που σου δίνει αυτό. Τώρα είσαι στο σώμα σου. Μην προσκολληθείς σε καμιά οπτική εικόνα.

ΔΗΜΙΟΥΡΓΙΚΗ ΧΡΗΣΗ ΤΟΥ ΝΟΥ

Αν χρειάζεται να χρησιμοποιήσεις το νου για ένα συγκεκριμένο σκοπό, χρησιμοποίησέ τον σε σύζευξη με το εσώτερο σου σώμα. Μόνο αν μπορείς να είσαι συνειδητός χωρίς να σκέφτεσαι μπορείς να χρησιμοποιήσεις το νου σου δημιουργικά, και ο ευκολότερος τρόπος για να μπεις σ' αυτή την κατάσταση είναι μέσω του σώματός σου. Όποτε χρειάζεται μια απάντηση, μια λύση ή μια δημιουργική ιδέα, σταμάτα για μια στιγμή να σκέφτεσαι και εστίασε την προσοχή σου στο εσώτερο ενεργειακό σου πεδίο. Απόκτησε επίγνωση της ησυχίας. Όταν ξαναρχίσεις να σκέφτεσαι, οι σκέψεις σου θα είναι ανανεωμένες και δημιουργικές.

Σε κάθε διαδικασία σκέψης, απόκτησε τη συνήθεια να κινείσαι μπρος-πίσω κάθε λίγα λεπτά, ανάμεσα στη σκέψη και σε ένα είδος εσωτερικής ακρόασης, σε μια εσωτερική ησυχία. Μη σκέφτεσαι μόνο με το κεφάλι σου, σκέψου με όλο σου το σώμα.

Η ΤΕΧΝΗ ΤΗΣ ΑΚΡΟΑΣΗΣ

Όταν ακούς έναν άλλον άνθρωπο, μην τον ακούς μόνο με το νου σου, άκου τον με όλο σου το σώμα. Καθώς ακούς, νιώθε το ενεργειακό πεδίο του εσώτερου σώματός σου. Αυτό απομακρύνει την προσοχή από τη σκέψη και δημιουργεί έναν ήσυχο χώρο, όπου σου δίνεται η δυνατότητα να ακούς πραγματικά χωρίς να παρεμβαίνει ο νους. Δίνεις στον άλλο άνθρωπο χώρο – χώρο να υπάρξει. Είναι το πιο πολύτιμο δώρο που μπορείς να του προσφέρεις.

Οι περισσότεροι άνθρωποι δεν ξέρουν πώς να ακούνε, επειδή το μεγαλύτερο μέρος της προσοχής τους είναι απασχολημένο με τη σκέψη. Δίνουν περισσότερη προσοχή σ' αυτήν παρά στο τι λέει ο άλλος, και καθόλου σ' αυτό που έχει πραγματικά σημασία: στην Ύπαρξη του άλλου κάτω από τις λέξεις και το νου. Φυσικά, δεν μπορείς να νιώσεις την ύπαρξη κάποιου άλλου, παρά μόνο μέσα από τη δική σου. Αυτή είναι η αρχή της πραγμάτωσης της ενότητας, που είναι η αγάπη. Στο πιο βαθύ επίπεδο της Ύπαρξης, είσαι ένα με το παν.

Οι περισσότερες ανθρώπινες σχέσεις είναι συναλλαγή ενός νου με έναν άλλον, κι όχι ουσιαστική επικοινωνία ανάμεσα σε ανθρώπινες υπάρξεις που βρίσκονται σε κοινωνία μεταξύ τους. Καμιά σχέση δεν μπορεί να ευδοκιμήσει μ' αυτόν τον τρόπο, και γι' αυτό υπάρχουν τόσες συγκρούσεις στις σχέσεις. Όταν ο νους κυβερνάει τη ζωή σου, η σύγκρουση, οι τριβές και τα προβλήματα είναι αναπόφευκτα. Η επαφή με το εσώτερο σώμα σου δημιουργεί έναν καθαρό χώρο μη-νου, μέσα στον οποίο η σχέση μπορεί να ανθίσει.

ΚΕΦΑΛΑΙΟ ΕΠΤΑ

ΠΥΛΕΣ ΠΡΟΣ ΣΤΟ ΑΔΗΛΟ

ΜΠΑΙΝΟΝΤΑΣ ΒΑΘΙΑ ΜΕΣΑ ΣΤΟ ΣΩΜΑ

Μπορώ να νιώσω την ενέργεια μέσα στο σώμα μου, ιδιαίτερα στα χέρια και στα πόδια μου, αλλά δεν καταφέρνω να πάω πιο βαθιά, όπως πρότεινες νωρίτερα.

Μετάτρεψέ το αυτό σε διαλογισμό. Δε χρειάζεται να σου πάρει πολύ. Δέκα έως δεκαπέντε λεπτά είναι αρκετά. Σιγουρέψου πρώτα ότι δεν υπάρχουν εξωτερικοί περισπασμοί, όπως το τηλέφωνο ή άλλοι άνθρωποι που είναι πιθανό να σε διακόψουν. Κάθισε σε μια καρέκλα, αλλά μη γύρεις πίσω. Κράτα τη σπονδυλική στήλη ίσια. Αυτό θα σε βοηθήσει να μείνεις σε εγρήγορση. Μπορείς πάλι να διαλέξεις όποια στάση προτιμάς εσύ για διαλογισμό.

Σιγουρέψου ότι το σώμα σου είναι χαλαρό. Κλείσε τα μάτια και πάρε μερικές βαθιές αναπνοές. Νιώσε τον εαυτό σου να οδηγεί την αναπνοή σου στην κοιλιά. Παρατήρησε πώς διαστέλλεται και συστέλλεται ελαφρά η κοιλιά σου με κάθε εισπνοή και εκπνοή. Ύστερα, συνειδητοποίησε ολόκληρο το εσωτερικό ενεργειακό πεδίο του σώματος. Μην το σκέφτεσαι – *νιώσ' το.* Με αυτό τον τρόπο παίρνεις πίσω τη συνειδητότητα από το νου. Αν σε βοηθάει, χρησιμοποίησε τον οραματισμό με το "φως", που περιέγραψα νωρίτερα.

Όταν μπορείς να νιώσεις το εσώτερο σώμα καθαρά ως ενιαίο ενεργειακό πεδίο, άφησε να φύγει, αν είναι δυνατόν, κάθε οπτική εικόνα και εστιάσου αποκλειστικά σ΄ αυτή την αίσθηση. Επίσης, αν μπορείς, διώξε κάθε νοητική εικόνα του υλικού σώματος που μπορεί ακόμα να έχεις. Το μόνο που απομένει τότε είναι μια αίσθηση παρουσίας ή "ύπαρξης", που αγκαλιάζει τα πάντα, και νιώθεις το εσώτερο σώμα σαν να μην έχει όρια.

Έπειτα τράβηξε την προσοχή σου ακόμα πιο βαθιά σ' αυτή την αίσθηση. Γίνε ένα μαζί της. Ενώσου με το ενεργειακό πεδίο, έτσι ώστε να μην αντιλαμβάνεσαι πια κανένα διαχωρισμό ανάμεσα στον παρατηρητή και στο παρατηρούμενο, ανάμεσα στον εαυτό σου και στο σώμα σου. Η διάκριση μεταξύ εσωτερικού και εξωτερικού διαλύεται επίσης, κι έτσι δεν υπάρχει πια εσώτερο σώμα. Πηγαίνοντας βαθιά μέσα στο σώμα, έχεις υπερβεί το σώμα.

Μείνε σ' αυτή τη σφαίρα της καθαρής Ύπαρξης για όσο νιώθεις άνετα· μετά, απόκτησε ξανά επίγνωση του σώματος, της αναπνοής σου και των σωματικών σου αισθήσεων, και άνοιξε τα μάτια σου. Κοίτα γύρω σου για λίγο, σαν να είσαι ακόμα σε διαλογισμό – δηλαδή, χωρίς να βάζεις νοητικές ετικέτες στα πράγματα – και, καθώς το κάνεις, συνέχισε να νιώθεις το εσώτερο σώμα σου.

Η πρόσβαση σ' αυτή την άμορφη σφαίρα είναι πραγματικά λυτρωτική. Σε ελευθερώνει από τη δουλεία στη μορφή και από την ταύτιση μαζί της. Είναι ζωή στην αδιαφοροποίητη κατάστασή της, πριν τον κατακερματισμό της σε πολλαπλότητα. Μπορούμε να την ονομάσουμε "το Άδηλο", η αόρατη Πηγή των πάντων, η Ύπαρξη μέσα σε όλα τα όντα. Είναι μια σφαίρα βαθιάς ησυχίας και γαλήνης, αλλά και χαράς και μεγάλης ζωντάνιας.

Όποτε είσαι παρών, γίνεσαι, σε κάποιο βαθμό, "διάφανος" στο φως, στην καθαρή συνειδητότητα που απορρέει από αυτή την Πηγή. Συνειδητοποιείς επίσης ότι το φως δεν είναι χωρισμένο από αυτό που είσαι εσύ, αλλά αποτελεί την ίδια σου την ουσία.

Η ΠΗΓΗ ΤΟΥ "ΤΣΙ"

Το Άδηλο είναι αυτό που στην Ανατολή ονομάζουν "τσι", ένα είδος συμπαντικής ζωτικής ενέργειας;

Όχι. Το Άδηλο είναι η πηγή του *τσι.* Το *τσι* είναι το εσωτερικό ενεργειακό πεδίο του σώματός σου. Είναι η γέφυρα μεταξύ του εξωτερικού σου εαυτού και της Πηγής. Βρίσκεται ανάμεσα στο δήλο, τον κόσμο της μορφής, και στο Άδηλο. Το *τσι* μπορεί να παρομοιαστεί με ένα ποτάμι ή με ένα ενεργειακό ρεύμα. Αν στρέψεις την εστίαση της συνειδητότητάς σου βαθιά μέσα στο εσώτερο σώμα, ανιχνεύεις την πορεία αυτού του ποταμού πίσω στην Πηγή του.

Το *τσι* είναι κίνηση· το Άδηλο είναι ακινησία. Όταν φτάνεις σε ένα σημείο απόλυτης ακινησίας, που παρ΄ όλα αυτά πάλλεται από ζωή, έχεις πάει πέρα από το εσώτερο σώμα και πέρα από το *τσι*, στην ίδια την Πηγή, στο Άδηλο. Το *τσι* είναι ο σύνδεσμος ανάμεσα στο Άδηλο και στο υλικό σύμπαν.

Έτσι, αν στρέψεις την προσοχή σου βαθιά στο εσώτερο σώμα, μπορεί να φτάσεις σ' αυτό το σημείο, σ' αυτή τη μοναδικότητα, όπου ο κόσμος διαλύεται μέσα στο Άδηλο και όπου το Άδηλο παίρνει μορφή ως το ενεργειακό ρεύμα του *τσι*, που τότε γίνεται ο κόσμος. Αυτό είναι το σημείο της γέννησης και του θανάτου. Όταν η συνειδητότητά σου κατευθύνεται προς τα έξω, τότε εμφανίζονται ο νους και ο κόσμος. Όταν κατευθύνεται προς τα μέσα, τότε συνειδητοποιεί τη δική της Πηγή και επιστρέφει στο σπίτι, στο Άδηλο.

Τότε, όταν η συνειδητότητά σου επιστρέφει στον δήλο κόσμο, αποκτάς πάλι τη μορφική ταυτότητα που εγκατέλειψες προσωρινά. Έχεις όνομα, παρελθόν, κατάσταση ζωής, μέλλον. Όμως, στην ουσία, δεν είσαι ο ίδιος άνθρωπος που ήσουν πριν: έχεις κοιτάξει φευγαλέα μια πραγματικότητα μέσα σου που δεν είναι "εκ του κόσμου τούτου", αν και δεν είναι χωρισμένη απ' αυτόν, όπως δεν είναι χωρισμένη κι από σένα.

Ας γίνει τώρα αυτή η πνευματική σου πρακτική: καθώς προχωρείς στη ζωή σου, μη δίνεις το 100% της προσοχής σου στον εξωτερικό κόσμο και στο νου σου. Κράτα λίγη στραμμένη προς τα μέσα. Έχω ήδη μιλήσει γι' αυτό. Νιώθε το εσώτερο σώμα ακόμα κι όταν είναι απασχολημένο με καθημερινές δραστηριότητες, ιδιαίτερα όταν είναι απασχολημένο με σχέσεις ή όταν έρχεσαι σε επαφή με τη φύση. Νιώθε την ησυχία βαθιά μέσα του. Κράτα την πύλη προς την Ύπαρξη ανοιχτή. Μπορείς να έχεις συναίσθηση του Αδήλου κάθε στιγμή της ζωής σου. Το αισθάνεσαι σαν μια βαθιά αίσθηση γαλήνης κάπου στο φόντο, σαν μια ησυχία που δε σε εγκαταλείπει ποτέ, ό,τι κι αν συμβαίνει απέξω. Γίνεσαι μια γέφυρα ανάμεσα στο Άδηλο και στο δήλο, ανάμεσα στο Θεό και στον κόσμο. Αυτή είναι η κατάσταση της σύνδεσης με την Πηγή, που αποκαλούμε φώτιση.

Μη σου δοθεί η εντύπωση ότι το Άδηλο είναι χωριστό από το δήλο. Πώς θα μπορούσε; Είναι η ζωή μέσα σε κάθε μορφή, η εσώτερη ουσία όλων όσα υπάρχουν. Διαποτίζει αυτό τον κόσμο. Θα σου εξηγήσω τι εννοώ.

Υπνος διχως ονειρα

Κάνεις ένα ταξίδι στο Άδηλο κάθε νύχτα, όταν μπαίνεις στη φάση του ύπνου που είναι βαθύς και χωρίς όνειρα. Σμίγεις με την Πηγή. Απ΄ αυτήν αντλείς τη ζωτική ενέργεια που σε συντηρεί για λίγο όταν επιστρέφεις στο δήλο, στον κόσμο των χωριστών μορφών. Αυτή η ενέργεια είναι πολύ πιο ζωτική απ' ό,τι η τροφή: "Ουκ επ' άρτω μόνον ζήσεται άνθρωπος", όπως είπε και ο Ιησούς, δηλαδή ο άνθρωπος δε ζει μόνο με ψωμί.

Όμως, στον ύπνο χωρίς όνειρα, δεν μπαίνεις συνειδητά μέσα στην Πηγή. Παρ΄ όλο που οι σωματικές λειτουργίες εξακολουθούν να εκτελούνται, "εσύ" δεν υπάρχεις πια σ' αυτή την κατάσταση. Μπορείς να φανταστείς πώς θα ήταν να μπαίνεις σε ύπνο χωρίς όνειρα με πλήρη συνειδητότητα; Είναι αδύνατο να το φανταστείς, επειδή αυτή η κατάσταση δεν έχει περιεχόμενο.

Το Άδηλο δεν σε ελευθερώνει, μέχρι να μπεις μέσα του συνειδητά. Γι' αυτό, ο Ιησούς δεν είπε "η αλήθεια θα σε ελευθερώσει", αλλά: "Θα γνωρίσεις την αλήθεια, και η αλήθεια θα σε ελευθερώσει". Δεν πρόκειται για μια εννοιολογική αλήθεια. Είναι η αλήθεια της αιώνιας ζωής πέρα από τη μορφή, που γνωρίζεται ή άμεσα ή καθόλου.

Όμως μην επιχειρήσεις να μείνεις συνειδητός στον ύπνο χωρίς όνειρα. Είναι εντελώς απίθανο να το πετύχεις. Στην καλύτερη περίπτωση, μπορεί να παραμείνεις συνειδητός κατά τη διάρκεια της ονειρικής φάσης, αλλά όχι πέρα απ' αυτήν. Τα όνειρα που βλέπεις σ' αυτή την κατάσταση ονομάζονται διαυγή όνειρα, και μπορεί να είναι ενδιαφέροντα και συναρπαστικά, αλλά δεν είναι λυτρωτικά.

Χρησιμοποίησε λοιπόν το εσώτερο σώμα σου σαν πύλη μέσα από την οποία μπορείς να μπεις στο Άδηλο, και κράτα αυτή την πύλη ανοιχτή, έτσι ώστε να μένεις συνδεδεμένος με την Πηγή συνεχώς. Δεν έχει σημασία, σε ό,τι αφορά το εσώτερο σώμα, αν το εξωτερικό, υλικό σου σώμα είναι νεανικό ή γέρικο, ασθενικό ή δυνατό. Το εσώτερο σώμα είναι άχρονο. Αν δεν μπορείς ακόμα να νιώσεις το εσώτερο σώμα, χρησιμοποίησε μια από τις άλλες πύλες, αν και τελικά είναι όλες μία. Για κάποιες έχω ήδη μιλήσει διεξοδικά, αλλά θα τις αναφέρω ξανά εδώ εν συντομία.

ΑΛΛΕΣ ΠΥΛΕΣ

Το Τώρα μπορεί να θεωρηθεί ως η κύρια πύλη. Είναι ένα ουσιαστικό μέρος των άλλων πυλών, όπως και του εσώτερου σώματος. Δεν μπορείς να είσαι στο σώμα σου χωρίς να είσαι έντονα παρών στο Τώρα.

Ο χρόνος και το δήλο είναι το ίδιο αξεδιάλυτα συνδεδεμένα όσο είναι το άχρονο Τώρα και το Άδηλο. Όταν διαλύεις τον ψυχολογικό χρόνο μέσα από την έντονη επίγνωση της παρούσας στιγμής, τότε αποκτάς συνείδηση του Αδήλου, τόσο άμεσα όσο και έμμεσα. Άμεσα, το νιώθεις σαν ακτινοβολία και δύναμη της συνειδητής σου παρουσίας – χωρίς περιεχόμενο, απλώς παρουσία. Έμμεσα, έχεις επίγνωση του Αδήλου μέσα από τις αισθήσεις σου. Με άλλα λόγια, νιώθεις την ουσία του Θεού σε κάθε πλάσμα, σε κάθε λουλούδι, σε κάθε πέτρα, και συνειδητοποιείς ότι "όλα όσα υπάρχουν είναι ιερά". Γι' αυτό ο Ιησούς, μιλώντας από την ουσία του ή την ταυτότητά του ως Χριστού, λέει στο Ευαγγέλιο του Θωμά: "Σκίσε ένα κομμάτι ξύλο: Είμαι εκεί. Σήκωσε μια πέτρα, και θα με βρεις εκεί".

Μια άλλη πύλη προς στο Άδηλο δημιουργείται μέσα από την αίσθηση της σκέψης. Αυτό μπορεί να αρχίσει με κάτι πολύ απλό, όπως το να πάρεις μια συνειδητή αναπνοή ή να κοιτάξεις, σε μια κατάσταση έντονης εγρήγορσης, ένα λουλούδι, έτσι ώστε να μην κάνεις ταυτόχρονα κάποιο νοητικό σχολιασμό. Υπάρχουν πολλοί τρόποι για να δημιουργήσεις ένα κενό στο ατέρμονο ρεύμα της σκέψης. Αυτόν το σκοπό έχει ο διαλογισμός.

Η συνεχής νοητική δραστηριότητα σε κρατάει φυλακισμένο στον κόσμο της μορφής και γίνεται ένα αδιαφανές παραπέτασμα που σε εμποδίζει να αποκτήσεις συνείδηση του Αδήλου, συνείδηση της άμορφης και άχρονης θεϊκής ουσίας που υπάρχει μέσα σου και μέσα σε όλα τα πράγματα και σε όλα τα πλάσματα. Όταν είσαι έντονα *παρών* δε χρειάζεται, φυσικά, να ασχολείσαι με το σταμάτημα της σκέψης, επειδή ο νους σταματάει αυτόματα. Γι' αυτό είπα ότι το Τώρα είναι μια ουσιαστική πλευρά κάθε άλλης πύλης.

Η παράδοση — η παραίτηση από τη νοητική-συναισθηματική αντίσταση σ' αυτό που *υπάρχει* — γίνεται επίσης μια πύλη προς το Άδηλο. Ο λόγος είναι απλός: η εσωτερική αντίσταση σε ξεκόβει από τους άλλους ανθρώπους, από τον εαυτό σου, από τον κόσμο γύρω σου. Ισχυροποιεί την αίσθηση του διαχωρισμού, από το οποίο εξαρτάται το εγώ για την επιβίωσή του.

Όσο πιο ισχυρή είναι η αίσθηση του διαχωρισμού, τόσο περισσότερο δεμένος είσαι με τον κόσμο της μορφής, και τόσο πιο σκληρή και αδιαπέραστη γίνεται η μορφική σου ταυτότητα. Η πύλη είναι κλειστή, κι εσύ είσαι ξεκομμένος από την εσωτερική διάσταση, τη διάσταση του βάθους. Στην κατάσταση της παράδοσης, η μορφική σου ταυτότητα μαλακώνει, γίνεται πιο "διάφανη", κι έτσι το Άδηλο μπορεί να λάμψει μέσα από σένα.

Από σένα εξαρτάται να ανοίξεις μια πύλη στη ζωή σου που να σου δίνει συνειδητή πρόσβαση στο Άδηλο. Έλα σε επαφή με το ενεργειακό πεδίο του εσώτερου σώματος, γίνε έντονα παρών, αποταυτίσου από το νου, παραδόσου σ' αυτό που *υπάρχει*· όλα αυτά είναι πύλες που μπορείς να χρησιμοποιήσεις — αλλά χρειάζεσαι μόνο μία.

Η αγάπη είναι σίγουρα μία από αυτές τις πύλες.

Όχι, δεν είναι. Μόλις ανοίξει μία από αυτές τις πύλες, η αγάπη είναι παρούσα μέσα σου ως η "συναισθηματική συνειδητοποίηση" της ενότητας. Η αγάπη δεν είναι πύλη· είναι αυτό που περνάει μέσα από την πύλη και μπαίνει σε τούτο τον κόσμο. Όσο είσαι εντελώς παγιδευμένος στη μορφική σου ταυτότητα, δεν μπορεί να υπάρξει αγάπη. Έργο σου δεν είναι να αναζητάς την αγάπη, αλλά να βρεις μια πύλη από την οποία μπορεί να περάσει η αγάπη.

Σιωπη

Υπάρχουν άλλες πύλες εκτός από αυτές που ανέφερες;

Ναι, υπάρχουν. Το Άδηλο δεν είναι χωριστό από το δήλο. Διαποτίζει αυτό τον κόσμο, αλλά είναι τόσο καλά μεταμφιεσμένο, ώστε όλοι σχεδόν το χάνουν εντελώς. Αν ξέρεις πού να κοιτάξεις, θα το βρεις παντού. Κάθε στιγμή ανοίγει μια πύλη.

Ακούς εκείνο το σκυλί που γαβγίζει κάπου μακριά; Ή αυτό το αυτοκίνητο που περνάει; Άκου προσεκτικά. Μπορείς να νιώσεις την παρουσία του Αδήλου σ' αυτά; Δεν μπορείς; Αναζήτησέ τη στη σιωπή απ' όπου έρχονται οι ήχοι και στην οποία επιστρέφουν. Το να δίνεις προσοχή στην εξωτερική σιωπή δημιουργεί εσωτερική σιωπή. Ο νους ησυχάζει. Μια πύλη ανοίγει.

Κάθε ήχος γεννιέται από τη σιωπή, πεθαίνει μέσα στη σιωπή και, κατά τη διάρκεια της ζωής του, περιβάλλεται από σιωπή. Η σιωπή δίνει τη δυνατότητα στον ήχο να υπάρξει. Είναι ένα εγγενές αλλά άδηλο μέρος κάθε ήχου, κάθε μουσικής νότας, κάθε τραγουδιού, κάθε λέξης. Γι' αυτό έχει λεχθεί ότι τίποτε στον κόσμο δεν είναι τόσο σαν το Θεό όσο η σιωπή. Το μόνο που έχεις να κάνεις είναι να της δώσεις προσοχή.

Ακόμα και κατά τη διάρκεια μιας συζήτησης, συνειδητοποίησε τα κενά μεταξύ των λέξεων, τις σύντομες σιωπές μεταξύ των προτάσεων. Καθώς το κάνεις, η διάσταση της ησυχίας μεγαλώνει μέσα σου. Δεν μπορείς να προσέχεις τη σιωπή χωρίς ταυτόχρονα να ησυχάζεις μέσα σου. Σιωπή απέξω, ησυχία μέσα. Έχεις μπει στο Άδηλο.

ΧΩΡΟΣ

Όπως ακριβώς δεν μπορεί να υπάρξει ήχος χωρίς σιωπή, τίποτε δεν μπορεί να υπάρξει χωρίς το τίποτε, χωρίς τον άδειο χώρο που του δίνει τη δυνατότητα να υπάρξει. Κάθε υλικό αντικείμενο ή σώμα έχει προέλθει από το τίποτε, περιβάλλεται από το τίποτε και τελικά θα επιστρέψει στο τίποτε. Όχι μόνο αυτό, αλλά σε κάθε υλικό σώμα υπάρχει πολύ περισσότερο "τίποτε" παρά "κάτι" Οι φυσικοί μάς λένε ότι η στερεότητα της ύλης είναι ψευδαίσθηση. Ακόμα και η φαινομενικά στερεή ύλη, που περιλαμβάνει και το υλικό σου σώμα, είναι σχεδόν 100% κενός χώρος – τόσο τεράστιες είναι οι αποστάσεις μεταξύ των ατόμων σε σύγκριση με το μέγεθός τους.

Επιπλέον, ακόμα και μέσα σε κάθε άτομο ύλης υπάρχει κυρίως κενός χώρος. Αυτό που απομένει είναι περισσότερο δόνηση παρά σωματίδια στερεάς ύλης, κάτι σαν μουσική νότα. Οι βουδιστές το γνωρίζουν αυτό για περισσότερα από 2.500 χρόνια. "Η μορφή είναι άδειος χώρος, ο άδειος χώρος είναι μορφή", λέει η "*Σούτρα της καρδιάς*", ένα από τα πιο γνωστά αρχαία βουδιστικά κείμενα. Η ουσία όλων των πραγμάτων είναι ο άδειος χώρος.

Το Άδηλο δεν είναι μόνο παρόν σε τούτο τον κόσμο ως σιωπή· διαπερνά επίσης ολόκληρο το υλικό σύμπαν ως χώρος – από μέσα κι απέξω. Είναι κι αυτό εξίσου εύκολο να μην το αντιληφθείς, όπως τη σιωπή. Όλοι δίνουν προσοχή στα πράγματα που υπάρχουν στο χώρο, αλλά ποιος δίνει προσοχή στον ίδιο το χώρο;

Φαίνεται σαν να υπονοείς ότι ο "άδειος χώρος" ή το "τίποτε" δεν είναι απλώς τίποτε, ότι υπάρχει κάποια μυστηριώδης ιδιότητα σ' αυτό. Τι είναι αυτό το τίποτε;

Δεν μπορείς να κάνεις μια τέτοια ερώτηση. Ο νους σου προσπαθεί να φτιάξει κάτι από το τίποτε. Τη στιγμή που το κάνεις κάτι, το έχεις χάσει. Το τίποτε – ο χώρος – είναι η εμφάνιση του Αδήλου σαν εξωτερικευμένο φαινόμενο σε έναν κόσμο που γίνεται αντιληπτός από τις αισθήσεις. Μόνο αυτό μπορώ να πω και, ακόμα κι αυτό είναι παραδοξολογία. Δεν μπορεί να γίνει αντικείμενο γνώσης. Δεν μπορείς να κάνεις διδακτορική διατριβή πάνω στο "τίποτε".

Όταν οι επιστήμονες μελετούν το χώρο, συνήθως τον κάνουν κάτι και έτσι χάνουν εντελώς την ουσία του. Δεν πρέπει να μας προξενεί έκπληξη το γεγονός ότι η τελευταία θεωρία είναι πως ο χώρος δεν είναι κενός, ότι είναι γεμάτος με κάποια ουσία. Όταν έχεις μια θεωρία, δεν είναι δύσκολο να βρεις αποδείξεις για να την τεκμηριώσεις, τουλάχιστον μέχρι να εμφανιστεί κάποια άλλη.

Το "τίποτε" μπορεί να γίνει μια πύλη προς το Άδηλο για σένα, μόνον αν δεν προσπαθήσεις να το συλλάβεις ή να το κατανοήσεις.

Μα αυτό δεν κάνουμε εδώ;

Καθόλου. Σου δίνω απλώς κάποιους "δείκτες" για να σου δείξω πώς μπορείς να φέρεις τη διάσταση του Αδήλου στη ζωή σου. Δεν προσπαθούμε να το καταλάβουμε. Δεν υπάρχει τίποτε να καταλάβουμε. Ο χώρος δεν έχει "υπόσταση" – δηλαδή "υποδομή, ύλη για να υπάρξει κάτι". Δεν μπορείς να κατανοήσεις το χώρο, επειδή δεν έχει ύλη για να υπάρξει κάτι. Αν και το ίδιο δεν έχει ύπαρξη, ωστόσο δίνει τη δυνατότητα σε όλα τα άλλα να υπάρξουν. Ούτε και η σιωπή έχει ύπαρξη ούτε και το Άδηλο.

Τι γίνεται λοιπόν αν αποσύρεις την προσοχή σου από τα αντικείμενα του χώρου και αποκτήσεις επίγνωση του ίδιου του χώρου; Ποια είναι η ουσία αυτού του δωματίου όπου βρίσκεσαι; Τα έπιπλα, οι πίνακες και όλα τα άλλα είναι στο δωμάτιο, αλλά δεν είναι το δωμάτιο. Το πάτωμα, οι τοίχοι και το ταβάνι οριοθετούν το δωμάτιο, αλλά ούτε κι αυτά είναι το δωμάτιο. Ποια είναι λοιπόν η ουσία του δωματίου; Χώρος, φυσικά, κενός χώρος. Δε θα υπήρχε "δωμάτιο" χωρίς αυτόν.

Αφού ο χώρος είναι "τίποτε" μπορούμε να πούμε ότι αυτό που δεν υπάρχει είναι πιο σημαντικό από ό,τι υπάρχει. Συνειδητοποίησε λοιπόν το χώρο που είναι γύρω σου. Μην τον σκέφτεσαι. Νιώσ' τον. Δώσε προσοχή στο "τίποτε".

Καθώς το κάνεις αυτό, συντελείται μια αλλαγή στη συνειδητότητά σου. Να γιατί: το εσωτερικό αντίστοιχο των αντικειμένων στο χώρο, όπως τα έπιπλα ή οι τοίχοι, είναι τα αντικείμενα του νου σου: οι σκέψεις, τα συναισθήματα και αυτά που προσλαμβάνουν οι αισθήσεις. Και το εσωτερικό αντίστοιχο του χώρου είναι η συνειδητότητα, που δίνει τη δυνατότητα στα αντικείμενα του νου σου να υπάρξουν, όπως ο χώρος επιτρέπει σε όλα τα πράγματα να υπάρξουν.

Έτσι, αν αποσύρεις την προσοχή σου από τα *πράγματα* – από τα αντικείμενα στο χώρο – την αποσύρεις αυτόματα και από τα αντικείμενα του νου σου. Με άλλα λόγια, δεν μπορείς να σκέφτεσαι και ταυτόχρονα να έχεις συνείδηση του χώρου — ή της σιωπής. Αποκτώντας επίγνωση του κενού χώρου γύρω σου, αποκτάς ταυτόχρονα επίγνωση του χώρου, του μη-νου, της καθαρής συνειδητότητας: του Αδήλου. Με αυτό τον τρόπο, μπορεί ο στοχασμός του χώρου να γίνει για σένα μια πύλη.

Ο χώρος και η σιωπή είναι δύο όψεις του ίδιου πράγματος, του ίδιου τίποτε. Είναι η εξωτερίκευση του εσωτερικού χώρου και της εσωτερικής σιωπής, που είναι ησυχία: η απείρως δημιουργική μήτρα κάθε ύπαρξης. Οι περισσότεροι άνθρωποι δεν έχουν καμιά απολύτως συνείδηση αυτής της διάστασης. Δεν υπάρχει εσωτερικός χώρος, δεν υπάρχει ησυχία. Δεν έχουν ισορροπία. Με άλλα λόγια, γνωρίζουν τον κόσμο, ή έτσι νομίζουν. Αλλά δε γνωρίζουν το Θεό. Ταυτίζονται αποκλειστικά με τη δική τους υλική και ψυχολογική μορφή, χωρίς να έχουν συνείδηση της ουσίας. Και επειδή κάθε μορφή είναι εξαιρετικά ασταθής, ζουν μέσα στο φόβο. Αυτός ο φόβος τούς προκαλεί μια βαθιά λαθεμένη αντίληψη του εαυτού τους και των άλλων ανθρώπων, μια διαστρέβλωση στη θέαση του κόσμου.

Αν κάποιος κοσμικός σπασμός προκαλούσε το τέλος του κόσμου μας, το Άδηλο θα παρέμενε εντελώς ανεπηρέαστο απ' αυτό. Στο βιβλίο "*Μαθήματα θαυμάτων*" αυτή η αλήθεια εκφράζεται με οξυδέρκεια: "Τίποτε το αληθινό δεν μπορεί να απειληθεί. Τίποτε μη αληθινό δεν υπάρχει. Σ' αυτό έγκειται η αταραξία του Θεού".

Όταν παραμένεις σε συνειδητή σύνδεση με το Άδηλο, δίνεις αξία, αγαπάς και σέβεσαι βαθιά το δήλο και κάθε μορφή ζωής μέσα του, ως έκφραση της Μίας Ζωής πέρα από τη μορφή. Γνωρίζεις επίσης ότι κάθε μορφή είναι προορισμένη να διαλυθεί ξανά και ότι, τελικά, τίποτε εδώ πέρα δεν έχει και τόσο μεγάλη σημασία. Έχεις "ξεπεράσει τον κόσμο", σύμφωνα με τα λόγια του Ιησού, ή, όπως το έθεσε ο Βούδας, "έχεις περάσει απέναντι, στην άλλη όχθη".

Η ΑΛΗΘΙΝΗ ΦΥΣΗ ΤΟΥ ΧΩΡΟΥ ΚΑΙ ΤΟΥ ΧΡΟΝΟΥ

Σκέψου τώρα αυτό: αν δεν υπήρχε τίποτε άλλο παρά σιωπή, τότε η σιωπή δε θα υπήρχε για σένα· δε θα ήξερες τι είναι. Μόνον όταν εμφανίζεται ο ήχος αποκτά ύπαρξη η σιωπή. Παρόμοια, αν υπήρχε μόνο χώρος, χωρίς κανένα αντικείμενο, δε θα υπήρχε για σένα. Φαντάσου τον εαυτό σου σαν μια κουκίδα συνειδητότητας που αιωρείται στην απεραντοσύνη του διαστήματος — ούτε αστέρια, ούτε γαλαξίες, μόνο κενό. Ξαφνικά, το διάστημα δε θα ήταν απέραντο πια· δε θα υπήρχε καθόλου. Δε θα υπήρχε ταχύτητα, δε θα υπήρχε κίνηση από εδώ προς τα εκεί.

Χρειάζονται τουλάχιστον δύο σημεία αναφοράς για να υπάρξουν η απόσταση και ο χώρος. Ο χώρος αποκτά ύπαρξη τη στιγμή που το Ένα γίνεται δύο, και καθώς τα "δύο" γίνονται τα "δέκα χιλιάδες πράγματα", όπως αποκαλεί ο Λάο Τσε τον δήλο κόσμο, ο χώρος γίνεται όλο και πιο μεγάλος. Έτσι, ο κόσμος και ο χώρος εμφανίζονται ταυτόχρονα.

Τίποτε δε θα μπορούσε να *υπάρχει* χωρίς χώρο, κι ωστόσο ο χώρος είναι "τίποτε". Πριν γεννηθεί το σύμπαν, πριν τη "μεγάλη έκρηξη", αν θέλεις, δεν υπήρχε ένας τεράστιος κενός χώρος που περίμενε να γεμίσει. Δεν υπήρχε χώρος, όπως δεν υπήρχε τίποτε. Υπήρχε μόνο το Άδηλο — το Ένα. Όταν το Ένα έγινε "τα δέκα χιλιάδες πράγματα", ξαφνικά φάνηκε σαν να υπήρχε ο χώρος, και έδωσε τη δυνατότητα στα πολλά να υπάρξουν. Από πού ήρθε; Δημιουργήθηκε από το Θεό για να φιλοξενήσει το σύμπαν; Φυσικά όχι. Ο χώρος είναι τι-ποτέ, κι έτσι δε δημιουργήθηκε ποτέ.

Βγες έξω μια ξάστερη νύχτα και κοίτα τον ουρανό. Τα χιλιάδες αστέρια που μπορείς να δεις με γυμνό μάτι δεν είναι παρά ένα απειροελάχιστο κλάσμα αυτών που υπάρχουν. Ένα δισεκατομμύριο γαλαξίες μπορούν ήδη να παρατηρηθούν με τα πιο ισχυρά τηλεσκόπια, ο κάθε γαλαξίας ένα "νησιωτικό σύμπαν" που περιέχει δισεκατομμύρια αστέρια. Ωστόσο, αυτό που προκαλεί ακόμα μεγαλύτερο δέος είναι το άπειρο του ίδιου του διαστήματος, το βάθος και η ησυχία που επιτρέπει σε όλη αυτή τη μεγαλοπρέπεια να υπάρξει. Τίποτε δε θα μπορούσε να εμπνεύσει μεγαλύτερο δέος και να είναι πιο μεγαλόπρεπο από την ασύλληπτη απεραντοσύνη και την ησυχία του διαστήματος, κι ωστόσο, τι είναι; Κενό, απέραντο κενό.

Αυτό που εμφανίζεται σε μας σαν διάστημα στο σύμπαν μας, που το αντιλαμβανόμαστε με το νου και τις αισθήσεις μας, είναι το ίδιο το Άδηλο, εξωτερικευμένο. Είναι το "σώμα" του Θεού. Και το μεγαλύτερο θαύμα είναι τούτο: αυτή η ησυχία και η απεραντοσύνη που δίνουν τη δυνατότητα στο σύμπαν να *υπάρχει*, δε βρίσκονται μόνο εκεί έξω, στο διάστημα – είναι επίσης μέσα σου. Όταν είσαι ολοκληρωτικά και απόλυτα παρών, τις συναντάς σαν τον ήσυχο εσωτερικό χώρο του μη–νου. Μέσα σου, είναι απέραντες σε βάθος, όχι σε έκταση. Η έκταση του χώρου είναι τελικά μια εσφαλμένη αντίληψη του άπειρου βάθους – ένα χαρακτηριστικό της μίας υπερβατικής πραγματικότητας.

Σύμφωνα με τον Αϊνστάιν, ο χώρος και ο χρόνος δεν είναι χωριστά πράγματα. Δεν το πολυκαταλαβαίνω βέβαια αυτό, αλλά νομίζω πως λέει ότι ο χρόνος είναι η τέταρτη διάσταση του χώρου. Το αποκαλεί "χωρο-χρονικό συνεχές".

Ναι. Αυτά που αντιλαμβάνεσαι εξωτερικά σαν χώρο και χρόνο είναι τελικά πλασματικά, αλλά περιέχουν έναν πυρήνα αλήθειας. Είναι τα δύο ουσιαστικά χαρακτηριστικά του Θεού, το άπειρο και η αιωνιότητα, που γίνονται αντιληπτά σαν να έχουν μια ύπαρξη έξω από σένα. Μέσα σου, τόσο ο χώρος όσο και ο χρόνος έχουν ένα εσωτερικό αντίστοιχο που αποκαλύπτει την αληθινή τους φύση, όπως και τη δική σου. Ενώ ο χώρος είναι η ήρεμη, απέραντα βαθιά σφαίρα του μη-νου, το εσωτερικό αντίστοιχο του χρόνου είναι η παρουσία, η επίγνωση του αιώνιου Τώρα.

Θυμήσου ότι δεν υπάρχει διάκριση ανάμεσά τους. Όταν ο χώρος και ο χρόνος συνειδητοποιούνται μέσα σου ως το Άδηλο — που είναι μη-νους και παρουσία — ο εξωτερικός χώρος και ο χρόνος εξακολουθούν να υπάρχουν για σένα, αλλά γίνονται πολύ λιγότερο σημαντικοί. Ο κόσμος, επίσης, συνεχίζει να υπάρχει για σένα, αλλά δε σε δεσμεύει πια.

Επομένως, ο έσχατος σκοπός του κόσμου δεν έγκειται στον κόσμο, αλλά στην υπέρβαση του κόσμου. Όπως ακριβώς δε θα είχες συνείδηση του χώρου αν δεν υπήρχαν αντικείμενα στο χώρο, ο κόσμος χρειάζεται για να συνειδητοποιηθεί το Άδηλο. Μπορεί να έχεις ακούσει τους βουδιστές να λένε: "Αν δεν υπήρχε ψευδαίσθηση, δε θα υπήρχε φώτιση".

Μέσα από τον κόσμο και τελικά μέσα από σένα είναι που το Άδηλο γνωρίζει τον εαυτό του. Είσαι εδώ για να δώσεις τη δυνατότητα στο θεϊκό σκοπό του σύμπαντος να ξεδιπλωθεί. *Τόσο σημαντικός είσαι!*

ΣΥΝΕΙΔΗΤΟΣ ΘΑΝΑΤΟΣ

Εκτός από τον ύπνο δίχως όνειρα, που ανέφερα ήδη, υπάρχει άλλη μία ακούσια πύλη. Ανοίγει για λίγο τη στιγμή του σωματικού θανάτου. Ακόμα κι αν έχεις χάσει όλες τις άλλες ευκαιρίες για πνευματική πραγμάτωση κατά τη διάρκεια της ζωής σου, μια τελευταία πύλη θα ανοίξει για σένα αμέσως μετά το θάνατο του σώματος.

Υπάρχουν αμέτρητες περιγραφές από ανθρώπους που είχαν μια οπτική εντύπωση αυτής της πύλης σαν ακτινοβόλο φως, και ύστερα επέστρεψαν απ' αυτό που είναι κοινά γνωστό σαν "εμπειρία παρ' ολίγον θανάτου". Πολλοί απ' αυτούς επίσης μίλησαν για μια αίσθηση μακάριας ηρεμίας και βαθιάς γαλήνης. Στο "*Θιβετιανό βίβλο των νεκρών*" αυτό περιγράφεται σαν "φωτεινή λαμπρότητα του άχρωμου φωτός της Κενότητας", που είναι, λέει, "ο αληθινός σου εαυτός". Αυτή η πύλη ανοίγει για πολύ λίγο και, αν δεν έχεις ήδη συναντήσει τη διάσταση του Αδήλου κατά τη διάρκεια της ζωής σου, είναι πιθανό να μην την αντιληφθείς.

Οι περισσότεροι άνθρωποι κουβαλούν μέσα τους υπερβολικά πολλή αντίσταση, υπερβολικά μεγάλο φόβο, υπερβολικά μεγάλη προσκόλληση στην αισθητηριακή εμπειρία, υπερβολικά μεγάλη ταύτιση με τον δήλο κόσμο. Έτσι, βλέπουν την είσοδο, γυρνούν από την άλλη φοβισμένοι, και ύστερα χάνουν τη συνειδητότητά τους. Τα περισσότερα απ' όσα συμβαίνουν μετά απ' αυτό είναι ακούσια και αυτόματα. Κάποια στιγμή, θα υπάρξει άλλος ένα κύκλος γέννησης και θανάτου. Η παρουσία τους δεν ήταν ακόμα αρκετά ισχυρή για συνειδητή αθανασία.

Επομένως το πέρασμα μέσα από αυτή την πύλη δε σημαίνει εκμηδένιση;

Όπως και με τις άλλες πύλες, η ακτινοβόλα αληθινή σου φύση παραμένει, αλλά όχι η προσωπικότητα. Όπως και να έχει το πράγμα, οτιδήποτε είναι αληθινό ή έχει αληθινή αξία στην προσωπικότητά σου είναι η αληθινή σου φύση που λάμπει μέσα από σένα. Αυτό δε χάνεται ποτέ. Τίποτε που έχει αξία, τίποτε *αληθινό*, δε χάνεται ποτέ.

Το πλησίασμα του θανάτου και ο ίδιος ο θάνατος, η διάλυση της υλικής μορφής, είναι πάντα μια μεγάλη ευκαιρία για πνευματική πραγμάτωση. Αυτή η ευκαιρία πάει τραγικά χαμένη τις περισσότερες φορές, αφού ζούμε σε έναν πολιτισμό που έχει σχεδόν πλήρη άγνοια σχετικά με το θάνατο, όπως έχει επίσης σχεδόν πλήρη άγνοια για οτιδήποτε έχει αληθινά σημασία.

Κάθε πύλη είναι μια πύλη θανάτου, του θανάτου του πλασματικού εαυτού. Όταν την περνάς, παύεις να αντλείς την ταυτότητά σου από την ψυχολογική μορφή, που είναι κατασκεύασμα του νου. Συνειδητοποιείς τότε πως η ταύτισή σου με τη μορφή ήταν ψευδαίσθηση. Το τέλος της ψευδαίσθησης — αυτό είναι όλο κι όλο ο θάνατος. Είναι οδυνηρός μόνον όσο είσαι γαντζωμένος στην ψευδαίσθηση.

ΚΕΦΑΛΑΙΟ ΟΧΤΩ

ΦΩΤΙΣΜΕΝΕΣ ΣΧΕΣΕΙΣ

Μπες στο Τωρα απο οπουδηποτε κι αν βρισκεσαι

Πάντα πίστευα πως η αληθινή φώτιση δεν είναι δυνατή παρά μόνο μέσα από την αγάπη σε μια σχέση ανάμεσα σε έναν άντρα και σε μια γυναίκα. Αυτή δεν είναι που μας κάνει ολόκληρους πάλι; Πώς μπορεί να ολοκληρωθεί η ζωή ενός ανθρώπου μέχρι να συμβεί αυτό;

Αληθεύει αυτό στην εμπειρία σου; Σου έχει συμβεί;

Όχι ακόμα, αλλά πώς θα μπορούσε να είναι διαφορετικά; Ξέρω ότι θα συμβεί.

Με άλλα λόγια, περιμένεις για ένα συμβάν *στο χρόνο* για να σε σώσει. Αυτό δεν είναι το βασικό σφάλμα για το οποίο μιλάμε; Η λύτρωση δε βρίσκεται σε άλλον τόπο ή χρόνο. Είναι εδώ και τώρα.

Τι σημαίνει αυτή η δήλωση, "η λύτρωση είναι εδώ και τώρα"; Δεν την καταλαβαίνω. Δεν ξέρω καν τι σημαίνει "λύτρωση".

Οι περισσότεροι άνθρωποι αναζητούν σωματικές ηδονές ή διάφορες μορφές ψυχολογικής ικανοποίησης, επειδή πιστεύουν ότι αυτά θα τους κάνουν ευτυχισμένους ή θα τους ελευθερώσουν από μια αίσθηση φόβου ή έλλειψης. Αντιλαμβάνονται την ευτυχία σαν μια αίσθηση αυξημένης ζωντάνιας που μπορούν να την αποκτήσουν μέσα από τη σωματική ηδονή, ή σαν μια πιο ασφαλή και πιο πλήρη αίσθηση εαυτού, που κερδίζεται μέσα από κάποια μορφή ψυχολογικής ικανοποίησης. Αυτή είναι η αναζήτηση για λύτρωση από μια κατάσταση ανικανοποίητου ή ανεπάρκειας.

Όμως κάθε ικανοποίηση που αποκτούν είναι πάντα βραχύβια, κι έτσι η ικανοποίηση ή η πληρότητα προβάλλεται για μια ακόμα φορά σε ένα φανταστικό σημείο μακριά από το εδώ και τώρα. "Όταν αποκτήσω *αυτό* ή όταν απαλλαγώ από *εκείνο* — τότε θα είμαι εντάξει". Αυτό είναι το ασυνείδητο νοητικό πλαίσιο που δημιουργεί την ψευδαίσθηση της λύτρωσης στο μέλλον.

Η αληθινή λύτρωση είναι ολοκλήρωση, γαλήνη, ζωή σε όλη της την πληρότητα. Είναι να είσαι αυτός που είσαι, να νιώθεις μέσα σου το καλό που δεν έχει αντίθετο, τη χαρά της Ύπαρξης που δεν εξαρτάται από τίποτε έξω από τον εαυτό της. Τη νιώθεις όχι σαν μια περαστική εμπειρία, αλλά ως μια μόνιμη παρουσία. Σε θεολογική γλώσσα, είναι το να "γνωρίσεις το Θεό" όχι σαν κάτι έξω από σένα, αλλά ως την εσώτατη ουσία σου. Η αληθινή λύτρωση είναι να γνωρίσεις τον εαυτό σου ως αξεχώριστο μέρος της άχρονης και άμορφης Μίας Ζωής από την οποία όλα όσα υπάρχουν αντλούν την ύπαρξή τους.

Η αληθινή λύτρωση είναι μια κατάσταση ελευθερίας – από το φόβο, από τα βάσανα, από αυτό που αντιλαμβάνεσαι σαν κατάσταση έλλειψης και ανεπάρκειας και, κατά συνέπεια, από κάθε επιθυμία, ανάγκη, άρπαγμα και γάντζωμα. Είναι ελευθερία από την ψυχαναγκαστική σκέψη, από την αρνητικότητα, και πάνω απ' όλα από το παρελθόν και το μέλλον σαν ψυχολογική ανάγκη.

Ο νους σου σου λέει ότι δεν μπορείς να φτάσεις εκεί από 'δω. Κάτι χρειάζεται να συμβεί ή χρειάζεται να γίνεις αυτό ή εκείνο πριν μπορέσεις να ελευθερωθείς και να ολοκληρωθείς. Στην πραγματικότητα, σου λέει ότι χρειάζεσαι χρόνο – ότι χρειάζεται να βρεις, να ξεκαθαρίσεις, να κάνεις, να πετύχεις, να αποκτήσεις, να γίνεις ή να καταλάβεις κάτι πριν μπορέσεις να γίνεις ελεύθερος ή πλήρης. Βλέπεις το χρόνο σαν μέσο για τη λύτρωση, ενώ στην πραγματικότητα είναι το μεγαλύτερο εμπόδιο για τη λύτρωση. Πιστεύεις ότι δεν μπορείς να φτάσεις εκεί από εδώ που είσαι κι από αυτό που είσαι αυτή τη στιγμή, επειδή δεν είσαι ακόμα πλήρης ή αρκετά καλός, αλλά η αλήθεια είναι ότι το εδώ και τώρα είναι το μόνο σημείο από το οποίο *μπορείς* να φτάσεις εκεί.

"Φτάνεις" εκεί συνειδητοποιώντας ότι *είσαι* ήδη εκεί. Βρίσκεις το Θεό τη στιγμή που συνειδητοποιείς ότι δε χρειάζεται να αναζητάς το Θεό.

Έτσι, δεν υπάρχει *ένας* μόνο δρόμος για τη λύτρωση. Κάθε κατάσταση μπορεί να χρησιμοποιηθεί, αλλά δε χρειάζεται κάποια *συγκεκριμένη* κατάσταση. Ωστόσο, υπάρχει μόνο ένα σημείο πρόσβασης: το Τώρα. Δεν μπορεί να υπάρξει λύτρωση μακριά από τούτη τη στιγμή. Είσαι χωρίς σύντροφο και νιώθεις μοναξιά; Μπες στο Τώρα από 'κει. Έχεις σχέση; Μπες στο Τώρα από 'κει.

Δεν υπάρχει τίποτε που να μπορείς να κάνεις ή να καταφέρεις που να σε πάει πιο κοντά στη λύτρωση απ' όσο είσαι αυτή τη στιγμή. Αυτό μπορεί να είναι δύσκολο να το συλλάβει ένας νους συνηθισμένος να σκέφτεται πως οτιδήποτε αξίζει τον κόπο βρίσκεται στο μέλλον. Ούτε μπορεί οτιδήποτε έκανες ή σου έκαναν στο παρελθόν να σε εμποδίσει να πεις "ναι" σ' αυτό που *υπάρχει* και να στρέψεις την προσοχή σου βαθιά στο Τώρα. Δεν μπορείς να το κάνεις αυτό στο μέλλον. Ή το κάνεις τώρα ή δεν το κάνεις καθόλου.

Σχεσεις αγαπης/μισους

Μέχρι να αποκτήσεις πρόσβαση στη συνειδησιακή συχνότητα της παρουσίας, όλες σου οι σχέσεις, και κυρίως οι ερωτικές, θα είναι βαθιά ελαττωματικές και, τελικά, δυσλειτουργικές. Μπορεί για λίγο να φαίνονται τέλειες, όπως όταν είσαι ερωτευμένος, αλλά πάντα αυτή η φαινομενική τελειότητα αποδιοργανώνεται καθώς οι καυγάδες, οι συγκρούσεις, η έλλειψη ικανοποίησης και η συναισθηματική ή ακόμα και η σωματική βία αρχίζουν να εμφανίζονται όλο και πιο συχνά.

Φαίνεται πως, πριν περάσει πολύς καιρός, οι περισσότερες "σχέσεις αγάπης" γίνονται σχέσεις αγάπης/μίσους. Η τρυφερότητα φεύγει. Η αγάπη μπορεί τότε να μετατραπεί σε εχθρότητα ή σε άγρια επίθεση, με το πάτημα ενός κουμπιού. Αυτό θεωρείται φυσιολογικό. Η σχέση ταλαντεύεται στη συνέχεια για κάποιο διάστημα, που μπορεί να είναι μήνες ή χρόνια, ανάμεσα στους πόλους "αγάπης" και μίσους, και σου δίνει τόσο χαρά όσο και πόνο.

Δεν είναι ασυνήθιστο για τα ζευγάρια να εθίζονται σ' αυτούς τους κύκλους. Το δράμα τους τους κάνει να νιώθουν ζωντανοί. Όταν η ισορροπία μεταξύ του θετικού και του αρνητικού πόλου χάνεται και οι αρνητικοί, καταστροφικοί κύκλοι αρχίζουν να εμφανίζονται όλο και πιο συχνά, όλο και πιο έντονα, πράγμα που συνήθως συμβαίνει αργά ή γρήγορα, τότε δε θα περάσει πολύς καιρός πριν η σχέση τελικά καταρρεύσει.

Μπορεί να φαίνεται πως αν μπορούσες μόνο να εξαλείψεις αυτούς τους καταστροφικούς κύκλους, τότε όλα θα πήγαιναν καλά και η σχέση θα άνθιζε σαν πανέμορφο λουλούδι — αλλά, αλίμονο, αυτό δεν είναι δυνατόν. Οι δύο πόλοι είναι αλληλοεξαρτώμενοι. Δεν μπορείς να έχεις τον ένα χωρίς τον άλλον. Ο θετικός περιέχει ήδη μέσα του τον ανεκδήλωτο ακόμη αρνητικό. Και οι δύο, στην πραγματικότητα, είναι διαφορετικές όψεις της ίδιας δυσλειτουργίας. Μιλάω εδώ γι' αυτό που ονομάζουμε συνήθως "ερωτικές σχέσεις" — όχι για την αληθινή αγάπη, που δεν έχει αντίθετο, επειδή πηγάζει πέρα από το νου. Η αγάπη, ως συνεχής κατάσταση, είναι ακόμα πολύ σπάνια — τόσο σπάνια όσο και οι συνειδητοί άνθρωποι. Μπορείς να ρίξεις κάποιες σύντομες και φευγαλέες ματιές σ' αυτό που είναι η αγάπη όποτε υπάρχει ένα κενό στη ροή του νου.

Φυσικά, είναι πιο εύκολο να αναγνωρίσεις ως δυσλειτουργική την αρνητική πλευρά μιας σχέσης, παρά τη θετική. Και είναι επίσης πιο εύκολο να αναγνωρίσεις την πηγή της αρνητικότητας στο σύντροφό σου, παρά να τη δεις στον εαυτό σου. Αυτή η αρνητικότητα μπορεί να εκδηλωθεί με πολλές μορφές: με κτητικότητα, με ζήλια, με έλεγχο, με συναισθηματική απομάκρυνση και κρυφή μνησικακία, με την ανάγκη να έχεις δίκιο, με αναισθησία και κλείσιμο στον εαυτό σου, με συναισθηματικές απαιτήσεις και δόλιους χειρισμούς, με παρόρμηση για καυγά, με κριτική, κατηγόριες ή επίθεση, με θυμό, με ασυνείδητη εκδικητικότητα για τον πόνο που σου έχει προκαλέσει ένας από τους γονείς σου στο παρελθόν, με οργή και σωματική βία.

Στη θετική πλευρά, είσαι "ερωτευμένος" με το σύντροφό σου. Αυτό, στην αρχή, είναι μια κατάσταση που σου προσφέρει βαθιά ικανοποίηση. Νιώθεις έντονα ζωντανός. Η ύπαρξή σου έχει ξαφνικά αποκτήσει νόημα, επειδή κάποιος σε χρειάζεται, σε θέλει και σε κάνει να νιώθεις ξεχωριστός, και κάνεις κι εσύ το ίδιο για τον άλλον. Όταν είστε μαζί νιώθεις ολόκληρος. Αυτή η αίσθηση μπορεί να γίνει τόσο έντονη, ώστε ο υπόλοιπος κόσμος να ξεθωριάζει και να γίνεται ασήμαντος.

Ωστόσο, μπορεί επίσης να έχεις παρατηρήσει ότι υπάρχει σ' αυτή την ένταση μια ισχυρή αίσθηση ανάγκης και μια τάση να γαντζώνεσαι πάνω στον άλλον. Εθίζεσαι σ΄ αυτόν. Ενεργεί πάνω σου σαν ναρκωτικό. Είσαι "ανεβασμένος" όταν το ναρκωτικό είναι διαθέσιμο, αλλά ακόμα και η πιθανότητα ή η σκέψη ότι ο άλλος μπορεί να μην είναι πια δίπλα σου μπορεί να οδηγήσει σε ζήλια, κτητικότητα, σε προσπάθειες χειραγώγησης μέσα από συναισθηματικούς εκβιασμούς, σε κατηγόριες και μομφές – στο φόβο της απώλειας.

Αν ο άλλος άνθρωπος πράγματι σε εγκαταλείψει, αυτό μπορεί να σου προκαλέσει την πιο βαθιά εχθρότητα ή την πιο βαθιά θλίψη και απελπισία. Μέσα σε μια στιγμή, η τρυφερή αγάπη μπορεί να μετατραπεί σε άγρια επίθεση ή σε αβάσταχτο πόνο. Πού είναι η αγάπη τώρα; Μπορεί η αγάπη να μετατραπεί στο αντίθετό της μέσα σε μια στιγμή; Ήταν λοιπόν αγάπη ή μήπως ήταν απλώς ένα γάντζωμα και μια προσκόλληση, που στην ουσία είναι αποτέλεσμα εθισμού;

ΕΘΙΣΜΟΣ ΚΑΙ ΑΝΑΖΗΤΗΣΗ ΓΙΑ ΠΛΗΡΟΤΗΤΑ

Γιατί να εθιζόμαστε σε έναν άλλον άνθρωπο;

Ο λόγος που η ερωτική σχέση είναι μια εμπειρία τόσο έντονη, μια εμπειρία που την αναζητάει με πάθος όλος ο κόσμος, είναι ότι φαίνεται να προσφέρει λύτρωση από μια βαθιά εδραιωμένη κατάσταση φόβου, ανάγκης, έλλειψης και μιας αίσθησης ανολοκλήρωτου, που αποτελεί μέρος της ανθρώπινης υπόστασης στην αλύτρωτη και μη φωτισμένη κατάσταση. Υπάρχει μια σωματική αλλά και μια ψυχολογική διάσταση σ' αυτή την κατάσταση.

Στο σωματικό επίπεδο, προφανώς δεν είσαι ολόκληρος, ούτε θα είσαι ποτέ. Είσαι είτε άντρας είτε γυναίκα, δηλαδή, το μισό του όλου. Σ' αυτό το επίπεδο, η λαχτάρα για ολότητα – για επιστροφή στην ενότητα – εκδηλώνεται σαν έλξη μεταξύ αρσενικού και θηλυκού, σαν ανάγκη του άντρα για μια γυναίκα και της γυναίκας για έναν άντρα. Είναι μια σχεδόν ακατανίκητη ώθηση για ένωση με τον αντίθετο ενεργειακό πόλο.

Η ρίζα αυτής της σωματικής παρόρμησης είναι πνευματική: ο πόθος για το τέλος του δυϊσμού, για την επιστροφή στην κατάσταση του όλου. Στο σωματικό επίπεδο, η σεξουαλική ένωση είναι η πιο κοντινή σ' αυτή την κατάσταση. Γι' αυτό είναι η πιο βαθιά ικανοποιητική εμπειρία που μπορεί να προσφέρει η σωματική σφαίρα. Όμως η σεξουαλική ένωση δεν είναι τίποτε περισσότερο από μια φευγαλέα θέα της ολότητας, μια στιγμή υπέρτατης ευδαιμονίας. Όσο την επιδιώκεις ασυνείδητα σαν μέσο για τη λύτρωση, αναζητάς το τέλος του δυϊσμού στο επίπεδο της μορφής, δηλαδή εκεί όπου δεν μπορεί να βρεθεί. Ρίχνεις μια ταλανιστική, κλεφτή ματιά στον παράδεισο, αλλά δε σου επιτρέπεται να κατοικήσεις εκεί, και βρίσκεσαι πάλι σε ένα χωριστό σώμα.

Στο ψυχολογικό επίπεδο, η αίσθηση της έλλειψης και του ανολοκλήρωτου είναι ακόμα μεγαλύτερη απ' όσο στο σωματικό. Όσο είσαι ταυτισμένος με το νου, έχεις μια αίσθηση του εαυτού σου που προέρχεται απέξω. Δηλαδή, αντλείς την αίσθηση του ποιος είσαι από πράγματα που, τελικά, δεν έχουν καμιά σχέση μ' αυτό που είσαι: από τον κοινωνικό σου ρόλο, τα αποκτήματα, την εξωτερική εμφάνιση, τις επιτυχίες και αποτυχίες, τα συστήματα πεποιθήσεων κλπ.

Αυτός ο πλαστός εαυτός που κατασκευάζει ο νους, το εγώ, νιώθει ευάλωτος και ανασφαλής, και αναζητεί πάντα καινούργια πράγματα για να ταυτιστεί, που θα του δώσουν την αίσθηση ότι υπάρχει. Όμως τίποτε δεν είναι ποτέ αρκετό για να του δώσει μια διαρκή πληρότητα. Ο φόβος του παραμένει· η αίσθηση της έλλειψης και της ένδειας παραμένει.

Και τότε εμφανίζεται αυτή η ιδιαίτερη σχέση. Φαίνεται να είναι η απάντηση σε όλα τα προβλήματα του εγώ και να ικανοποιεί όλες του τις ανάγκες. Τουλάχιστον έτσι μοιάζει στην αρχή. Όλα τα άλλα από τα οποία αντλούσες την αίσθηση του εαυτού σου πριν, γίνονται τώρα σχετικά ασήμαντα. Τώρα έχεις ένα και μοναδικό εστιακό σημείο που τα αντικαθιστά όλα, που δίνει νόημα στη ζωή σου και μέσα από το οποίο προσδιορίζεις την ταυτότητά σου: τον άνθρωπο με τον οποίο είσαι ερωτευμένος.

Δεν είσαι πια ένα απομονωμένο ψήγμα σε ένα αδιάφορο σύμπαν, ή τουλάχιστον έτσι σου φαίνεται. Ο κόσμος σου έχει τώρα ένα κέντρο: τον άνθρωπο που αγαπάς. Το γεγονός ότι το κέντρο αυτό είναι έξω από σένα και ότι, κατά συνέπεια, εξακολουθείς να έχεις μια αίσθηση εαυτού που αντλείται απέξω, δε φαίνεται να έχει σημασία στην αρχή. Αυτό που έχει σημασία είναι ότι η αίσθηση του ανολοκλήρωτου, του φόβου, της έλλειψης και του ανικανοποίητου, που είναι τόσο χαρακτηριστική της εγωικής κατάστασης, δεν είναι πια εκεί — ή μήπως είναι; Έχει διαλυθεί, ή συνεχίζει να υπάρχει κάτω από την επιφανειακά ευτυχισμένη πραγματικότητα;

Αν στις σχέσεις σου βιώνεις και "αγάπη" και το αντίθετο της αγάπης — επιθετικότητα, συναισθηματική βία κλπ. — τότε είναι πιθανό ότι συγχέεις την προσκόλληση του εγώ και το εθιστικό γάντζωμα με την αγάπη.

Δεν μπορείς να αγαπάς το σύντροφό σου τη μια στιγμή και την άλλη να του επιτίθεσαι. Η αληθινή αγάπη δεν έχει αντίθετο. Αν η "αγάπη" σου έχει αντίθετο, τότε δεν είναι αγάπη, αλλά μια ισχυρή ανάγκη του εγώ για μια πιο πλήρη και πιο βαθιά αίσθηση του εαυτού του, μια ανάγκη που ο άλλος άνθρωπος ικανοποιεί προσωρινά. Είναι το υποκατάστατο της λύτρωσης για το εγώ και, για ένα μικρό διάστημα, σχεδόν το νιώθεις σαν λύτρωση.

Όμως έρχεται κάποια στιγμή που ο σύντροφός σου συμπεριφέρεται με τρόπους που δεν ικανοποιούν τις ανάγκες σου ή μάλλον τις ανάγκες του εγώ σου. Ο φόβος, ο πόνος και η αίσθηση της έλλειψης, που αποτελούν ουσιαστικό μέρος της εγωικής συνειδητότητας, αλλά είχαν καλυφθεί από τη "σχέση αγάπης", ξαναβγαίνουν τώρα στην επιφάνεια.

Όπως και με κάθε άλλον εθισμό, είσαι στα "πάνω σου" όταν το ναρκωτικό είναι διαθέσιμο, αλλά πάντα έρχεται μια στιγμή που το ναρκωτικό δε λειτουργεί πια για σένα. Όταν αυτά τα οδυνηρά συναισθήματα ξαναεμφανίζονται, τα νιώθεις ακόμα πιο έντονα από πριν και, επιπλέον, τώρα αντιλαμβάνεσαι το σύντροφό σου σαν *αιτία* αυτών των συναισθημάτων. Αυτό σημαίνει ότι τα προβάλλεις προς τα έξω και επιτίθεσαι στον άλλον με όλη την ωμή βία που είναι μέρος του πόνου σου. Αυτή η επίθεση μπορεί να αφυπνίσει και τον πόνο του συντρόφου σου κι εκείνος ίσως σου ανταποδώσει την επίθεση. Σ' αυτό το σημείο, το εγώ ελπίζει ακόμα ασυνείδητα ότι η επίθεσή του ή οι απόπειρές του για χειραγώγηση θα είναι αρκετή τιμωρία για το σύντροφό σου και θα τον κάνει να αλλάξει τη συμπεριφορά του, έτσι ώστε να μπορεί να τον χρησιμοποιήσει ξανά σαν κάλυψη για τον πόνο σου.

Κάθε εθισμός προκύπτει από μια ασυνείδητη άρνηση να αντιμετωπίσεις και να ξεπεράσεις τον πόνο σου. Κάθε εθισμός αρχίζει με πόνο και τελειώνει με πόνο. Όποια κι αν είναι η ουσία στην οποία είσαι εθισμένος — αλκοόλ, φαγητό, νόμιμα ή παράνομα φάρμακα ή ένας άνθρωπος — χρησιμοποιείς κάτι ή κάποιον για να καλύψεις τον πόνο σου. Γι' αυτό, όταν έχει περάσει η αρχική ευφορία, υπάρχει τόση δυστυχία, τόσος πόνος στις ερωτικές σχέσεις. Δεν *προκαλούν* πόνο και δυστυχία. *Βγάζουν έξω* τον πόνο και τη δυστυχία που υπάρχει ήδη μέσα σου. Κάθε εθισμός το κάνει αυτό. Κάθε εθισμός φτάνει σε ένα σημείο που δε λειτουργεί πια για σένα, και τότε αισθάνεσαι τον πόνο πιο έντονα από ποτέ.

Αυτός είναι ένας από τους λόγους που οι περισσότεροι άνθρωποι προσπαθούν πάντα να ξεφεύγουν από την παρούσα στιγμή και αναζητούν κάποιο είδος λύτρωσης στο μέλλον. Το πρώτο πράγμα που μπορεί να συναντήσουν, αν εστιάσουν την προσοχή τους στο Τώρα, είναι ο πόνος τους, κι αυτό είναι που φοβούνται. Αν ήξεραν πόσο εύκολο είναι να αποκτήσουν πρόσβαση στη δύναμη της παρουσίας στο Τώρα, στη δύναμη που διαλύει το παρελθόν και τον πόνο του, στην πραγματικότητα που διαλύει την ψευδαίσθηση... Αν ήξεραν πόσο κοντά είναι στη δική τους πραγματικότητα, πόσο κοντά στο Θεό...

Η αποφυγή των σχέσεων σε μια προσπάθεια αποφυγής του πόνου δεν είναι πάλι η απάντηση. Ο πόνος υπάρχει έτσι κι αλλιώς. Τρεις αποτυχημένες σχέσεις σε ισάριθμα χρόνια είναι πιο πιθανό να σε αναγκάσουν να αφυπνιστείς, απ' ό,τι τρία χρόνια σε ένα ερημονήσι ή σε απομόνωση στο δωμάτιό σου. Αν όμως μπορείς να βάλεις έντονη παρουσία στη μοναχικότητά σου, αυτό θα μπορούσε να λειτουργήσει για σένα.

Από τις εθιστικές στις φωτισμένες σχέσεις

Μπορώ να μετατρέψω μια εθιστική σχέση σε αληθινή;

Ναι. Με το να είσαι παρών και να εντείνεις την παρουσία σου στρέφοντας την προσοχή σου ακόμα πιο βαθιά μέσα στο Τώρα. Είτε ζεις μόνος σου είτε με ένα σύντροφο, αυτό είναι το κλειδί. Για να ανθίσει η αγάπη, το φως της παρουσίας σου χρειάζεται να είναι αρκετά δυνατό, ώστε να μην εξουσιάζεσαι πια από αυτόν που σκέφτεται ή από το πονο–σώμα και να θεωρείς λαθεμένα ότι είσαι αυτά. Το να γνωρίσεις τον εαυτό σου ως Ύπαρξη κάτω απ' αυτόν που σκέφτεται, ως ησυχία κάτω από το νοητικό θόρυβο, ως αγάπη και χαρά κάτω από τον πόνο, σημαίνει ελευθερία, λύτρωση, φώτιση.

Αποταύτιση από το πονο–σώμα σημαίνει να φέρνεις παρουσία στον πόνο κι έτσι να τον μεταστοιχειώνεις. Αποταύτιση από τη σκέψη σημαίνει να παρατηρείς σιωπηλά τις σκέψεις και τις συμπεριφορές σου, ιδιαίτερα τα πρότυπα εκείνα που επαναλαμβάνονται στο νου σου, καθώς και τους ρόλους που παίζει το εγώ.

Αν πάψεις να τον ντύνεις με..."εαυτότητα", ο νους χάνει την ψυχαναγκαστική του ποιότητα, που βασικά είναι η καταπιεστική ανάγκη να κρίνει και, κατά συνέπεια, να αντιστέκεται σ' αυτό που *υπάρχει*, πράγμα που δημιουργεί σύγκρουση, δράματα και καινούργιο πόνο.

Στην πραγματικότητα, τη στιγμή που σταματάς να κρίνεις, μέσα από την αποδοχή αυτού που *υπάρχει*, ελευθερώνεσαι από το νου. Έχεις κάνει χώρο για την αγάπη, για τη χαρά, για τη γαλήνη. Πρώτα σταματάς να κρίνεις τον εαυτό σου· μετά σταματάς να κρίνεις το σύντροφό σου.

Ο μεγαλύτερος καταλύτης για αλλαγή σε μια σχέση είναι η πλήρης αποδοχή του συντρόφου σου, όπως είναι, χωρίς να νιώθεις την ανάγκη να τον κρίνεις ή να τον αλλάξεις με οποιονδήποτε τρόπο. Αυτό σε πάει αμέσως πέρα από το εγώ. Όλα τα παιχνίδια του νου και όλα τα εθιστικά γαντζώματα τότε τελειώνουν. Δεν υπάρχουν πια θύματα και θύτες, κατηγορούμενοι και κατήγοροι. Αυτό είναι επίσης το τέλος κάθε συν-εξάρτησης – δε σε "ρουφάει" δηλαδή πια το α-συνείδητο πρότυπο κάποιου άλλου, και δεν του δίνεται πια η δυνατότητα να συνεχίζεται. Τότε, ή θα χωρίσετε – με αγάπη – η θα προχωρήσετε ακόμα πιο βαθιά στο Τώρα μαζί – στην Ύπαρξη. Μπορεί να είναι τόσο απλό; Ναι, είναι τόσο απλό.

Η αγάπη είναι μια κατάσταση της Ύπαρξης. Η αγάπη σου δεν είναι κάτι που έρχεται απέξω· είναι βαθιά μέσα σου. Δεν μπορείς ποτέ να τη χάσεις και δεν μπορεί να σε εγκαταλείψει. Δεν εξαρτάται από κάποιο άλλο σώμα, από κάποια εξωτερική μορφή. Στην ησυχία της παρουσίας σου, μπορείς να νιώσεις τη δική σου άμορφη και άχρονη πραγματικότητα, ως άδηλη ζωή που εμψυχώνει την υλική σου μορφή. Τότε μπορείς να νιώσεις την ίδια ζωή βαθιά μέσα σε κάθε ανθρώπινη ή άλλη ύπαρξη. Κοιτάζεις πέρα από το πέπλο της μορφής και του διαχωρισμού. Αυτή είναι η πραγμάτωση της ενότητας. Αυτό είναι αγάπη.

Τι είναι Θεός; Η αιώνια Μία Ζωή κάτω από όλες τις μορφές της ζωής. Τι είναι αγάπη; Να νιώθεις την παρουσία αυτής της Μίας Ζωής βαθιά μέσα σου και μέσα σε όλα τα πλάσματα. Να είσαι αυτή. Έτσι, κάθε αγάπη είναι αγάπη του Θεού.

Η αγάπη δεν είναι επιλεκτική, όπως δεν είναι και το φως του ήλιου. Δεν κάνει κάποιον άνθρωπο ξεχωριστό. Δεν είναι αποκλειστική. Η αποκλειστικότητα δεν είναι η αγάπη του Θεού, αλλά η "αγάπη" του εγώ. Όμως, η ένταση με την οποία νιώθεις την αγάπη μπορεί να ποικίλει. Μπορεί να υπάρχει ένας άνθρωπος που αντανακλά την αγάπη σου πιο καθαρά και πιο έντονα απ' ό,τι άλλοι, και αν εκείνος νιώθει το ίδιο προς εσένα, μπορούμε να πούμε ότι με αυτό τον άνθρωπο έχεις μια σχέση αγάπης. Ο δεσμός που σε συνδέει μαζί του είναι ο ίδιος που σε συνδέει με τον άνθρωπο που κάθεται δίπλα σου στο λεωφορείο, ή με ένα πουλί, ένα δέντρο, ένα λουλούδι. Μόνο ο βαθμός της έντασης με τον οποίο τον νιώθεις διαφέρει.

Ακόμα και σε μια εθιστική, από άλλες απόψεις, σχέση, μπορεί να υπάρχουν στιγμές που κάτι αληθινό λάμπει μέσα της, κάτι πέρα από τις αμοιβαία εθιστικές σας ανάγκες. Είναι οι στιγμές που τόσο ο δικός σου νους όσο και ο νους του συντρόφου σου καταλαγιάζουν για λίγο, και το πονο-σώμα βρίσκεται προσωρινά σε αδράνεια. Αυτό μπορεί να συμβεί κάποιες φορές κατά τη διάρκεια της σωματικής οικειότητας ή όταν γίνεστε και οι δυο μάρτυρες του θαύματος της γέννησης ενός παιδιού ή μπροστά στο θάνατο ή όταν ο ένας από τους δυο είναι σοβαρά άρρωστος — οτιδήποτε κάνει το νου ανίσχυρο. Όταν συμβαίνει αυτό, η Ύπαρξή σας, που είναι συνήθως θαμμένη κάτω από το νου, αποκαλύπτεται, κι αυτό είναι που κάνει δυνατή την αληθινή επικοινωνία.

Η αληθινή επικοινωνία είναι κοινωνία. Είναι η πραγμάτωση της ενότητας, που είναι αγάπη. Συνήθως, αυτό χάνεται πάλι γρήγορα, εκτός κι αν μπορείς να μένεις αρκετά παρών ώστε να κρατάς έξω το νου και τα παλιά του πρότυπα. Μόλις ο νους και η ταύτισή σου μαζί του επιστρέψουν, δεν είσαι πια ο εαυτός σου, αλλά μια νοητική εικόνα του εαυτού σου, κι αρχίζεις ξανά να παίζεις παιχνίδια και ρόλους για να ικανοποιήσεις τις ανάγκες του εγώ σου.

Είσαι και πάλι ένας ανθρώπινος νους που προσποιείται πως είναι άνθρωπος, σε αλληλεπίδραση με έναν άλλο νου, παίζοντας το έργο που ονομάζεται "αγάπη".

Αν και είναι δυνατόν να της ρίξεις φευγαλέες, σύντομες ματιές, η αγάπη δεν μπορεί ανθίσει αν δεν ελευθερωθείς για πάντα από την ταύτιση με το νου και αν η παρουσία σου δεν είναι αρκετά έντονη ώστε να διαλύσει το πονο-σώμα — ή αν δεν μπορείς τουλάχιστον να είσαι παρών ως παρατηρητής. Όταν γίνεσαι παρατηρητής, το πονο-σώμα δεν μπορεί να σε κυριεύσει και να καταστρέψει την αγάπη.

Οι σχεσεισ ωσ πνευματικη ασκηση

Καθώς ο εγωικός τρόπος λειτουργίας της συνειδητότητας και όλες οι κοινωνικές, πολιτικές και οικονομικές δομές που δημιούργησε μπαίνουν στο τελικό στάδιο της κατάρρευσης, οι σχέσεις μεταξύ αντρών και γυναικών αντανακλούν τη βαθιά κρίση την οποία περνάει τώρα η ανθρωπότητα.

Μια και οι άνθρωποι ταυτίζονται όλο και περισσότερο με το νου τους, οι περισσότερες σχέσεις δεν είναι ριζωμένες στην Ύπαρξη κι έτσι μετατρέπονται σε πηγή πόνου και κυριαρχούνται από προβλήματα και συγκρούσεις.

Εκατομμύρια άνθρωποι ζουν τώρα χωρίς σύντροφο, με ή χωρίς παιδιά, ανήμποροι να φτιάξουν μια σταθερή στενή σχέση ή απρόθυμοι να επαναλάβουν το παράλογο δράμα των περασμένων σχέσεων. Άλλοι πάνε από τη μια σχέση στην άλλη, από τον ένα κύκλο ηδονής–πόνου στον άλλο, αναζητώντας μέσα από την ένωση με τον αντίθετο ενεργειακό πόλο την πληρότητα που πάντα τους ξεφεύγει.

Άλλοι πάλι, συμβιβάζονται και μένουν σε μια δυσλειτουργική σχέση στην οποία κυριαρχεί η αρνητικότητα, για χάρη των παιδιών ή της ασφάλειας, μέσα από τη δύναμη της συνήθειας, του φόβου της μοναξιάς ή κάποιας άλλης αμοιβαία "ευεργετικής" συμφωνίας, ή ακόμα και μέσα από τον ασυνείδητο εθισμό στην έξαψη του συναισθηματικού δράματος και του πόνου.

Ωστόσο, κάθε κρίση αντιπροσωπεύει όχι μόνο έναν κίνδυνο, αλλά και μια ευκαιρία. Αν οι σχέσεις μας με τους άλλους ενεργοποιούν και μεγεθύνουν τα εγωικά νοητικά πρότυπα και δραστηριοποιούν το πονο–σώμα, όπως κάνουν αυτή την εποχή, γιατί να μην αποδεχτούμε αυτό το γεγονός, αντί να προσπαθούμε να ξεφύγουμε απ' αυτό; Γιατί να μη συνεργαστούμε μαζί του, αντί να αποφεύγουμε τις σχέσεις ή να συνεχίζουμε να κυνηγάμε το φάντασμα ενός ιδανικού συντρόφου σαν απάντηση στο πρόβλημά μας ή σαν μέσο για να νιώσουμε ολοκληρωμένοι;

Η ευκαιρία που κρύβεται μέσα σε κάθε κρίση δεν εκδηλώνεται παρά μόνο όταν αναγνωρίσεις και αποδεχτείς απόλυτα όλα τα στοιχεία μιας δεδομένης κατάστασης. Όσο τα αρνείσαι, όσο προσπαθείς να ξεφύγεις απ' αυτά ή εύχεσαι να ήταν διαφορετικά τα πράγματα, το παράθυρο της ευκαιρίας δεν ανοίγει κι εσύ μένεις παγιδευμένος μέσα σ' αυτή την κατάσταση, που θα παραμείνει η ίδια ή θα χειροτερέψει.

Όταν αναγνωρίζεις και αποδέχεσαι τα γεγονότα, σ΄ ένα βαθμό απελευθερώνεσαι απ' αυτά. Για παράδειγμα, όταν *γνωρίζεις* ότι υπάρχει δυσαρμονία στη σχέση σου, αυτή η γνώση βάζει έναν καινούριο παράγοντα, και η δυσαρμονία δεν μπορεί να μείνει αμετάβλητη. Όταν *γνωρίζεις* ότι δεν είσαι ήρεμος, η γνώση σου δημιουργεί ένα ήσυχο χώρο που περιβάλλει τη μη-ηρεμία σου με μια αγκαλιά γεμάτη αγάπη και τρυφερότητα, και ύστερα μεταστοιχειώνει τη μη-ηρεμία σου σε ηρεμία.

Σε ό,τι αφορά την εσωτερική μεταστοιχείωση, δεν υπάρχει τίποτε που να μπορείς να *κάνεις* γι' αυτήν. Δεν μπορείς να μεταμορφώσεις τον εαυτό σου, και σίγουρα δεν μπορείς να μεταμορφώσεις το σύντροφό σου ή οποιονδήποτε άλλον. Το μόνο που *μπορείς* να κάνεις, είναι να δημιουργήσεις ένα χώρο για να συμβεί η μεταμόρφωση, για να μπουν η θεία χάρη και η αγάπη.

Έτσι, όποτε η σχέση σου δε λειτουργεί, όποτε σου βγάζει στην επιφάνεια την "παραφροσύνη" σου, αλλά κι αυτή του συντρόφου σου, να χαίρεσαι. Αυτό που ήταν ασυνείδητο έρχεται στο φως. Είναι μια ευκαιρία για λύτρωση. Κράτα τη γνώση εκείνης της στιγμής και ιδιαίτερα της εσωτερικής σου κατάστασης. Αν υπάρχει θυμός, *γνώριζε* ότι είναι θυμός. Αν είναι ζήλια, αμυντικότητα, παρόρμηση για καυγά, ανάγκη να έχεις δίκιο, ένα εσώτερο παιδί που απαιτεί αγάπη και προσοχή, ή συναισθηματικός πόνος οποιουδήποτε είδους — ό,τι κι αν είναι, *γνώριζε* την πραγματικότητα εκείνης της στιγμής και κράτα αυτή τη γνώση. Η σχέση γίνεται τότε η *σαντάνα σου*, η πνευματική σου άσκηση.

Αν παρατηρήσεις κάποια μη συνειδητή συμπεριφορά στο σύντροφό σου, κράτα τη στη στοργική αγκαλιά της γνώσης σου, έτσι ώστε να μην αντιδράσεις. Η ασυνειδησία και η γνώση δεν μπορούν να συνυπάρξουν για πολύ – ακόμα κι αν αυτή τη γνώση την έχει μόνο ο άλλος και όχι εκείνος που ενεργεί μη συνειδητά. Η ενέργεια που βρίσκεται πίσω από την εχθρότητα και την επιθετικότητα βρίσκει την παρουσία της αγάπης εντελώς ανυπόφορη. Αν αντιδράσεις στην ασυνειδησία του συντρόφου σου, τότε γίνεσαι κι εσύ μη συνειδητός. Αν όμως ύστερα θυμηθείς να *γνωρίζεις* την αντίδρασή σου, τότε τίποτε δεν έχει χαθεί.

Η ανθρωπότητα βρίσκεται κάτω από μεγάλη πίεση να εξελιχθεί, επειδή αυτό είναι η μόνη μας πιθανότητα να επιβιώσουμε ως είδος. Αυτό θα επηρεάσει κάθε πλευρά της ζωής σου και ιδιαίτερα τις στενές σου σχέσεις. Ποτέ πριν οι σχέσεις δεν ήταν τόσο προβληματικές και γεμάτες συγκρούσεις όσο είναι τώρα.

Όπως ίσως έχεις παρατηρήσει, οι σχέσεις δεν υπάρχουν για να σε κάνουν ευτυχισμένο ή ολοκληρωμένο. Αν συνεχίσεις να επιδιώκεις τη λύτρωση μέσα από μια σχέση, θα απογοητεύεσαι ξανά και ξανά. Αν όμως δεχτείς ότι η σχέση υπάρχει για να σε κάνει συνειδητό, αντί για να σε κάνει ευτυχισμένο, τότε η σχέση *θα σου προσφέρει* λύτρωση, και θα ευθυγραμμίζεσαι με την υψηλότερη συνειδητότητα που θέλει να γεννηθεί σε τούτο τον κόσμο. Γι' αυτούς που εμμένουν στα παλιά πρότυπα, θα υπάρχει όλο και περισσότερος πόνος, βία, σύγχυση και παραφροσύνη.

Φαντάζομαι ότι χρειάζονται δύο για να μετατραπεί μια σχέση σε πνευματική άσκηση, όπως προτείνεις. Για παράδειγ-

μα, ο σύντροφός μου εξακολουθεί να ακολουθεί τα παλιά του πρότυπα ζήλιας και ελέγχου. Του το έχω επισημάνει πολλές φορές, αλλά δεν μπορεί να το καταλάβει.

Πόσοι άνθρωποι χρειάζονται για να κάνεις τη ζωή σου πνευματική άσκηση; Δεν πειράζει που ο σύντροφός σου δε θέλει να συνεργαστεί. Η πνευματική υγεία – η συνειδητότητα – μπορεί να μπει σε τούτο τον κόσμο μόνο μέσα από σένα. Δε χρειάζεται να περιμένεις να γίνει ο κόσμος ψυχικά υγιής ή να γίνει συνειδητός κάποιος άλλος, πριν μπορέσεις να φωτιστείς εσύ. Μπορεί να περιμένεις για πάντα.

Μην κατηγορείτε ο ένας τον άλλον για έλλειψη συνειδητότητας. Από τη στιγμή που αρχίζετε να τσακώνεστε, έχετε ταυτιστεί με μια νοητική θέση και υπερασπίζεστε όχι μόνο αυτή τη θέση, αλλά και την αίσθηση του εαυτού σας. Το εγώ κρατάει τα ηνία. Έχετε γίνει μη συνειδητοί. Κάποιες φορές, μπορεί να είναι καλό να επισημαίνεις κάποιες πλευρές της συμπεριφοράς του συντρόφου σου. Αν είσαι σε μεγάλη εγρήγορση, έντονα παρούσα, μπορείς να το κάνεις χωρίς να εμπλέκεις το εγώ – χωρίς να μέμφεσαι, να κατηγορείς ή να βγάζεις τον άλλο λάθος.

Όταν ο σύντροφός σου φέρεται μη συνειδητά, παραιτήσου από κάθε κριτική. Κριτική σημαίνει είτε να συγχέεις τη μη συνειδητή συμπεριφορά κάποιου με το ποιος είναι είτε να προβάλεις τη δική σου έλλειψη συνειδητότητας πάνω στον άλλον και να συγχέεις *αυτό* με το ποιος είναι.

Η παραίτηση από την κριτική δεν σημαίνει ότι δεν αναγνωρίζεις τη δυσλειτουργία και την έλλειψη συνειδητότητας όταν τις βλέπεις. Σημαίνει ότι "είσαι η επίγνωση", μάλλον παρά ότι "είσαι η αντίδραση" και ο δικαστής. Τότε, είτε θα ελευθερωθείς τελείως από την αντίδραση είτε μπορεί να αντιδράσεις και να εξακολουθείς να είσαι η επίγνωση, ο χώρος μέσα στον οποίο παρατηρείται η αντίδραση και της επιτρέπεται να υπάρχει.

Αντί να μάχεσαι το σκοτάδι, φέρνεις μέσα το φως. Αντί να αντιδράς στην πλάνη, βλέπεις την πλάνη, αλλά ταυτόχρονα βλέπεις μέσα απ' αυτήν. Όταν είσαι η επίγνωση, τότε δημιουργείται ένας καθαρός χώρος παρουσίας γεμάτης αγάπη που επιτρέπει σε όλα τα πράγματα και σε όλους τους ανθρώπους να είναι όπως είναι. Δεν υπάρχει ισχυρότερος καταλύτης για τη μεταμόρφωση. Αν το κάνεις αυτό, ο σύντροφός σου δε θα μπορεί να μείνει μαζί σου *και* να παραμένει μη συνειδητός.

Αν συμφωνήσετε και οι δύο ότι η σχέση σας θα είναι η πνευματική σας άσκηση, τόσο το καλύτερο. Μπορείτε τότε να εκφράζετε τις σκέψεις και τα συναισθήματά σας ο ένας στον άλλο μόλις εμφανίζονται ή μόλις προκύψει μια αντίδραση, έτσι ώστε να μη δημιουργείται ένα χρονικό κενό μέσα στο οποίο να μπορεί να κακοφορμίσει και να μεγαλώσει ένα συναίσθημα που δεν το έχετε αναγνωρίσει ή δεν το έχετε εκφράσει.

Μάθε να εκφράζεις αυτό που νιώθεις, χωρίς κατηγόριες. Μάθε να ακούς το σύντροφό σου με έναν ανοιχτό, μη αμυντικό τρόπο. Δώσε του χώρο για να εκφραστεί. Να είσαι παρών. Οι κατηγόριες, η άμυνα, οι επιθέσεις — όλα αυτά τα πρότυπα που είναι προορισμένα να ισχυροποιούν το εγώ ή να ικανοποιούν τις ανάγκες του, γίνονται τότε περιττά.

Το να δίνεις χώρο στους άλλους — και στον εαυτό σου — είναι ζωτικής σημασίας. Η αγάπη δεν μπορεί να ανθίσει χωρίς αυτό. Όταν έχεις απομακρύνει τους δύο παράγοντες που είναι καταστροφικοί για τις σχέσεις, όταν το πονο-σώμα έχει μεταστοιχειωθεί και δεν είσαι πια ταυτισμένος με το νου και με νοητικές θέσεις, και αν ο σύντροφός σου έχει κάνει το ίδιο, τότε βιώνεις την υπέρτατη ευδαιμονία της άνθισης της σχέσης. Αντί να καθρεφτίζετε ο ένας στον άλλον τον πόνο σας και την έλλειψη συνειδητότητας, αντί να ικανοποιείτε τις αμοιβαίες εθιστικές ανάγκες του εγώ σας, αντανακλάτε ο ένας στον άλλο την αγάπη που νιώθετε βαθιά μέσα σας, την αγάπη που έρχεται με τη συνειδητοποίηση της ενότητάς σας με όλα όσα υπάρχουν. Αυτή είναι η αγάπη που δεν έχει αντίθετο.

Αν ο σύντροφός σου είναι ακόμα ταυτισμένος με το νου και το πονο-σώμα, ενώ εσύ είσαι ήδη ελεύθερος, αυτό είναι μια μεγάλη πρόκληση – όχι για σένα, αλλά για το σύντροφό σου. Δεν είναι εύκολο να ζεις με ένα φωτισμένο άτομο, ή μάλλον είναι *τόσο* εύκολο ώστε το εγώ το βρίσκει εξαιρετικά απειλητικό. Θυμήσου ότι το εγώ χρειάζεται προβλήματα, σύγκρουση και "εχθρούς" για να ισχυροποιεί την αίσθηση του διαχωρισμού από την οποία εξαρτάται η ταυτότητά του. Ο νους του μη φωτισμένου συντρόφου νιώθει μια βαθιά αίσθηση ματαιότητας, επειδή οι εδραιωμένες θέσεις του δε βρίσκουν αντίσταση, πράγμα που σημαίνει ότι γίνονται επισφαλείς και αδύναμες. Υπάρχει ακόμα και ο κίνδυνος να "καταρρεύσουν" εντελώς, με αποτέλεσμα την απώλεια του εαυτού. Το πονο-σώμα απαιτεί ανατροφοδότηση και δεν την παίρνει. Η ανάγκη για καυγά, δράματα και σύγκρουση δεν ικανοποιείται.

Όμως πρόσεξε: κάποιοι άνθρωποι που δεν ανταποκρίνονται, που είναι κλεισμένοι στον εαυτό τους, που είναι αδιάφοροι ή αποκομμένοι από τα συναισθήματά τους, μπορεί να νομίζουν και να προσπαθούν να πείσουν και τους άλλους ότι είναι φωτισμένοι ή τουλάχιστον ότι δεν υπάρχει "τίποτε το στραβό" στους ίδιους, ενώ όλα είναι στραβά στο σύντροφό τους.

Οι άντρες έχουν την τάση να το κάνουν αυτό περισσότερο απ' όσο οι γυναίκες. Μπορεί να βλέπουν τις συντρόφους τους σαν παράλογες ή υπερβολικά ευσυγκίνητες. Όμως, αν μπορείς να νιώσεις τα συναισθήματά σου, τότε δεν είσαι μακριά από το ακτινοβόλο εσώτερο σώμα που βρίσκεται λίγο πιο κάτω. Αν είσαι κυρίως μέσα στο νου σου, τότε η απόσταση είναι πολύ μεγαλύτερη και χρειάζεσαι να φέρεις τη συνειδητότητα μέσα στο συναισθηματικό σώμα πριν μπορέσεις να φτάσεις το εσώτερο σώμα.

Αν δεν υπάρχει ακτινοβόλα αγάπη και χαρά, ολοκληρωτική παρουσία και άνοιγμα προς όλα τα όντα, τότε δεν υπάρχει φώτιση. Ένας άλλος τρόπος να καταλάβεις αν έχεις φτάσει σ΄ αυτό είναι το πώς συμπεριφέρεσαι σε δύσκολες καταστάσεις που αποτελούν πρόκληση ή όταν τα πράγματα "πάνε στραβά". Αν η "φώτισή" σου είναι μια εγωική αυταπάτη, τότε η ζωή σύντομα θα σου εμφανίσει μια πρόκληση που θα φέρει στην επιφάνεια την έλλειψη συνειδητότητας με οποιαδήποτε μορφή — σαν φόβο, θυμό, αμυντικότητα, κριτική, κατάθλιψη κλπ. Αν έχεις μια σχέση, πολλές από αυτές τις προκλήσεις θα έρθουν μέσα από το σύντροφό σου.

Για παράδειγμα, μια γυναίκα μπορεί να αντιμετωπίζει την πρόκληση ενός συντρόφου που δεν ανταποκρίνεται στις ανάγκες της και ζει σχεδόν αποκλειστικά μέσα στο κεφάλι του. Θα προκαλείται από την ανικανότητά του να την ακούσει, να της δώσει προσοχή και χώρο για να υπάρξει, πράγμα που οφείλεται στην έλλειψη παρουσίας εκ μέρους του. Η απουσία αγάπης στη σχέση, που γίνεται συνήθως πιο έντονα αισθητή από μια γυναίκα παρά από έναν άντρα, θα πυροδοτήσει το πονο-σώμα της γυναίκας, και μέσα από αυτό θα επιτεθεί στο σύντροφό της – με μομφές, κριτική, βγάζοντάς τον λάθος κλπ.

Αυτό γίνεται με τη σειρά του η *δική του* πρόκληση. Για να υπερασπιστεί τον εαυτό του ενάντια στην επίθεση του πονο-σώματος της συντρόφου του, την οποία βλέπει σαν εντελώς αδικαιολόγητη, περιχαρακώνεται ακόμα περισσότερο στις νοητικές του θέσεις, καθώς δικαιολογεί και υπερασπίζεται τον εαυτό του ή αντεπιτίθεται. Τελικά, αυτό μπορεί να ενεργοποιήσει το δικό του πονο-σώμα.

Όταν και οι δύο σύντροφοι έχουν κυριευτεί με αυτό τον τρόπο από τα πονο-σώματά τους, τότε έχουν φτάσει σε ένα επίπεδο βαθιάς έλλειψης συνειδητότητας, συναισθηματικής βίας, ωμής επίθεσης και αντεπίθεσης. Αυτό το επίπεδο δε θα υποχωρήσει μέχρι να έχουν ανεφοδιαστεί και τα δυο πονο-σώματα και να μπουν ύστερα στο στάδιο της αδράνειας. Μέχρι την επόμενη φορά.

Αυτό είναι μόνο ένα από τον ατελείωτο αριθμό των πιθανών σεναρίων. Πολλοί τόμοι έχουν γραφτεί και πολλοί περισσότεροι θα μπορούσαν να γραφτούν σχετικά με τους τρόπους με τους οποίους η έλλειψη συνειδητότητας βγαίνει στην επιφάνεια στις σχέσεις αντρών και γυναικών. Όμως, όπως είπα και πριν, από τη στιγμή που καταλαβαίνεις τη ρίζα της δυσλειτουργίας, δε χρειάζεται να διερευνήσεις τις αμέτρητες εκδηλώσεις της.

Ας συνοψίσουμε το σενάριο που μόλις περιέγραψα. Κάθε πρόκληση που περιέχει είναι στην πραγματικότητα μια μεταμφιεσμένη ευκαιρία για λύτρωση. Σε κάθε στάδιο της δυσλειτουργικής διαδικασίας που ξεδιπλώνεται, η απελευθέρωση από την έλλειψη συνειδητότητας μπορεί να συμβεί. Για παράδειγμα, η εχθρότητα της γυναίκας μπορεί να γίνει το σύνθημα για τον άντρα για να βγει από την ταύτισή του με το νου, να αφυπνιστεί στο Τώρα, να γίνει παρών, αντί να ταυτίζεται ακόμα περισσότερο με το νου του, να γίνεται ακόμα λιγότερο συνειδητός.

Αντί να "είναι" το πονο-σώμα, η γυναίκα μπορεί να είναι η επίγνωση που παρατηρεί το συναισθηματικό πόνο μέσα της, αποκτώντας έτσι πρόσβαση στη δύναμη του Τώρα και ξεκινώντας τη μεταστοιχείωση του πόνου. Αυτό θα σταματήσει την ψυχαναγκαστική και αυτόματη προβολή του προς τα έξω. Μπορεί τότε εκείνη να εκφράσει τα συναισθήματά της στο σύντροφό της. Δεν υπάρχει εγγύηση, φυσικά, ότι εκείνος θα την ακούσει, αλλά του δίνει μια καλή ευκαιρία να γίνει παρών, και σίγουρα σπάει το φαύλο κύκλο της αθέλητης ενεργοποίησης των παλιών νοητικών προτύπων.

Αν η γυναίκα χάσει αυτή την ευκαιρία, ο άντρας μπορεί να παρατηρήσει τη δική του νοητική-συναισθηματική αντίδραση στον πόνο της, να δει τη δική του αμυντικότητα, αντί να *είναι* η αντίδραση. Μπορεί έπειτα να παρακολουθήσει την πυροδότηση του δικού του πονο-σώματος, κι έτσι να φέρει συνειδητότητα μέσα στα συναισθήματά του. Με αυτό τον τρόπο, δημιουργείται ένας καθαρός και ήσυχος χώρος ατόφιας συνειδητότητας – η επίγνωση, ο σιωπηλός μάρτυρας, ο παρατηρητής.

Αυτή η συνειδητότητα δεν αρνείται τον πόνο, είναι όμως πέρα απ' αυτόν. Επιτρέπει στον πόνο να υπάρχει, ταυτόχρονα όμως τον μεταστοιχειώνει. Δέχεται τα πάντα και μεταμορφώνει τα πάντα. Έτσι, ο άντρας ανοίγει μια πόρτα για τη γυναίκα, μέσα από την οποία εκείνη μπορεί εύκολα να σμίξει μαζί του σ' αυτό το χώρο.

Αν είσαι σταθερά ή τουλάχιστον τον περισσότερο καιρό παρών στη σχέση σου, αυτό είναι η μεγαλύτερη πρόκληση για το σύντροφό σου. Δεν μπορεί να αντέξει για πολύ την παρουσία σου και να παραμένει μη συνειδητός. Αν είναι έτοιμος, θα περάσει από την πόρτα που του άνοιξες και θα σμίξει μαζί σου σ' αυτή την κατάσταση. Αν όχι, θα χωρίσετε, όπως το λάδι από το νερό. Το φως παραείναι οδυνηρό για κάποιον που θέλει να παραμείνει στο σκοτάδι.

ΓΙΑΤΙ ΟΙ ΓΥΝΑΙΚΕΣ ΕΙΝΑΙ ΠΙΟ ΚΟΝΤΑ ΣΤΗ ΦΩΤΙΣΗ

Τα εμπόδια προς τη φώτιση είναι τα ίδια για έναν άντρα και για μια γυναίκα;

Ναι, αλλά η έμφαση είναι διαφορετική. Γενικά, είναι ευκολότερο για μια γυναίκα να νιώθει το σώμα της και να είναι μέσα του, κι έτσι είναι από τη φύση της πιο κοντά στην Ύπαρξη και δυνητικά πιο κοντά στη φώτιση απ' όσο ένας άντρας.

Αυτός είναι ο λόγος που πολλοί αρχαίοι πολιτισμοί επέλεγαν ενστικτωδώς γυναικείες μορφές ή αναλογίες για να παραστήσουν ή να περιγράψουν την άμορφη και υπερβατική πραγματικότητα. Την έβλεπαν συχνά σαν μήτρα που γεννάει τα πάντα, τα συντηρεί και τα τρέφει κατά τη διάρκεια της ζωής τους ως μορφές.

Στο "*Ταό Τε Τσινγκ*", ένα από τα αρχαιότερα και πιο βαθυστόχαστα βιβλία που γράφτηκαν ποτέ, το *ταό*, που θα μπορούσε να μεταφραστεί ως Ύπαρξη, περιγράφεται ως "άπειρο, αιώνια παρόν, η μητέρα του σύμπαντος". Φυσικά, οι γυναίκες είναι πλησιέστερα σ' αυτό απ' όσο οι άντρες, αφού ουσιαστικά αυτές "ενσωματώνουν" το Άδηλο.

Επιπλέον, όλα τα πλάσματα και όλα τα πράγματα πρέπει τελικά να επιστρέψουν στην Πηγή. "Όλα τα πράγματα εξαφανίζονται μέσα στο ταό. Αυτό μόνο διαρκεί". Επειδή η Πηγή θεωρείται θηλυκή, αυτό παριστάνεται στην ψυχολογία και τη μυθολογία ως η φωτεινή και η σκοτεινή πλευρά του αρχέτυπου θηλυκού. Η θεά ή θεϊκή Μητέρα έχει δύο όψεις: δίνει τη ζωή και παίρνει τη ζωή.

Όταν ο νους πήρε τα ηνία και οι άνθρωποι έχασαν την επαφή τους με την πραγματικότητα της θεϊκής τους ουσίας, άρχισαν να σκέφτονται το Θεό σαν αρσενική φιγούρα. Η κοινωνία κυριαρχήθηκε από τους άντρες και η γυναίκα υποτάχθηκε στον άντρα.

Δεν προτείνω επιστροφή στις αρχαιότερες απεικονίσεις του θεϊκού. Κάποιοι άνθρωποι χρησιμοποιούν τώρα τον όρο *Θεά* αντί *Θεός*. Αποκαθιστούν έτσι μια ισορροπία μεταξύ αρσενικού και θηλυκού, που έχει χαθεί πριν από πολύ καιρό, κι αυτό είναι καλό. Όμως πρόκειται και πάλι για μια απεικόνιση και για μια έννοια, ίσως προσωρινά χρήσιμη, αλλά που τελικά είναι περισσότερο εμπόδιο παρά βοήθεια όταν είσαι έτοιμος να συνειδητοποιήσεις την πραγματικότητα πέρα από όλες τις έννοιες και τις εικόνες.

Αυτό που παραμένει αληθινό, όμως, είναι ότι η ενεργειακή συχνότητα του νου φαίνεται να είναι ουσιαστικά αρσενική. Ο νους αντιστέκεται, μάχεται για τον έλεγχο, χρησιμοποιεί, χειραγωγεί, επιτίθεται, προσπαθεί να αρπάξει και να κατέχει... Γι' αυτό ο παραδοσιακός Θεός είναι ένας πατριάρχης, μια αυταρχική μορφή εξουσίας, ένας συνήθως θυμωμένος άντρας τον οποίον πρέπει να φοβάσαι, όπως υποστηρίζει η Παλαιά Διαθήκη.

Αυτός ο Θεός είναι μια προβολή του ανθρώπινου νου. Για να πας πέρα από το νου και να ξανασυνδεθείς με τη βαθύτερη πραγματικότητα της Ύπαρξης, χρειάζονται πολύ διαφορετικές ιδιότητες: παράδοση, μη κριτική, ένα άνοιγμα που επιτρέπει στη ζωή να υπάρξει αντί να της αντιστέκεται, την ικανότητα να κρατάς τα πάντα στη γεμάτη αγάπη αγκαλιά της γνώσης σου. Όλες αυτές οι ιδιότητες σχετίζονται πολύ πιο στενά με τη θηλυκή έννοια.

Ενώ η ενέργεια του νου είναι σκληρή και άκαμπτη, η ενέργεια της Ύπαρξης είναι απαλή και υποχωρητική, κι όμως απείρως πιο δυνατή από του νου. Ο νους κυβερνάει τον πολιτισμό μας, ενώ η Ύπαρξη έχει τη φροντίδα όλης της ζωής στον πλανήτη μας και πέρα απ' αυτόν. Η Ύπαρξη είναι εκείνη ακριβώς η Ευφυΐα που η ορατή της εκδήλωση είναι το υλικό σύμπαν. Όμως παρ΄ όλο που οι γυναίκες είναι δυνητικά πιο κοντά σ' αυτήν, οι άντρες μπορούν επίσης να την προσεγγίσουν μέσα τους.

Αυτή την εποχή, η συντριπτική πλειοψηφία των αντρών και των γυναικών εξακολουθούν να είναι πιασμένοι στη λαβή του νου: ταυτισμένοι με τη σκέψη τους και το πονο-σώμα. Αυτό, φυσικά, είναι που εμποδίζει τη φώτιση και την άνθιση της αγάπης. Ως γενικός κανόνας, το κύριο εμπόδιο για τους άντρες είναι συνήθως ο σκεπτόμενος νους τους, και το κύριο εμπόδιο για τις γυναίκες είναι το πονο-σώμα, αν και σε κάποια άτομα μπορεί να ισχύει το αντίθετο, ενώ σε άλλα οι δύο παράγοντες μπορεί να λειτουργούν εξίσου.

ΔΙΑΛΥΟΝΤΑΣ ΤΟ ΣΥΛΛΟΓΙΚΟ ΘΗΛΥΚΟ ΠΟΝΟ-ΣΩΜΑ

Γιατί λες ότι το πονο-σώμα είναι μεγαλύτερο εμπόδιο για τις γυναίκες;

Το πονο-σώμα έχει μια συλλογική καθώς και μια προσωπική πλευρά. Η προσωπική πλευρά είναι το συσσωρευμένο υπόλειμμα του συναισθηματικού πόνου που έχει βιώσει κάποιος στο παρελθόν του. Η συλλογική πλευρά είναι ο πόνος που συσσωρεύτηκε στη συλλογική ανθρώπινη ψυχή σε χιλιάδες χρόνια, μέσα από αρρώστιες, βασανιστήρια, πολέμους, δολοφονίες, σκληρότητα, τρέλα και άλλα πολλά. Το προσωπικό πονο-σώμα όλων συμμετέχει επίσης σ' αυτό το συλλογικό πονο-σώμα.

Για παράδειγμα, κάποιες φυλές ή χώρες στις οποίες εκδηλώνονται ακραίες μορφές διαμάχης και βίας, έχουν ένα βαρύτερο συλλογικό πονο-σώμα από άλλες. Οποιοσδήποτε με ένα ισχυρό πονο-σώμα και με όχι αρκετή συνειδητότητα ώστε να αποταυτιστεί απ' αυτό, όχι μόνο ξαναζεί περιοδικά το συναισθηματικό του πόνο, αλλά μπορεί εύκολα να γίνει ο δράστης ή το θύμα της βίας, ανάλογα με το αν το πονο-σώμα του είναι κυρίως ενεργητικό ή παθητικό.

Από την άλλη, μπορεί επίσης να είναι δυνητικά πλησιέστερα στη φώτιση. Αυτό το δυναμικό δεν πραγματώνεται υποχρεωτικά, φυσικά, αλλά αν είσαι παγιδευμένος σε έναν εφιάλτη, έχεις ίσως μεγαλύτερο κίνητρο να ξυπνήσεις, από κάποιον που είναι πιασμένος απλώς στις διακυμάνσεις ενός συνηθισμένου ονείρου.

Πέρα από το προσωπικό της πονο-σώμα, κάθε γυναίκα, εκτός κι αν είναι απόλυτα συνειδητή, έχει το μερτικό της σ' αυτό που θα μπορούσε να περιγραφεί ως συλλογικό θηλυκό πονο-σώμα. Αυτό αποτελείται από το συσσωρευμένο πόνο που έχουν υποφέρει οι γυναίκες, μέσα από την κυριαρχία που έχουν ασκήσει οι άντρες πάνω τους, μέσα από την υποδούλωση, την εκμετάλλευση, το βιασμό, τον τοκετό, το θάνατο παιδιών, και τόσα άλλα, μέσα σε χιλιάδες χρόνια. Ο συναισθηματικός ή σωματικός πόνος που για πολλές γυναίκες προηγείται και συμπίπτει με την έμμηνο ρύση είναι το πονο-σώμα στη συλλογική πλευρά του, που αυτή την περίοδο αφυπνίζεται από τη νάρκη του, αν και μπορεί να ενεργοποιηθεί και σε άλλες στιγμές. Η ελεύθερη ροή της ζωτικής ενέργειας μέσα από το σώμα, που μια σωματική της έκφραση είναι η έμμηνος ρύση, περιορίζεται. Ας μείνουμε λίγο σ' αυτό και ας δούμε πώς μπορεί να γίνει μια ευκαιρία για φώτιση.

Συχνά, η γυναίκα "καταλαμβάνεται" από το πονο-σώμα σ' εκείνη τη χρονική περίοδο. Ως γυναίκα, έχεις μια εξαιρετικά ισχυρή ενεργειακή φόρτιση που μπορεί εύκολα να σε τραβήξει σε μη συνειδητή ταύτιση μαζί του. Τότε κατέχεσαι από ένα ενεργειακό πεδίο που καταλαμβάνει τον εσωτερικό σου χώρο και προσποιείται πως είσαι εσύ – αλλά, φυσικά, δεν είναι καθόλου εσύ. Μιλάει μέσα από σένα, δρα μέσα από σένα, σκέφτεται μέσα από σένα. Δημιουργεί αρνητικές καταστάσεις στη ζωή σου, για να μπορεί να τρέφεται από αυτή την ενέργεια. Θέλει περισσότερο πόνο, σε οποιαδήποτε μορφή. Έχω ήδη περιγράψει αυτή τη διαδικασία. Μπορεί να είναι επικίνδυνη και καταστροφική. Είναι καθαρός πόνος, παρελθών πόνος – και δεν είναι εσύ.

Οι γυναίκες που πλησιάζουν τώρα την απόλυτα συνειδητή κατάσταση είναι περισσότερες από τους άντρες και θα γίνονται όλο και περισσότερες στα χρόνια που θα ακολουθήσουν. Οι άντρες μπορεί να τις προλάβουν τελικά, αλλά για κάποιο σημαντικό χρονικό διάστημα θα υπάρχει ένα χάσμα ανάμεσα στη συνειδητότητα των δύο φύλων. Οι γυναίκες αποκτούν ξανά τη λειτουργία που τους ανήκει δικαιωματικά και, κατά συνέπεια, τους έρχεται πιο φυσιολογικά απ' όσο στους άντρες: να είναι η γέφυρα μεταξύ του δήλου κόσμου και του Αδήλου, μεταξύ υλικότητας και πνεύματος.

Ο κύριος ρόλος σου, ως γυναίκα, είναι τώρα να μεταστοιχειώσεις το πονο-σώμα, έτσι ώστε να μην μπαίνει πια ανάμεσα σε σένα και στον αληθινό σου εαυτό, την ουσία αυτής που είσαι. Φυσικά, έχεις επίσης να αντιμετωπίσεις άλλο ένα εμπόδιο προς τη φώτιση, που είναι ο σκεπτόμενος νους, αλλά η έντονη παρουσία που παράγεις όταν αντιμετωπίζεις το πονο-σώμα θα σε ελευθερώσει επίσης και από την ταύτιση με το νου.

Το πρώτο που χρειάζεται να θυμάσαι είναι τούτο: όσο φτιάχνεις μια ταυτότητα για τον εαυτό σου από τον πόνο, δεν μπορείς να ελευθερωθείς απ' αυτόν. Όσο ένα μέρος του εαυτού σου είναι επενδυμένο στο συναισθηματικό σου πόνο, αντιστέκεσαι ή σαμποτάρεις ασυνείδητα κάθε προσπάθεια που κάνεις για να γιατρέψεις αυτό τον πόνο. Γιατί; Επειδή, πολύ απλά, θέλεις να διατηρήσεις τον εαυτό σου ακέραιο, και ο πόνος έχει γίνει ένα ουσιαστικό μέρος σου. Αυτή η διαδικασία είναι ασυνείδητη και ο μόνος τρόπος για να την ξεπεράσεις είναι να την κάνεις συνειδητή.

Το να δεις ξαφνικά ότι είσαι ή ήσουν προσκολλημένη στον πόνο σου είναι μια συγκλονιστική συνειδητοποίηση. Τη στιγμή που το συνειδητοποιείς, έχεις σπάσει την προσκόλληση. Το πονο-σώμα είναι ένα ενεργειακό πεδίο, σχεδόν σαν οντότητα, που έχει προσωρινά εγκατασταθεί στον εσωτερικό σου χώρο. Είναι ζωτική ενέργεια που έχει παγιδευτεί, μια ενέργεια που δε ρέει πια. Φυσικά, το πονο -σώμα υπάρχει εξαιτίας κάποιων γεγονότων που συνέβησαν στο παρελθόν. Είναι το ζωντανό παρελθόν μέσα σου και αν ταυτιστείς μαζί του, τότε ταυτίζεσαι με το παρελθόν.

Η ταυτότητα του θύματος είναι η πεποίθηση ότι το παρελθόν είναι πιο δυνατό από το παρόν, πράγμα που είναι αντίθετο από την αλήθεια. Είναι η πεποίθηση ότι άλλοι άνθρωποι κι αυτά που σου έκαναν ευθύνονται για το ποια είσαι σήμερα, για το συναισθηματικό σου πόνο ή για την ανικανότητά σου να είσαι ο αληθινός σου εαυτός. Η αλήθεια είναι ότι η μόνη δύναμη που υπάρχει περιέχεται σε τούτη τη στιγμή: είναι η δύναμη της παρουσίας σου. Από τη στιγμή που θα το καταλάβεις αυτό, συνειδητοποιείς επίσης ότι εσύ είσαι υπεύθυνη τώρα για τον εσωτερικό σου χώρο — εσύ και κανένας άλλος — και ότι το παρελθόν δεν μπορεί να επικρατήσει ενάντια στη δύναμη του Τώρα.

Έτσι, η ταύτιση με το πονο-σώμα σε εμποδίζει να καταπιαστείς μαζί του. Κάποιες γυναίκες, που είναι ήδη αρκετά συνειδητές ώστε να έχουν παραιτηθεί από τη θυματική τους ταυτότητα σε προσωπικό επίπεδο, εμμένουν ακόμα σε μια συλλογική ταυτότητα θύματος: "Τι έχουν κάνει οι άντρες στις γυναίκες". Έχουν δίκιο — και έχουν επίσης άδικο.

Έχουν δίκιο στο βαθμό που το θηλυκό πονο-σώμα οφείλεται *πράγματι* σε μεγάλο βαθμό στην αρσενική βία και στην καταπίεση που ασκήθηκε πάνω στις γυναίκες σε όλο τον πλανήτη για χιλιετίες ολόκληρες. Έχουν άδικο αν αντλούν μια αίσθηση εαυτού από αυτό το γεγονός και, κατά συνέπεια, κρατούν τους εαυτούς τους φυλακισμένους σε μια συλλογική ταυτότητα θύματος.

Αν μια γυναίκα εξακολουθεί να εμμένει στο θυμό, τη μνησικακία ή την καταδίκη των αντρών, τότε εμμένει στο πονο-σώμα της. Αυτό μπορεί να της δίνει μια βολική αίσθηση ταυτότητας και αλληλεγγύης με άλλες γυναίκες, αλλά την κρατάει υποδουλωμένη στο παρελθόν και εμποδίζει την πλήρη πρόσβαση στην ουσία της και στην αληθινή της δύναμη. Αν οι γυναίκες διαφοροποιούν τους εαυτούς τους από τους άντρες, αυτό καλλιεργεί μια αίσθηση διαχωρισμού και, επομένως, ισχυροποιεί το εγώ. Και όσο πιο ισχυρό είναι το εγώ, τόσο πιο μακριά βρίσκεσαι από την αληθινή σου φύση.

Μη χρησιμοποιείς, λοιπόν, το πονο-σώμα για να σου δώσει μια ταυτότητα. Χρησιμοποίησέ το, αντίθετα, για τη φώτιση. Μεταστοιχείωσέ το σε συνειδητότητα. Μια από τις καλύτερες χρονικές περιόδους για να το κάνεις αυτό είναι κατά τη διάρκεια της εμμηνόρροιας. Πιστεύω ότι στα χρόνια που θα ακολουθήσουν, πολλές γυναίκες θα μπαίνουν στην πλήρως συνειδητή κατάσταση σ΄ αυτό το διάστημα.

Συνήθως, για τις περισσότερες γυναίκες, είναι μια εποχή μη συνειδητότητας, αφού καταλαμβάνονται από το συλλογικό θηλυκό πονο-σώμα. Όταν όμως έχεις φτάσει σε ένα ορισμένο επίπεδο συνειδητότητας, μπορείς να το αντιστρέψεις αυτό, έτσι ώστε αντί να γίνεσαι μη συνειδητή, να γίνεσαι *περισσότερο* συνειδητή. Έχω ήδη περιγράψει τη βασική διαδικασία, αλλά επίτρεψέ μου να την ξαναπώ, αυτή τη φορά με ιδιαίτερη αναφορά στο συλλογικό θηλυκό πονο-σώμα.

Όταν ξέρεις ότι πλησιάζει η έμμηνος ρύση, πριν νιώσεις τα πρώτα σημάδια αυτού που είναι γνωστό ως "προεμμηνορροϊκό σύνδρομο" και είναι η αφύπνιση του συλλογικού θηλυκού πονο-σώματος, μπες σε μεγάλη εγρήγορση και κατοίκησε το σώμα σου όσο πληρέστερα μπορείς. Όταν εμφανιστεί το πρώτο σημάδι, χρειάζεται να είσαι σε αρκετή εγρήγορση ώστε να το "συλλάβεις" πριν προλάβει να σε κυριεύσει.

Για παράδειγμα, το πρώτο σημάδι μπορεί να είναι ένας ξαφνικός έντονος εκνευρισμός ή μια αστραπή θυμού ή μπορεί να είναι ένα καθαρά σωματικό σύμπτωμα. Ό,τι κι αν είναι, "τσάκωσέ" το πριν κυριεύσει τη σκέψη ή τη συμπεριφορά σου. Αυτό απλά σημαίνει να ρίξεις τον προβολέα της προσοχής σου πάνω του. Αν είναι ένα συναίσθημα, νιώσε την ισχυρή ενεργειακή φόρτιση πίσω του. Γνώριζε ότι είναι το πονο-σώμα. Ταυτόχρονα, γίνε η επίγνωση· δηλαδή, έχε επίγνωση της συνειδητής σου παρουσίας και νιώσε τη δύναμή της. Κάθε συναίσθημα στο οποίο βάζεις την παρουσία σου καταλαγιάζει γρήγορα και μεταστοιχειώνεται.

Αν πρόκειται για ένα καθαρά σωματικό σύμπτωμα, η προσοχή που του δίνεις θα το εμποδίσει να μετατραπεί σε συναίσθημα ή σε σκέψη. Συνέχισε να βρίσκεσαι σε εγρήγορση και περίμενε το επόμενο σημάδι του πονο-σώματος. Όταν εμφανιστεί, "τσάκωσέ" το ξανά με τον ίδιο τρόπο, όπως και πριν.

Αργότερα, όταν το πονο-σώμα έχει αφυπνιστεί εντελώς από την αδρανή του κατάσταση, μπορεί να βιώνεις σημαντική αναστάτωση μέσα σου για λίγο, ίσως για αρκετές μέρες. Όποια μορφή κι αν παίρνει αυτή η αντίσταση, μείνε παρούσα. Δώσ' της την πλήρη σου προσοχή. Παρακολούθησε την ταραχή μέσα σου. Γνώριζε ότι είναι εκεί. Κράτα την επίγνωση και γίνε η επίγνωση. Να θυμάσαι: μην αφήσεις το πονο-σώμα να χρησιμοποιήσει το νου σου και να κυριεύσει τη σκέψη σου. Παρατήρησέ το. Νιώσε την ενέργειά του άμεσα, μέσα στο σώμα σου. Όπως ξέρεις, πλήρης προσοχή σημαίνει πλήρης αποδοχή.

Μέσα από την προσοχή και, κατά συνέπεια, την αποδοχή, έρχεται η μεταστοιχείωση. Το πονο-σώμα μεταμορφώνεται σε ακτινοβόλα συνειδητότητα, όπως ένα κομμάτι ξύλο, όταν τοποθετηθεί μέσα ή κοντά σε φωτιά, μεταμορφώνεται κι αυτό σε φωτιά. Η έμμηνος ρύση θα γίνει τότε όχι μόνο μια χαρούμενη και ικανοποιητική έκφραση της γυναικείας σου υπόστασης, αλλά και μια ιερή στιγμή μεταστοιχείωσης, όπου γεννάς μια νέα συνειδητότητα. Η αληθινή σου φύση λάμπει τότε, τόσο στη θηλυκή της όψη ως θεά, όσο και στην υπερβατική της όψη ως η θεϊκή Ύπαρξη που είσαι, πέρα από τον αρσενικό και το θηλυκό δυϊσμό.

Αν ο σύντροφός σου είναι αρκετά συνειδητός, μπορεί να σε βοηθήσει με την πρακτική που μόλις περιέγραψα, διατηρώντας την έντονη παρουσία του, ιδιαίτερα σ΄ εκείνο το διάστημα. Αν εκείνος μένει παρών όποτε εσύ ξαναπέφτεις σε μη συνειδητή ταύτιση με το πονο-σώμα, πράγμα που μπορεί να συμβεί και θα συμβαίνει στην αρχή, μπορείς να ξαναντάμώνεις μαζί του σ' αυτή την κατάσταση.

Αυτό σημαίνει ότι όποτε το πονο-σώμα ξαναπαίρνει προσωρινά τα ηνία, είτε κατά τη διάρκεια της περιόδου είτε σε άλλες στιγμές, ο σύντροφός σου δε θα θεωρεί λαθεμένα ότι αυτό είσαι εσύ. Ακόμα κι αν του επιτεθεί το πονο-σώμα σου, όπως πιθανώς θα κάνει, εκείνος δε θα αντιδράσει σ' αυτό σαν να ήταν "εσύ", δε θα αποσυρθεί και δε θα υψώσει κάποιο είδος αμυντικής ασπίδας. Θα μείνει στο χώρο της έντονης παρουσίας. Τίποτε άλλο δε χρειάζεται για τη μεταμόρφωση. Σε άλλες στιγμές, θα μπορείς να κάνεις κι εσύ το ίδιο γι' αυτόν ή θα τον βοηθάς να αποσύρει τη συνειδητότητά του από το νου, στρέφοντας την προσοχή του στο εδώ και τώρα, όποτε ταυτίζεται με τη σκέψη του.

Με αυτόν τον τρόπο, θα δημιουργηθεί ανάμεσά σας ένα μόνιμο ενεργειακό πεδίο καθαρής και υψηλής συχνότητας. Ούτε ψευδαίσθηση ούτε πόνος ούτε σύγκρουση ούτε κάτι που δεν είστε *εσείς* ούτε κάτι που δεν είναι αγάπη μπορεί να επιβιώσει μέσα του. Αυτό αντιπροσωπεύει την πραγμάτωση του θεϊκού, το διαπροσωπικό σκοπό της σχέσης σας. Γίνεται μια δίνη συνειδητότητας που θα τραβήξει μέσα της και πολλούς άλλους.

ΠΑΡΑΙΤΗΣΟΥ ΑΠΟ ΤΗ ΣΧΕΣΗ ΜΕ ΤΟΝ ΕΑΥΤΟ ΣΟΥ

Όταν κάποιος είναι απόλυτα συνειδητός, εξακολουθεί να έχει ανάγκη μια σχέση; Ένας άντρας εξακολουθεί να νιώθει έλξη για μια γυναίκα; Μια γυναίκα εξακολουθεί να νιώθει ανολοκλήρωτη χωρίς έναν άντρα;

Είτε είσαι φωτισμένος είτε όχι, είσαι ή άντρας ή γυναίκα. Επομένως, στο επίπεδο της μορφικής σου ταυτότητας, δεν είσαι πλήρης. Είσαι το μισό ενός όλου. Αυτή την "ατέλεια" την αισθάνεσαι σαν έλξη αρσενικού–θηλυκού, σαν έλξη προς τον αντίθετο ενεργειακό πόλο, ανεξάρτητα από το πόσο συνειδητός είσαι. Όμως στην κατάσταση της εσωτερικής σύνδεσης, νιώθεις αυτή την έλξη κάπου στην επιφάνεια ή στην περιφέρεια της ζωής σου. Οτιδήποτε σου συμβαίνει σ' αυτή την κατάσταση σου δίνει μια παρόμοια αίσθηση.

Ολόκληρος ο κόσμος είναι για σένα ένα ρυτίδιασμα, ένας κυματισμός στην επιφάνεια ενός απέραντου και απύθμενου ωκεανού. Ο ωκεανός αυτός είσαι εσύ. Φυσικά, είσαι και ένας κυματισμός, αλλά ένας κυματισμός που έχει συνειδητοποιήσει την πραγματική του ταυτότητα ως ωκεανός και, σε σύγκριση με αυτή την απεραντοσύνη και το βάθος, ο κόσμος των κυμάτων και των ρυτίδων του νερού δεν είναι και τόσο σημαντικός. Αυτό δεν σημαίνει ότι δε σχετίζεσαι βαθιά με άλλους ανθρώπους ή με το σύντροφό σου. Στην πραγματικότητα, μπορείς να σχετιστείς βαθιά με κάποιον άλλο *μόνο* αν έχεις συνείδηση της Ύπαρξης. Με αφετηρία την Ύπαρξη, μπορείς να εστιαστείς πέρα από το πέπλο της μορφής.

Στην Ύπαρξη, αρσενικό και θηλυκό είναι ένα. Η μορφή σου εξακολουθεί να έχει ορισμένες ανάγκες, αλλά η Ύπαρξη δεν έχει καμιά. Είναι ήδη πλήρης και ολόκληρη. Αν αυτές οι ανάγκες ικανοποιούνται, αυτό είναι πάρα πολύ ωραίο, αλλά είτε ικανοποιούνται είτε όχι, δεν έχει σημασία για τη βαθιά εσωτερική σου κατάσταση. Έτσι, είναι απόλυτα δυνατό για ένα φωτισμένο άτομο, αν η ανάγκη για την αρσενική ή τη θηλυκή πολικότητα δεν ικανοποιηθεί, να νιώθει μια αίσθηση έλλειψης ή ανολοκλήρωτου στο εξωτερικό επίπεδο της ύπαρξής του, κι όμως ταυτόχρονα να είναι απόλυτα ολοκληρωμένο, πλήρες και ήρεμο μέσα του.

Στην αναζήτηση για τη φώτιση, το να είσαι ομοφυλόφιλος είναι βοήθεια ή εμπόδιο, ή δεν έχει καμιά διαφορά;

Καθώς πλησιάζεις την ενηλικίωση, η αβεβαιότητα γύρω από τη σεξουαλικότητά σου, η οποία ακολουθείται από τη διαπίστωση ότι είσαι "διαφορετικός" από τους άλλους, μπορεί να σε αναγκάσει να αποταυτιστείς από τα κοινωνικά εξαρτημένα πρότυπα σκέψης και συμπεριφοράς. Αυτό θα ανεβάσει αυτόματα το επίπεδο της συνειδητότητάς σου πάνω από εκείνο της μη συνειδητής πλειονότητας των ανθρώπων που υιοθετούν απροβλημάτιστα όλα τα κληρονομημένα πρότυπα. Από αυτή την άποψη, το να είσαι ομοφυλόφιλος μπορεί να σε βοηθήσει.

Το να είσαι "περιθωριακός" σε κάποιο βαθμό, κάποιος που δεν "ταιριάζει" με τους άλλους ή που απορρίπτεται από αυτούς για οποιονδήποτε λόγο, κάνει τη ζωή δύσκολη, αλλά σε βάζει επίσης σε πλεονεκτική θέση σε ό,τι αφορά τη φώτιση. Σε βγάζει από τη μη συνειδητότητα σχεδόν δια της βίας.

Από την άλλη, αν στη συνέχεια αναπτύξεις μια αίσθηση ταυτότητας βασισμένη στην ομοφυλοφιλία σου, τότε έχεις ξεφύγει από μια παγίδα μόνο και μόνο για να πέσεις σε μιαν άλλη. Παίζεις ρόλους και παιχνίδια που υπαγορεύονται από μια νοητική εικόνα που έχεις για τον εαυτό σου ως γκέι. Γίνεσαι μη συνειδητός. Γίνεσαι μη αληθινός. Κάτω από τη μάσκα του εγώ σου, γίνεσαι πολύ δυστυχισμένος. Σ΄ αυτή την περίπτωση, το ότι είσαι ομοφυλόφιλος έχει γίνει εμπόδιο. Όμως, φυσικά, πάντα σου δίνεται μια δεύτερη ευκαιρία. Η έντονη δυστυχία μπορεί να είναι ένα σπουδαίο ερέθισμα για αφύπνιση.

Δεν είναι αλήθεια ότι χρειάζεται να έχεις καλή σχέση με τον εαυτό σου και να τον αγαπάς, πριν μπορέσεις να έχεις μια ικανοποιητική σχέση με κάποιον άλλον;

Αν δεν μπορείς να νιώθεις άνετα με τον εαυτό σου όταν είσαι μόνος σου, τότε αναζητάς μια σχέση για να καλύψεις τη δυσφορία σου. Μπορείς να είσαι σίγουρος ότι η δυσφορία θα ξαναεμφανιστεί με κάποια άλλη μορφή μέσα στη σχέση, και πιθανότατα θα θεωρήσεις το σύντροφό σου υπεύθυνο γι' αυτήν.

Το μόνο που πραγματικά χρειάζεται να κάνεις είναι να δεχτείς πλήρως ετούτη τη στιγμή. Τότε νιώθεις άνετα στο εδώ και τώρα, και άνετα με τον εαυτό σου.

Όμως, χρειάζεται τελικά να έχεις μια σχέση με τον εαυτό σου; Γιατί δεν μπορείς απλώς να *είσαι* ο εαυτός σου; Όταν έχεις μια σχέση με τον εαυτό σου, έχεις χωρίσει τον εαυτό σου στα δύο: "εγώ" και "ο εαυτός μου", υποκείμενο και αντικείμενο. Αυτός ο νοητικά δημιουργημένος δυϊσμός είναι η βασική αιτία κάθε περιττής πολυπλοκότητας, κάθε προβλήματος και σύγκρουσης στη ζωή σου.

Στην κατάσταση της φώτισης είσαι ο εαυτός σου — "εσύ" και "ο εαυτός σου" συγχωνεύονται σε ένα. Δεν κρίνεις τον εαυτό σου, δε νιώθεις οίκτο για τον εαυτό σου, δεν είσαι περήφανος για τον εαυτό σου, δεν αγαπάς τον εαυτό σου, δε μισείς τον εαυτό σου. Το σχίσμα που προκαλεί η συνειδητότητα που καθρεφτίζεται στον εαυτό σου κλείνει, η κατάρα του απομακρύνεται. Δεν υπάρχει πια "εαυτός" που χρειάζεται να προστατεύεις, να υπερασπίζεσαι, να θρέφεις. Όταν είσαι φωτισμένος, υπάρχει μια σχέση που δεν έχεις πια: η σχέση με τον εαυτό σου. Όταν έχεις παραιτηθεί απ' αυτήν, τότε όλες οι άλλες σου σχέσεις είναι σχέσεις αγάπης.

ΚΕΦΑΛΑΙΟ ΕΝΝΕΑ

ΠΕΡΑ ΑΠΟ ΤΗΝ ΕΥΤΥΧΙΑ ΚΑΙ ΤΗ ΔΥΣΤΥΧΙΑ ΥΠΑΡΧΕΙ ΓΑΛΗΝΗ

ΤΟ ΑΝΩΤΕΡΟ ΚΑΛΟ ΠΕΡΑ ΑΠΟ ΤΟ ΚΑΛΟ ΚΑΙ ΤΟ ΚΑΚΟ

Υπάρχει διαφορά μεταξύ ευτυχίας και εσωτερικής γαλήνης;

Ναι. Η ευτυχία εξαρτάται από κάποιες συνθήκες που ο καθένας θεωρεί θετικές· η εσωτερική γαλήνη όχι.

Δεν μπορούμε να έλκουμε μόνο θετικές συνθήκες στη ζωή μας; Αν η στάση και η σκέψη μας ήταν πάντα θετικές, τότε θα εκδηλώναμε μόνο θετικά περιστατικά και καταστάσεις στη ζωή μας, έτσι δεν είναι;

Ξέρεις πραγματικά τι είναι θετικό και τι αρνητικό; Έχεις τη γενική εικόνα; Για πολλούς ανθρώπους οι περιορισμοί, η αποτυχία, η απώλεια, η αρρώστια ή ο πόνος, σε οποιαδήποτε μορφή, αποδείχτηκε ο μεγαλύτερός τους δάσκαλος. Τους δίδαξε να πετάξουν την πλαστή εικόνα του εαυτού τους, τους επιφανειακούς στόχους και τις επιθυμίες που υπαγορεύονται από το εγώ. Τους έδωσε βάθος, ταπεινότητα και συμπόνια. Τους έκανε πιο *αληθινούς*.

Όποτε σου συμβαίνει κάτι αρνητικό, υπάρχει ένα μάθημα κρυμμένο μέσα του, αν κι εσύ μπορεί να μην το βλέπεις εκείνη τη στιγμή. Ακόμα και μια σύντομη αρρώστια ή ένα ατύχημα μπορεί να σου δείξει τι είναι αληθινό και τι δεν είναι αληθινό στη ζωή σου, τι τελικά έχει σημασία και τι όχι.

Ιδωμένες από μια υψηλότερη προοπτική, οι καταστάσεις *είναι* πάντα θετικές. Για να γίνω πιο ακριβής, δεν είναι ούτε θετικές ούτε αρνητικές. Είναι όπως είναι. Και όταν ζεις έχοντας πλήρη αποδοχή για ό,τι *υπάρχει* – πράγμα που είναι ο μόνος υγιής τρόπος για να ζεις – δεν υπάρχει πια "καλό" ή "κακό" στη ζωή σου. Υπάρχει μόνο ένα ανώτερο καλό, που συμπεριλαμβάνει και το "κακό". Από την προοπτική του νου, όμως, υπάρχει καλό και κακό, ευχάριστο και δυσάρεστο, αγάπη και μίσος. Γι΄ αυτό στο Βιβλίο της Γένεσης λέγεται ότι ο Αδάμ και η Εύα δεν επιτρεπόταν να ζουν πια στον "Παράδεισο" όταν "έφαγαν από το δέντρο της γνώσης του καλού και του κακού".

Αυτό εμένα μου ακούγεται σαν άρνηση, σαν να εξαπατώ τον εαυτό μου. ΄Οταν συμβαίνει κάτι πολύ άσχημο σε μένα ή σε κάποιον κοντινό μου άνθρωπο – ατύχημα, αρρώστια, πόνος κάποιου είδους ή θάνατος – μπορώ να προσποιηθώ ότι δεν είναι κακό, αλλά το γεγονός παραμένει ότι είναι κακό, επομένως γιατί να το αρνηθώ;

Δεν προσποιείσαι. Του επιτρέπεις να είναι όπως είναι, αυτό είν' όλο. Αυτή η στάση σε πάει πέρα από το νου και τα πρότυπα της αντίστασής του, που δημιουργούν την πολικότητα θετικού–αρνητικού. Αυτή είναι μια ουσιαστική πλευρά της συγχώρησης. Η συγχώρηση του παρόντος είναι ακόμα πιο σημαντική από τη συγχώρηση του παρελθόντος. Αν συν-χωρείς κάθε στιγμή – συνυπάρχεις δηλαδή στον ίδιο χώρο μαζί της, επιτρέποντάς της να υπάρχει ως έχει – τότε δε συσσωρεύεις μέσα σου μνησικακία που θα χρειαστεί να τη συγχωρήσεις αργότερα.

Θυμήσου ότι δε μιλάμε εδώ για ευτυχία. Για παράδειγμα, όταν ένας αγαπημένος σου άνθρωπος έχει πεθάνει ή νιώθεις το δικό σου θάνατο να πλησιάζει, δεν μπορείς να είσαι ευτυχισμένος. Είναι αδύνατον. Όμως *μπορείς* να είσαι γαλήνιος. Μπορεί να λυπάσαι και να κλαις, αλλά αν έχεις παραιτηθεί από την αντίσταση, νιώθεις μια βαθιά ηρεμία, μια ησυχία, μια ιερή παρουσία. Αυτή είναι η ακτινοβολία της Ύπαρξης, αυτή είναι η εσωτερική αταραξία, το καλό που δεν έχει αντίθετο.

Και τι γίνεται αν πρόκειται για μια κατάσταση όπου μπορώ να κάνω κάτι γι' αυτήν; Πώς μπορώ να της επιτρέψω να υπάρχει και ταυτόχρονα να την αλλάξω;

Κάνε αυτό που χρειάζεται να κάνεις. Στο μεταξύ, αποδέξου αυτό που *υπάρχει*. Αφού νους και αντίσταση είναι συνώνυμα, η αποδοχή σε ελευθερώνει αμέσως από την κυριαρχία του νου κι έτσι σε ξανασυνδέει με την Ύπαρξη. Έτσι, τα συνηθισμένα κίνητρα του εγώ για δράση – ο φόβος, η απληστία, η ανάγκη για έλεγχο, η υπεράσπιση ή η τροφοδότηση της πλαστής αίσθησης του εαυτού – παύουν να λειτουργούν. Μια ευφυΐα πολύ μεγαλύτερη από το νου έχει τώρα την ευθύνη, κι έτσι μια διαφορετική ποιότητα συνειδητότητας αρχίζει να ρέει στη δράση σου.

"Δέξου οτιδήποτε σου έρχεται υφασμένο μέσα στο σχέδιο του πεπρωμένου σου, γιατί τι θα μπορούσε να ταιριάζει περισσότερο στις ανάγκες σου;" Αυτό γράφτηκε πριν από 2.000 χρόνια, από τον Μάρκο Αυρήλιο, έναν από εκείνους τους σπάνιους ανθρώπους που κατείχαν κοσμική εξουσία μαζί με σοφία.

Φαίνεται ότι οι περισσότεροι άνθρωποι χρειάζονται να βιώσουν πάρα πολύ πόνο πριν παραιτηθούν από την αντίσταση και αποδεχτούν – πριν συγχωρήσουν. Μόλις το κάνουν, συμβαίνει ένα από τα μεγαλύτερα θαύματα: η αφύπνιση της συνειδητότητας της Ύπαρξης μέσα από αυτό που εμφανίζεται σαν κακό, η μεταστοιχείωση του πόνου σε εσωτερική γαλήνη.

Το τελικό αποτέλεσμα κάθε κακού και κάθε πόνου στον κόσμο είναι ότι θα μας αναγκάσει να συνειδητοποιήσουμε ποιοι είμαστε πέρα από όνομα και μορφή. Έτσι, αυτό που αντιλαμβανόμαστε σαν κακό από την περιορισμένη μας προοπτική, στην πραγματικότητα είναι μέρος του ανώτερου καλού που δεν έχει αντίθετο. Αυτό, ωστόσο, δε γίνεται η δική σου αλήθεια παρά μόνο μέσα από τη συγχώρηση. Μέχρι να γίνει αυτό, το κακό δεν έχει απολυτρωθεί και κατά συνέπεια παραμένει κακό.

Όταν συγχωρείς, που ουσιαστικά σημαίνει ότι αναγνωρίζεις την ανυπαρξία του παρελθόντος και επιτρέπεις στην παρούσα στιγμή να υπάρξει ως έχει, το θαύμα της μεταμόρφωσης συμβαίνει όχι μόνο μέσα σου αλλά και έξω από σένα. Ένας σιωπηλός χώρος έντονης παρουσίας εμφανίζεται τόσο σε σένα όσο και γύρω σου. Όποιος ή ό,τι μπαίνει σ' αυτό το πεδίο συνειδητότητας επηρεάζεται απ' αυτό, κάποιες φορές φανερά και άμεσα, κάποιες φορές σε βαθύτερα επίπεδα, με ορατές αλλαγές που εμφανίζονται αργότερα. Διαλύεις τη δυσαρμονία, γιατρεύεις τον πόνο, εξαφανίζεις την ασυνειδησία — χωρίς να *κάνεις* τίποτε — απλώς *υπάρχοντας* και μένοντας έντονα παρών στο Τώρα.

ΤΟ ΤΕΛΟΣ ΤΟΥ ΔΡΑΜΑΤΟΣ ΤΗΣ ΖΩΗΣ ΣΟΥ

Σ' αυτή την κατάσταση της αποδοχής και της εσωτερικής γαλήνης, παρ΄ όλο που εσύ δε θα το αποκαλούσες "κακό", μπορεί και πάλι να μπει κάτι στη ζωή σου που ονομαζόταν "κακό" από την προοπτική της συνηθισμένης συνειδητότητας;

Τα περισσότερα από τα αποκαλούμενα "κακά" που συμβαίνουν στη ζωή των ανθρώπων οφείλονται στην έλλειψη συνειδητότητας. Τα δημιουργεί ο εαυτός ή μάλλον το εγώ. Μερικές φορές τα αποκαλώ "δράμα", εννοώντας δραματικές καταστάσεις. Όταν είσαι απόλυτα συνειδητός, το δράμα δεν μπαίνει πια στη ζωή σου. Άσε με να σου θυμίσω με λίγα λόγια πώς λειτουργεί το εγώ και πώς δημιουργεί το δράμα.

Το εγώ είναι ο νους που κυβερνάει τη ζωή σου όταν δεν είσαι παρών ως συνειδητότητα, ως παρατηρητής. Το εγώ αντιλαμβάνεται τον εαυτό του σαν ένα χωριστό ψήγμα σε ένα εχθρικό σύμπαν, χωρίς αληθινή σύνδεση με οποιαδήποτε άλλη ύπαρξη, που περιβάλλεται από άλλα εγώ, τα οποία είτε τα βλέπει σαν εν δυνάμει απειλή είτε προσπαθεί να τα χρησιμοποιήσει για τους δικούς του σκοπούς.

Τα βασικά πρότυπα του εγώ είναι σχεδιασμένα για να μάχονται τον βαθιά εδραιωμένο φόβο του και την αίσθηση της έλλειψης. Αυτά τα πρότυπα είναι η αντίσταση, ο έλεγχος, η εξουσία, η απληστία, η άμυνα, η επίθεση. Μερικές από τις στρατηγικές του εγώ είναι εξαιρετικά ευφυείς, όμως δε λύνουν ποτέ πραγματικά κανένα από τα προβλήματα του, για τον πολύ απλό λόγο ότι το ίδιο το εγώ είναι το πρόβλημα.

Όταν τα εγώ συναντιούνται, σε προσωπικές σχέσεις, σε οργανισμούς ή σε θεσμούς, αργά η γρήγορα συμβαίνουν "κακά" πράγματα: κάποιου είδους δραματική κατάσταση, με τη μορφή σύγκρουσης, προβλημάτων, αγώνων εξουσίας, συναισθηματικής ή σωματικής βίας και ούτω καθεξής. Αυτό συμπεριλαμβάνει και συλλογικά κακά, όπως ο πόλεμος, η γενοκτονία και η εκμετάλλευση – που οφείλονται όλα σε μαζική έλλειψη συνειδητότητας. Επιπλέον, πολλές ασθένειες προκαλούνται από τη συνεχή αντίσταση του εγώ, που δημιουργεί περιορισμούς και μπλοκαρίσματα στη ροή της ενέργειας μέσα στο σώμα. Όταν ξανασυνδέεσαι με την Ύπαρξη και δε διοικείσαι πια από το νου σου, τότε παύεις να τα δημιουργείς όλα αυτά. Δε δημιουργείς ούτε συμμετέχεις πια στο δράμα.

Όποτε συναντιούνται δύο ή περισσότερα εγώ, πάντοτε προκύπτει κάποιου είδους δραματική κατάσταση. Όμως ακόμα και αν ζεις εντελώς μόνος σου, και πάλι δημιουργείς το δικό σου δράμα. Όταν νιώθεις αυτολύπηση, αυτό είναι δράμα. Όταν νιώθεις ένοχος ή αγχωμένος, αυτό είναι δράμα. Όταν αφήνεις το παρελθόν ή το μέλλον να συσκοτίζει το παρόν, τότε δημιουργείς χρόνο, ψυχολογικό χρόνο – το υλικό από το οποίο φτιάχνεται το δράμα. Όποτε δεν τιμάς την παρούσα στιγμή με το να της επιτρέπεις να υπάρχει, δημιουργείς δράμα.

Οι περισσότεροι άνθρωποι είναι ερωτευμένοι με το ιδιαίτερο δράμα της ζωής τους. Η ιστορία τους είναι η ταυτότητά τους. Το εγώ κυβερνάει τη ζωή τους. Έχουν επενδύσει σ' αυτήν ολόκληρη την αίσθηση του εαυτού τους. Ακόμα και η – συνήθως ανεπιτυχής – αναζήτησή τους για μια απάντηση, για μια λύση ή για γιατρειά, γίνεται μέρος της. Αυτό που φοβούνται και στο οποίο αντιστέκονται περισσότερο, αυτό είναι το τέλος του δράματός τους. Όσο *είναι* ο νους τους, αυτό που φοβούνται και στο οποίο αντιστέκονται περισσότερο είναι η ίδια τους η αφύπνιση.

Όταν ζεις σε πλήρη αποδοχή του τι *υπάρχει*, αυτό είναι το τέλος κάθε δράματος στη ζωή σου. Κανείς ποτέ δεν μπορεί να τσακωθεί μαζί σου, όσο σκληρά κι αν προσπαθήσει. Δεν μπορείς να τσακωθείς με ένα πλήρως συνειδητό άτομο. Ένας καυγάς προϋποθέτει ταύτιση με το νου σου και μια νοητική θέση, καθώς και αντίσταση και αντίδραση στη θέση του άλλου. Τα πολικά αντίθετα ενεργοποιούνται αμοιβαία. Αυτός είναι ο μηχανισμός της μη συνειδητότητας.

Μπορείς πάντα να λες αυτό που θέλεις να πεις, ξεκάθαρα και σταθερά, αλλά αν δεν υπάρχει κάποια αντιδραστική δύναμη πίσω του, ούτε άμυνα ούτε επίθεση, τότε η κατάσταση δε μετατρέπεται σε δράμα. Όταν είσαι πλήρως συνειδητός, παύεις να είσαι σε σύγκρουση. "Κανένας που είναι ένα με τον εαυτό του δεν μπορεί ακόμα και να διανοηθεί τη σύγκρουση", γράφεται στα "*Μαθήματα θαυμάτων*". Αυτό δεν αναφέρεται μόνο στη σύγκρουση με άλλους ανθρώπους, αλλά κυρίως στη σύγκρουση μέσα σου, η οποία παύει όταν δεν υπάρχει πια δυσαρμονία ανάμεσα στις απαιτήσεις και τις προσδοκίες του νου σου και αυτού που υπάρχει.

Η ΠΑΡΟΔΙΚΟΤΗΤΑ ΚΑΙ ΟΙ ΚΥΚΛΟΙ ΤΗΣ ΖΩΗΣ

Ωστόσο, όσο βρίσκεσαι στην υλική διάσταση και είσαι συνδεδεμένος με τη συλλογική ανθρώπινη ψυχή, μπορεί να νιώθεις ακόμα σωματικό πόνο – αν και αυτό είναι σπάνιο. Αυτό δεν πρέπει να το συγχέεις με τα βάσανα, με το νοητικό–συναισθηματικό πόνο. Κάθε τέτοιος πόνος δημιουργείται από το εγώ και οφείλεται στην αντίσταση. Επίσης, όσο είσαι σ' αυτή τη διάσταση, υπόκεισαι ακόμα στην κυκλική της φύση και στο νόμο της παροδικότητας όλων των πραγμάτων, αλλά αυτό δεν το αντιλαμβάνεσαι πια σαν "κακό" – απλώς *υπάρχει.*

Επιτρέποντας σε όλα τα πράγματα "να υπάρχουν" όπως είναι, μια βαθύτερη διάσταση κάτω από το παιχνίδι των αντιθέτων σού αποκαλύπτεται σαν μια μόνιμη παρουσία, μια αμετάβλητη βαθιά ησυχία, μια αναίτια χαρά πέρα από το καλό και το κακό. Είναι η χαρά της Ύπαρξης, η αταραξία του Θεού.

Στο επίπεδο της μορφής, υπάρχει γέννηση και θάνατος, δημιουργία και καταστροφή, ανάπτυξη και διάλυση των φαινομενικά χωριστών μορφών. Αυτό καθρεφτίζεται παντού: στον κύκλο της ζωής ενός αστέρα ή ενός πλανήτη, ενός υλικού σώματος, ενός δέντρου, ενός λουλουδιού· στην άνοδο και στην πτώση των εθνών, των πολιτικών συστημάτων, των πολιτισμών· στους αναπόφευκτους κύκλους κέρδους και απώλειας στη ζωή ενός ατόμου.

Υπάρχουν κύκλοι επιτυχίας, όταν τα πράγματα σου έρχονται όπως τα θέλεις και ανθούν, και κύκλοι αποτυχίας, όταν μαραίνονται ή καταρρέουν και χρειάζεται να τα αφήσεις να φύγουν, για να κάνεις χώρο ώστε να εμφανιστούν καινούρια πράγματα ή για να συμβεί η μεταμόρφωση. Αν προσκολληθείς σ' αυτά και αντισταθείς στην αλλαγή τους, σημαίνει ότι αρνείσαι να ακολουθήσεις τη ροή της ζωής και θα υποφέρεις.

Δεν είναι αλήθεια ότι η φορά του κύκλου προς τα πάνω είναι καλή και η προς τα κάτω κακή, παρά μόνο κατά την κρίση του νου. Η ανάπτυξη θεωρείται συνήθως θετική, αλλά τίποτε δεν μπορεί να αναπτύσσεται για πάντα. Αν η ανάπτυξη, οποιουδήποτε είδους, συνεχιζόταν ασταμάτητα, θα γινόταν τελικά τερατώδης και καταστροφική. Το ένα δεν μπορεί να υπάρξει χωρίς το άλλο.

Η προς τα κάτω φορά του κύκλου είναι απόλυτα ουσιαστική για την πνευματική πραγμάτωση. Χρειάζεται να έχεις αποτύχει παταγωδώς σε κάποιο επίπεδο ή να έχεις βιώσει βαθιά απώλεια ή πόνο για να νιώσεις έλξη για την πνευματική διάσταση. Ή ίσως η ίδια σου η επιτυχία να έγινε κενή και δίχως νόημα, κι έτσι να αποδείχτηκε αποτυχία. Η αποτυχία βρίσκεται κρυμμένη σε κάθε επιτυχία, και η επιτυχία σε κάθε αποτυχία. Σε τούτο τον κόσμο, δηλαδή στο επίπεδο της μορφής, όλοι "αποτυγχάνουν" αργά ή γρήγορα, και κάθε επίτευγμα τελικά καταλήγει στο τίποτε. Όλες οι μορφές είναι παροδικές.

Μπορείς να εξακολουθήσεις να είσαι δραστήριος και να απολαμβάνεις τη δημιουργία νέων μορφών και περιστάσεων, αλλά δεν ταυτίζεσαι πια μαζί τους. Δεν τις χρειάζεσαι για να σου δώσουν μια αίσθηση εαυτού. Δεν είναι η ζωή σου — μόνο η κατάσταση της ζωής σου.

Η σωματική σου ενέργεια υπόκειται επίσης σε κύκλους. Δεν μπορεί να βρίσκεται πάντα στο ζενίθ. Θα υπάρξουν στιγμές χαμηλής όπως και υψηλής ενέργειας. Θα υπάρχουν περίοδοι που θα είσαι εξαιρετικά δραστήριος και δημιουργικός, αλλά θα υπάρχουν επίσης και στιγμές που όλα φαίνονται στάσιμα, που έχεις την αίσθηση ότι δεν καταλήγεις πουθενά, ότι δεν καταφέρνεις τίποτε.

Ένας κύκλος μπορεί να διαρκέσει από λίγες ώρες μέχρι λίγα χρόνια. Υπάρχουν μεγάλοι κύκλοι και μικροί κύκλοι μέσα α' αυτούς τους μεγάλους κύκλους. Πολλές αρρώστιες δημιουργούνται όταν μάχεσαι ενάντια στους κύκλους χαμηλής ενέργειας, που είναι ζωτικής σημασίας για την αναζωογόνηση.

Η καταπιεστική ανάγκη να κάνεις πράγματα και η τάση να αντλείς την αίσθηση της αξίας του εαυτού σου και την ταυτότητά σου από εξωτερικούς παράγοντες, όπως τα επιτεύγματα, είναι μια αναπόφευκτη ψευδαίσθηση όσο είσαι ταυτισμένος με το νου. Αυτό σου κάνει δύσκολο ή αδύνατο να δεχτείς τους κύκλους χαμηλής ενέργειας και να τους επιτρέψεις να υπάρχουν. Έτσι, η ευφυΐα του οργανισμού μπορεί να πάρει την κατάσταση στα χέρια της, σαν ένα μέτρο αυτοπροστασίας, και να δημιουργήσει μια ασθένεια, για να σε αναγκάσει να σταματήσεις ώστε να μπορέσει να συμβεί η απαραίτητη αναζωογόνηση.

Στο σύμπαν όλα συμβαίνουν σε κύκλους — αυτή είναι η φύση του. Αυτό συνδέεται στενά με την παροδικότητα όλων των πραγμάτων και όλων των καταστάσεων. Ο Βούδας έκανε αυτό το σημείο κεντρικό μέρος της διδασκαλίας του. Όλες οι συνθήκες είναι εξαιρετικά ασταθείς και σε μόνιμη ροή, ή, όπως το έθεσε, η παροδικότητα είναι ένα χαρακτηριστικό κάθε συνθήκης, κάθε κατάστασης που συναντάς στη ζωή σου. Τα πάντα αλλάζουν, εξαφανίζονται ή δε σε ικανοποιούν πια.

Η παροδικότητα είναι επίσης κεντρικό σημείο της διδασκαλίας του Ιησού: "Μη συσσωρεύετε θησαυρούς στη Γη, όπου ο σκώρος και η σαπίλα τούς αφανίζουν και όπου μπαίνουν οι κλέφτες και τους κλέβουν..."

Όσο ο νους κρίνει ότι μια κατάσταση είναι "καλή", είτε πρόκειται για μια σχέση, ένα απόκτημα, έναν κοινωνικό ρόλο, ένα μέρος είτε για το σώμα σου, προσκολλάται σ' αυτήν και ταυτίζεται μαζί της. Σε κάνει ευτυχισμένο, σε κάνει να νιώθεις όμορφα για τον εαυτό σου και γίνεται μέρος αυτού που είσαι ή που νομίζεις ότι είσαι.

Όμως τίποτε δε διαρκεί σ' αυτή τη διάσταση όπου ο σκώρος και η σαπίλα αφανίζουν. Ή τελειώνει ή αλλάζει ή μπορεί να αλλάξει πολικότητα: η ίδια κατάσταση που ήταν καλή χθες ή πέρσι, ξαφνικά ή σταδιακά μετατρέπεται σε κακή. Η ίδια κατάσταση που σε έκανε ευτυχισμένο, ύστερα σε κάνει δυστυχισμένο. Η ευημερία του σήμερα, γίνεται ο κενός καταναλωτισμός του αύριο. Ο ευτυχισμένος γάμος και ο μήνας του μέλιτος γίνονται το δυστυχισμένο διαζύγιο ή η δυστυχισμένη συνύπαρξη.

Ή, πάλι, η κατάσταση μπορεί να εξαφανιστεί, κι έτσι η έλλειψή της σε κάνει δυστυχισμένο. Όταν μια συνθήκη ή κατάσταση, στην οποία ο νους έχει προσκολληθεί και ταυτιστεί μαζί της, αλλάζει ή εξαφανίζεται, ο νους δεν μπορεί να το δεχτεί. Γαντζώνεται στην κατάσταση που εξαφανίζεται και αντιστέκεται στην αλλαγή. Είναι σχεδόν σαν να σου ξεριζώνουν ένα μέλος του σώματός σου.

Ακούμε κάποιες φορές για ανθρώπους που έχασαν όλα τους τα χρήματα ή που η υπόληψή τους καταστράφηκε, και αυτοκτονούν.

Αυτές είναι οι ακραίες περιπτώσεις. Άλλοι, όταν τους συμβαίνει κάποια σημαντική απώλεια, γίνονται βαθύτατα δυστυχισμένοι ή οδηγούν τον εαυτό τους στην αρρώστια. Δεν μπορούν να κάνουν διάκριση μεταξύ της ζωής τους και της κατάστασης της ζωής τους.

Διάβασα πρόσφατα για μια διάσημη ηθοποιό που πέθανε διανύοντας την όγδοη δεκαετία της ζωής της. Καθώς η ομορφιά της άρχισε να ξεθωριάζει και να ρημάζεται από τα γηρατειά, εκείνη γινόταν όλο και πιο δυστυχισμένη και κατέληξε να ζει μακριά από τον κόσμο, απομονωμένη. Είχε κι αυτή ταυτιστεί με μια συνθήκη: την εξωτερική της εμφάνιση.

Στην αρχή, αυτή η συνθήκη τής έδωσε μια ευτυχισμένη αίσθηση εαυτού, και στη συνέχεια μια δυστυχισμένη. Αν είχε καταφέρει να συνδεθεί με την άμορφη και άχρονη ζωή μέσα της, θα είχε παρακολουθήσει το ξεθώριασμα της εξωτερικής μορφής και θα του είχε επιτρέψει να συμβεί από έναν τόπο γαλήνης και ηρεμίας. Επιπλέον, η εξωτερική της μορφή θα είχε γίνει όλο και πιο διάφανη στο φως που θα έλαμπε μέσα από την αγέραστη αληθινή της φύση. Έτσι η ομορφιά της δε θα είχε πραγματικά ξεθωριάσει, αλλά θα είχε απλώς μεταμορφωθεί σε πνευματική ομορφιά. Όμως, κανείς δεν της είπε ότι ήταν δυνατό κάτι τέτοιο. Το πιο ουσιαστικό είδος γνώσης δεν είναι ακόμα προσιτό σε όλους.

Ο Βούδας δίδαξε ότι ακόμα και η ευτυχία σου είναι ντουκά (μια λέξη της ινδικής διαλέκτου *Πάλι*, που σημαίνει "πόνος" ή "έλλειψη ικανοποίησης") και είναι αξεχώριστη από το αντίθετό της. Αυτό σημαίνει ότι η ευτυχία και η δυστυχία σου είναι στην πραγματικότητα ένα. Μόνο η ψευδαίσθηση του χρόνου χωρίζει.

Αν το βλέπεις αυτό, δε σημαίνει ότι γίνεσαι αρνητικός. Σημαίνει ότι απλώς αναγνωρίζεις τη φύση των πραγμάτων, έτσι ώστε δεν κυνηγάς μια ψευδαίσθηση για όλη την υπόλοιπη ζωή σου. Ούτε σημαίνει ότι δεν πρέπει πια να εκτιμάς τα ευχάριστα ή τα όμορφα πράγματα ή τις καταστάσεις. Όμως το να ζητάς κάτι μέσα απ' αυτά, που δεν μπορούν να σου το δώσουν – ταυτότητα, αίσθηση μονιμότητας και πληρότητα – είναι μια συνταγή για απογοήτευση και πόνο. Σαν να ζητάς από την ανθισμένη αμυγδαλιά να μείνει στάσιμη, εκεί, να μη βγάλει τους καρπούς της, να μη μεγαλώσουν οι ρίζες της, να μην αναπτύξουν οι χυμοί μέσα της τον κορμό της!

Ολόκληρη η βιομηχανία της διαφήμισης και η καταναλωτική κοινωνία θα κατέρρεαν, αν οι άνθρωποι φωτίζονταν και δεν επεδίωκαν πια να βρουν την ταυτότητά τους μέσα από *πράγματα*. Όσο περισσότερο αναζητάς την ευτυχία μ' αυτό τον τρόπο, τόσο περισσότερο θα σου ξεφεύγει. Τίποτε εκεί έξω δε θα σε ικανοποιεί ποτέ, παρά μόνο προσωρινά και επιφανειακά, αλλά μπορεί να χρειαστεί να βιώσεις πολλές απογοητεύσεις πριν συνειδητοποιήσεις αυτή την αλήθεια.

Τα πράγματα και οι καταστάσεις μπορούν να σου δώσουν απόλαυση, αλλά δεν μπορούν να σου δώσουν *χαρά*. Τίποτε δεν μπορεί να σου *δώσει* χαρά. Η χαρά είναι αναίτια και πηγάζει από μέσα μας. Είναι η χαρά της Ύπαρξης. Είναι ένα ουσιαστικό μέρος της εσώτερης κατάστασης της γαλήνης, της αταραξίας του Θεού. Είναι η φυσική σου κατάσταση, δεν είναι κάτι για το οποίο χρειάζεται να δουλέψεις σκληρά ή να αγωνιστείς για να το καταφέρεις.

Πολλοί άνθρωποι δεν αντιλαμβάνονται ποτέ ότι δεν μπορεί να υπάρξει "σωτηρία" από οτιδήποτε κάνουν, κατέχουν ή επιτυγχάνουν. Εκείνοι που το αντιλαμβάνονται, συχνά νιώθουν μια κούραση με τον κόσμο και μια βαθιά θλίψη. Αν τίποτε δεν μπορεί να σου δώσει αληθινή ικανοποίηση, τότε τι απομένει για ν' αγωνιστείς, τι νόημα έχει το οτιδήποτε;

Ο προφήτης της Παλαιάς Διαθήκης θα πρέπει να είχε καταλήξει σε μια τέτοια διαπίστωση όταν έγραφε: "Έχω δει τα πάντα που γίνονται κάτω απ' τον ήλιο και ιδού! Τα πάντα είναι ματαιότητα και μάχη ενάντια στον άνεμο". Όταν φτάνεις σ' αυτό το σημείο, τότε βρίσκεσαι ένα βήμα μακριά από την απελπισία – κι ένα βήμα μακριά από τη φώτιση.

Ένας βουδιστής μοναχός μού είπε κάποτε: "Όλα όσα έχω μάθει στα είκοσι χρόνια που είμαι μοναχός μπορούν να συνοψιστούν σε μια πρόταση: όλα όσα εμφανίζονται, πεθαίνουν. Αυτό ξέρω". Αυτό που εννοούσε, φυσικά, ήταν: "Έχω μάθει να μην αντιστέκομαι σ' αυτό που *υπάρχει*. Έχω μάθει να επιτρέπω στην παρούσα στιγμή να υπάρχει και να δέχομαι την παροδική φύση όλων των πραγμάτων και των καταστάσεων. Έτσι βρήκα τη γαλήνη".

Το να μην προβάλλεις αντίσταση στη ζωή σημαίνει να είσαι σε μια κατάσταση θείας χάριτος, ηρεμίας και ελαφράδας. Αυτή η κατάσταση δεν εξαρτάται πια από το να είναι τα πράγματα σε μια ορισμένη κατάσταση, καλά ή κακά. Φαίνεται σχεδόν παράδοξο, κι όμως όταν η εσωτερική σου εξάρτηση από τη μορφή έχει πια φύγει, τότε οι γενικές συνθήκες της ζωής σου, οι εξωτερικές μορφές, συνήθως βελτιώνονται σε μεγάλο βαθμό. Πράγματα, άνθρωποι ή καταστάσεις που νόμιζες ότι ήταν αναγκαία για την ευτυχία σου, σου έρχονται τώρα χωρίς αγώνα, χωρίς προσπάθεια από τη μεριά σου, και είσαι ελεύθερος να τα απολαύσεις και να τα εκτιμήσεις – όσο διαρκούν. Όλα αυτά, φυσικά, και πάλι θα χαθούν, οι κύκλοι θα έρχονται και θα παρέρχονται, αλλά όταν η εξάρτηση έχει φύγει, δεν υπάρχει πια ο φόβος της απώλειας. Η ζωή ρέει αβίαστα.

Η ευτυχία που αντλείται από κάποια δευτερεύουσα πηγή δεν είναι ποτέ βαθιά. Είναι μόνο μια χλομή αντανάκλαση της χαράς της Ύπαρξης, της παλλόμενης γαλήνης που βρίσκεις μέσα σου καθώς μπαίνεις στην κατάσταση της μη αντίστασης. Η Ύπαρξη σε πάει πέρα από τα πολικά αντίθετα του νου, σε ελευθερώνει από την εξάρτηση από τη μορφή. Ακόμα κι αν όλα κατέρρεαν και συντρίβονταν γύρω σου, και πάλι θα ένιωθες μέσα σου έναν βαθύ πυρήνα γαλήνης. Μπορεί να μην ήσουν ευτυχισμένος, αλλά θα ήσουν γαλήνιος.

ΧΡΗΣΙΜΟΠΟΙΩΝΤΑΣ ΚΑΙ ΕΓΚΑΤΑΛΕΙΠΟΝΤΑΣ ΤΗΝ ΑΡΝΗΤΙΚΟΤΗΤΑ

Κάθε εσωτερική αντίσταση βιώνεται σαν αρνητικότητα με τη μια ή την άλλη μορφή. Κάθε αρνητικότητα *είναι* αντίσταση. Σε αυτό το πλαίσιο, αυτές οι δύο λέξεις είναι σχεδόν συνώνυμες. Η αρνητικότητα ποικίλει από τον απλό εκνευρισμό ή την ανυπομονησία μέχρι τον άγριο θυμό. Από μια θλιμμένη διάθεση, κατήφεια ή μνησικακία μέχρι την απελπισία που οδηγεί στην αυτοκτονία. Κάποιες φορές η αντίσταση πυροδοτεί το συναισθηματικό πονο-σώμα, και σ' αυτή την περίπτωση μια ασήμαντη κατάσταση μπορεί να προκαλέσει έντονη αρνητικότητα, όπως οργή, κατάθλιψη ή βαθιά λύπη.

Το εγώ πιστεύει ότι με την αρνητικότητα μπορεί να χειριστεί δόλια την πραγματικότητα και να πάρει αυτό που θέλει. Πιστεύει ότι μέσα απ' αυτήν μπορεί να προσελκύσει μια επιθυμητή κατάσταση ή να διαλύσει μια ανεπιθύμητη. Στα "*Μαθήματα θαυμάτων*" σωστά επισημαίνεται ότι όποτε είσαι δυστυχισμένος, υπάρχει η ασυνείδητη πεποίθηση ότι η δυστυχία σου "αγοράζει" αυτό που θέλεις. Αν "εσύ" – ο νους – δεν πίστευες ότι η δυστυχία λειτουργεί, τότε γιατί θα τη δημιουργούσες;

Γεγονός πάντως είναι ότι η αρνητικότητα, φυσικά, δε λειτουργεί. Αντί να έλκει μια επιθυμητή κατάσταση, την εμποδίζει να εμφανιστεί. Αντί να διαλύει μια ανεπιθύμητη, τη διατηρεί στη θέση της. Η μοναδική "χρήσιμη" λειτουργία της είναι ότι ενισχύει το εγώ, και γι' αυτό το εγώ τη λατρεύει.

Όταν έχεις ταυτιστεί με κάποια μορφή αρνητικότητας, δε θέλεις να την αφήσεις και, σε ένα βαθύ ασυνείδητο επίπεδο, δε θέλεις να έρθει μια θετική αλλαγή. Κάτι τέτοιο θα απειλούσε την ταυτότητά σου ως ενός θλιμμένου, θυμωμένου ή σκληραγωγημένου από τις δυσκολίες ανθρώπου. Αγνοείς, λοιπόν, αρνιέσαι ή σαμποτάρεις το θετικό στη ζωή σου. Αυτό είναι κοινό φαινόμενο. Είναι επίσης τελείως τρελό.

Η αρνητικότητα είναι εντελώς αφύσικη. Είναι ένας ψυχικός ρύπος. Υπάρχει ένας βαθύς σύνδεσμος ανάμεσα στη μόλυνση και την καταστροφή της φύσης και στην τεράστια αρνητικότητα που έχει συσσωρευτεί στη συλλογική ανθρώπινη ψυχή. Καμιά άλλη μορφή ζωής στον πλανήτη δε γνωρίζει την αρνητικότητα, μόνο οι άνθρωποι, όπως και καμιά άλλη μορφή ζωής δε βιάζει και δε δηλητηριάζει τη Γη που τη συντηρεί.

Έχεις δει ποτέ ένα δυστυχισμένο λουλούδι ή μια αγχωμένη βελανιδιά; Έχεις συναντήσει δελφίνι με κατάθλιψη, βάτραχο με πρόβλημα αυτοεκτίμησης, γάτα που δεν μπορεί να χαλαρώσει ή πουλί που κουβαλάει μίσος και μνησικακία; Τα μόνα ζώα που μπορεί να βιώνουν πότε-πότε κάτι που να μοιάζει με αρνητικότητα ή να δείχνουν σημάδια νευρωτικής συμπεριφοράς είναι εκείνα που ζουν σε στενή επαφή με τους ανθρώπους κι έτσι συνδέονται με τον ανθρώπινο νου και την παραφροσύνη του.

Παρατήρησε ένα φυτό ή ένα ζώο και άφησέ το να σε διδάξει την αποδοχή αυτού που *υπάρχει*, την παράδοση στο Τώρα. Άφησέ το να σε διδάξει την Ύπαρξη. Άφησέ το να σε διδάξει την ακεραιότητα — που σημαίνει να είσαι ένα, να είσαι ο εαυτός σου, να είσαι αληθινός. Άφησέ το να σε διδάξει πώς να ζεις, πώς να πεθαίνεις, και πώς να *μην* μετατρέπεις τη ζωή και το θάνατο σε πρόβλημα.

Έχω ζήσει με πολλούς δασκάλους του Ζεν — όλοι τους ήταν γάτες. Ακόμα και οι πάπιες μού έχουν διδάξει σημαντικά πνευματικά μαθήματα. Και μόνο να τις παρακολουθείς είναι διαλογισμός. Επιπλέουν γαλήνια, νιώθοντας άνετα με τον εαυτό τους, απόλυτα παρούσες στο Τώρα, περήφανες και τέλειες, όπως μόνο ένα πλάσμα χωρίς νου μπορεί να είναι.

Ωστόσο, πότε-πότε, δυο πάπιες μπορεί να πιαστούν σε καυγά, μερικές φορές χωρίς φανερό λόγο, ή επειδή η μια πάπια ξεστράτισε και μπήκε στον ιδιωτικό χώρο της άλλης. Η μάχη διαρκεί μόνο λίγα δευτερόλεπτα, και ύστερα οι πάπιες χωρίζονται, φεύγουν κολυμπώντας προς διαφορετικές κατευθύνσεις και χτυπούν ζωηρά τα φτερά τους μερικές φορές. Έπειτα συνεχίζουν να κολυμπούν ήρεμα, σαν να μην είχε γίνει ποτέ ο καυγάς.

Όταν το παρατήρησα αυτό για πρώτη φορά, συνειδητοποίησα ξαφνικά ότι, χτυπώντας ζωηρά τις φτερούγες τους, ελευθερώνουν την περισσευούμενη ενέργεια, εμποδίζοντάς την έτσι να παγιδευτεί στο σώμα τους και να μετατραπεί σε αρνητικότητα. Αυτό είναι φυσική σοφία και τους είναι εύκολο να την εφαρμόσουν, επειδή δεν έχουν ένα νου που διατηρεί ανώφελα το παρελθόν ζωντανό και ύστερα χτίζει μια ταυτότητα γύρω του.

Δε θα μπορούσε ένα αρνητικό συναίσθημα να περιέχει επίσης ένα σημαντικό μήνυμα; Για παράδειγμα, αν νιώθω συχνά κατάθλιψη, μπορεί να είναι ένα σημάδι ότι κάτι δεν πάει καλά, και ίσως με αναγκάσει να κοιτάξω με προσοχή την κατάσταση της ζωής μου και να κάνω κάποιες αλλαγές. Έτσι, χρειάζεται να ακούσω αυτό που μου λέει το συναίσθημα και να μην το απορρίψω, έτσι απλά, σαν αρνητικότητα.

Ναι, τα αρνητικά συναισθήματα που επαναλαμβάνονται περιέχουν πράγματι κάποιο μήνυμα, όπως και οι αρρώστιες. Όμως κάθε αλλαγή που κάνεις, είτε έχει να κάνει με τη δουλειά σου, τις σχέσεις σου είτε με το περιβάλλον σου, είναι τελικά μόνο ένα "μακιγιάρισμα", εκτός κι αν προέρχεται από κάποια αλλαγή στο συνειδησιακό σου επίπεδο.

Και αυτό μπορεί να σημαίνει μόνο ένα πράγμα: ότι γίνεσαι περισσότερο παρών.

Όταν έχεις φτάσει σ΄ έναν ορισμένο βαθμό παρουσίας, δεν έχεις πια ανάγκη την αρνητικότητα για να σου πει τι χρειάζεται να γίνει στην κατάσταση της ζωής σου. Όμως, όσο η αρνητικότητα *υπάρχει*, χρησιμοποίησέ τη. Χρησιμοποίησέ τη σαν ένα είδος σημαδιού που σου υπενθυμίζει να γίνεσαι περισσότερο παρών.

Πώς εμποδίζουμε την αρνητικότητα να εμφανιστεί; Πώς μπορούμε να απαλλαγούμε απ' αυτήν όταν υπάρχει;

Όπως είπα, την εμποδίζεις να υπάρξει με το να είσαι απόλυτα παρών. Όμως, μην αποθαρρύνεσαι. Μέχρι στιγμής υπάρχουν ελάχιστοι άνθρωποι πάνω στον πλανήτη που μπορούν να μένουν σε μια κατάσταση συνεχούς παρουσίας, αν και κάποιοι την πλησιάζουν. Σύντομα, πιστεύω, θα υπάρχουν πολύ περισσότεροι.

Όποτε παρατηρείς ότι κάποια μορφή αρνητικότητας έχει εμφανιστεί μέσα σου, κοίτα την όχι σαν αποτυχία, αλλά σαν ένα βοηθητικό σημάδι που σου λέει: "Ξύπνα. Βγες από το νου σου. Γίνε παρών".

Υπάρχει μια νουβέλα του Άλντους Χάξλεϊ, με τον τίτλο "*Νησί*", που την έγραψε στα τελευταία χρόνια της ζωής του, όταν είχε αποκτήσει μεγάλο ενδιαφέρον για τις πνευματικές διδασκαλίες. Ο συγγραφέας αφηγείται την ιστορία ενός άντρα που έχει ναυαγήσει σε ένα μακρινό νησί, ξεκομμένο από τον υπόλοιπο κόσμο. Σ΄ αυτό το νησί υπάρχει ένας μοναδικός πολιτισμός. Το ασυνήθιστο σχετικά μ' αυτόν είναι ότι οι κάτοικοι του νησιού, αντίθετα μ' εκείνους του υπόλοιπου κόσμου, είναι ψυχικά υγιείς.

Το πρώτο πράγμα που προσέχει ο ναυαγός είναι οι πολύχρωμοι παπαγάλοι στα δέντρα, που κρώζουν συνέχεια τις λέξεις: "Προσοχή! Εδώ και Τώρα. Προσοχή! Εδώ και Τώρα". Μαθαίνουμε αργότερα ότι οι νησιώτες τούς είχαν διδάξει αυτές τις λέξεις για να τους θυμίζουν συνεχώς να μένουν παρόντες.

Έτσι, όποτε νιώθεις την αρνητικότητα να αναδύεται από μέσα σου, είτε προκαλείται από κάποιον εξωτερικό παράγοντα, από μια σκέψη είτε ακόμα και από τίποτε συγκεκριμένο – απ' όσο τουλάχιστον καταλαβαίνεις – δες τη σαν μια φωνή που λέει "Προσοχή! Εδώ και Τώρα. Ξύπνα!" Ακόμα και ο μικρότερος εκνευρισμός είναι σημαντικός και χρειάζεται να τον αναγνωρίσεις και να τον προσέξεις· διαφορετικά, θα συσσωρεύσεις μέσα σου ένα σωρό αντιδράσεις που δεν τις έχεις παρατηρήσει. Όπως είπα και πριν, μπορείς να πετάξεις μιαν αντίδραση, μόλις συνειδητοποιήσεις ότι δε θέλεις να έχεις αυτό το ενεργειακό πεδίο μέσα σου και ότι δεν εξυπηρετεί κανένα σκοπό. Σιγουρέψου όμως ότι την έχεις πετάξει εντελώς. Αν δεν μπορείς να την πετάξεις, δέξου απλώς ότι υπάρχει και στρέψε την προσοχή σου στο συναίσθημα, όπως τόνισα νωρίτερα.

Μια εναλλακτική λύση είναι η εξής: αντί να "πετάξεις" την αρνητική αντίδραση, κάν΄ τη να εξαφανιστεί με το να φανταστείς τον εαυτό σου να γίνεται διάφανος στην εξωτερική αιτία της αντίδρασης. Σου προτείνω να εξασκηθείς σ' αυτό με μικρά, ακόμα και ασήμαντα πράγματα πρώτα.

Ας πούμε ότι κάθεσαι ήσυχα στο σπίτι. Ξαφνικά, ακούγεται από το δρόμο ο διαπεραστικός ήχος του συναγερμού ενός αυτοκινήτου. Νιώθεις ότι εκνευρίζεσαι. Ποιος είναι ο σκοπός αυτού του εκνευρισμού; Κανένας απολύτως. Γιατί τον δημιούργησες; Δεν τον δημιούργησες εσύ. Ο νους σου τον δημιούργησε. Ήταν κάτι εντελώς αυτόματο, ασυνείδητο. Γιατί τον δημιούργησε ο νους σου; Επειδή έχει την ασυνείδητη πεποίθηση ότι η αντίστασή του, που τη βιώνεις σαν αρνητικότητα ή σαν κάποιας μορφής δυστυχία, θα διαλύσει με κάποιον τρόπο την ανεπιθύμητη κατάσταση. Αυτό, φυσικά, είναι πλάνη. Η αντίσταση που δημιουργεί, ο εκνευρισμός ή ο θυμός, είναι πολύ πιο ενοχλητικά από την αρχική αιτία που επιχειρεί να διαλύσει.

Όλα αυτά μπορούν να μεταμορφωθούν σε πνευματική άσκηση. Νιώσε τον εαυτό σου να γίνεται διάφανος, χωρίς τη στερεότητα ενός υλικού σώματος. Τώρα άφησε το θόρυβο ή οτιδήποτε προκαλεί την αρνητική σου αντίδραση να περάσει από μέσα σου. Δε χτυπάει πια ένα συμπαγή "τοίχο" μέσα σου. Όπως είπα, εξασκήσου πρώτα με μικρά πράγματα — με το συναγερμό του αυτοκινήτου, το σκύλο που γαβγίζει, τα παιδιά που ξεφωνίζουν, το μποτιλιάρισμα στο δρόμο. Αντί να έχεις έναν τοίχο αντίστασης μέσα σου που χτυπιέται συνεχώς και επίπονα από πράγματα που "δεν πρέπει να συμβαίνουν", άφηνε τα πάντα να περνούν μέσα από σένα και να φεύγουν.

Κάποιος σου μιλάει με αγένεια ή λέει κάτι με σκοπό να σε πληγώσει. Αντί να περάσεις σε μια μη συνειδητή αντίδραση και αρνητικότητα, όπως η επίθεση, η άμυνα ή η απομάκρυνση, άφησε το να περάσει από μέσα σου και να φύγει. Μην προβάλλεις αντίσταση. Είναι σαν να μην υπάρχει πια κανείς για να πληγωθεί. *Αυτό* είναι συγχώρηση. Με αυτό τον τρόπο γίνεσαι άτρωτος.

Μπορείς και πάλι να πεις σ' αυτό τον άνθρωπο ότι η συμπεριφορά του είναι απαράδεκτη, αν αυτό επιλέξεις να κάνεις. Όμως αυτός ο άνθρωπος δεν έχει πια τη δύναμη να ελέγξει την εσωτερική σου κατάσταση. Τότε έχεις εσύ την εξουσία του εαυτού σου, όχι κάποιος άλλος, και δε διοικείσαι πια από το νου σου. Είτε πρόκειται για το συναγερμό ενός αυτοκινήτου, για έναν αγενή άνθρωπο, μια πλημμύρα, ένα σεισμό είτε για την απώλεια όλων σου των υπαρχόντων, ο μηχανισμός της αντίστασης είναι ο ίδιος.

Κάνω διαλογισμό, συμμετέχω σε εργαστήρια, έχω διαβάσει πολλά βιβλία για την πνευματικότητα, προσπαθώ να είμαι σε μια κατάσταση μη αντίστασης – αλλά αν με ρωτήσεις αν έχω βρει την αληθινή και διαρκή εσωτερική γαλήνη, η ειλικρινής μου απάντηση είναι "όχι". Γιατί δεν την έχω βρει; Τι άλλο μπορώ να κάνω;

Εξακολουθείς να ψάχνεις έξω από σένα και δεν μπορείς να βγεις από τη διαδικασία της αναζήτησης. Σκέφτεσαι ότι ίσως το επόμενο εργαστήριο ή εκείνη η νέα τεχνική θα έχει την απάντηση. Εγώ θα σου έλεγα: μην ψάχνεις για τη γαλήνη. Μην ψάχνεις για καμιά άλλη κατάσταση από αυτή στην οποία βρίσκεσαι τώρα· διαφορετικά, δημιουργείς εσωτερική σύγκρουση και ασυνείδητη αντίσταση. Συγχώρησε τον εαυτό σου για το ότι δεν είσαι γαλήνιος. Τη στιγμή που δέχεσαι *εντελώς* τη μη γαλήνη σου, η μη γαλήνη σου μεταστοιχειώνεται σε γαλήνη. Ό,τι δέχεσαι πλήρως θα σε πάει εκεί, θα σε πάει στη γαλήνη. Αυτό είναι το θαύμα της παράδοσης.

Μπορεί να έχεις ακούσει τη φράση "γύρνα και το άλλο μάγουλο" που χρησιμοποίησε ένα μεγάλος δάσκαλος της φώτισης πριν από 2.000 χρόνια. Προσπαθούσε να μεταδώσει συμβολικά το μυστικό της μη αντίστασης και της μη αντίδρασης. Με αυτή του τη φράση, όπως και με όλες του τις άλλες, μιλούσε μόνο για την εσωτερική σου πραγματικότητα, όχι για την εξωτερική συμπεριφορά της ζωής σου.

Ξέρεις την ιστορία του Μπανζάν; Πριν γίνει μεγάλος δάσκαλος του Ζεν, πέρασε πολλά χρόνια αναζητώντας τη φώτιση, αλλά εκείνη πάντα του ξέφευγε. Κάποια μέρα, καθώς περπατούσε στην αγορά, έτυχε να ακούσει τη συζήτηση που έκανε ένας χασάπης με κάποιον πελάτη του.

"Δώσε μου το καλύτερο κομμάτι κρέας που έχεις", είπε ο πελάτης. Και ο χασάπης αποκρίθηκε: "Κάθε κομμάτι που έχω είναι το καλύτερο. Δεν υπάρχει κομμάτι κρέας που να μην είναι το καλύτερο". Ακούγοντάς το αυτό, ο Μπανζάν φωτίστηκε.

Βλέπω ότι περιμένεις κάποια εξήγηση. Όταν δέχεσαι αυτό που *υπάρχει*, κάθε κομμάτι κρέατος – κάθε στιγμή – είναι το καλύτερο. Αυτό είναι φώτιση.

Η ΦΥΣΗ ΤΗΣ ΣΥΜΠΟΝΙΑΣ

Όταν έχεις πάει πέρα από τα αντίθετα που κατασκευάζει ο νους, τότε γίνεσαι σαν μια βαθιά λίμνη. Η εξωτερική κατάσταση της ζωής σου και οτιδήποτε συμβαίνει εκεί είναι η επιφάνεια της λίμνης. Μερικές φορές είναι γαλήνια, μερικές φορές ανεμοδαρμένη και φουρτουνιασμένη, ανάλογα με τους κύκλους και τις εποχές. Κάτω βαθιά όμως, η λίμνη είναι πάντα ατάραχη.

Όταν έχεις ελευθερωθεί από την κυριαρχία του νου, είσαι ολόκληρη η λίμνη, όχι μόνο η επιφάνειά της, και είσαι σε επαφή με το βάθος σου, που παραμένει απόλυτα ήρεμο. Δεν αντιστέκεσαι στην αλλαγή με το να γαντζώνεσαι νοητικά σε οποιαδήποτε κατάσταση. Η εσωτερική σου γαλήνη δεν εξαρτάται απ' αυτήν. Παραμένεις στην Ύπαρξη — που είναι αμετάβλητη, άχρονη, αθάνατη — και δεν εξαρτάσαι πια για ολοκλήρωση ή ευτυχία από τον εξωτερικό κόσμο των συνεχώς ταλαντευόμενων μορφών. Μπορείς να τις απολαμβάνεις, να παίζεις μαζί τους, να δημιουργείς νέες μορφές, να εκτιμάς την ομορφιά τους. Όμως δε θα νιώθεις την ανάγκη να προσκολληθείς σε καμιά τους.

Όταν γίνεσαι τόσο αποστασιοποιημένος, δε σημαίνει αυτό ότι απομακρύνεσαι από τους άλλους ανθρώπους;

Αντίθετα. Όσο δεν έχεις επίγνωση της Ύπαρξης, η πραγματικότητα των άλλων ανθρώπων σού διαφεύγει, επειδή δεν έχεις βρει τη δική σου. Στο νου σου αρέσει ή δεν αρέσει η μορφή τους, που δεν είναι μόνο το σώμα τους, αλλά περιλαμβάνει και το νου τους. Μπορείς να φτιάξεις αληθινές σχέσεις μόνον όταν έχεις επίγνωση της Ύπαρξης.

Όταν ξεκινάς από την Ύπαρξη, αντιλαμβάνεσαι το σώμα και το νου ενός άλλου ανθρώπου σαν να ήταν απλώς ένα παραπέτασμα, πίσω από το οποίο μπορείς να νιώσεις την αληθινή του πραγματικότητα, όπως νιώθεις τη δική σου. Έτσι, όταν αντιμετωπίζεις τον πόνο ή τη μη συνειδητή συμπεριφορά κάποιου άλλου, μένεις παρών και σε επαφή με την Ύπαρξη, κι έτσι μπορείς να κοιτάξεις πέρα από τη μορφή και να νιώσεις την ακτινοβόλα και καθαρή Ύπαρξη του άλλου μέσα από τη δική σου.

Στο επίπεδο της Ύπαρξης, κάθε πόνος αναγνωρίζεται ως ψευδαίσθηση. Ο πόνος οφείλεται στην ταύτιση με τη μορφή. Μερικές φορές, μέσα από αυτήν τη συνειδητοποίηση μπορούν να συμβούν θεραπευτικά θαύματα, με το να αφυπνίσεις τη συνειδητότητα της Ύπαρξης σε άλλους – αν είναι έτοιμοι.

Αυτό είναι η συμπόνια;

Ναι. Συμπόνια σημαίνει να γνωρίζεις ότι υπάρχει ένας πολύ βαθύς δεσμός ανάμεσα σε σένα και σε όλα τα πλάσματα. Όμως υπάρχουν δύο πλευρές στη συμπόνια, δύο πλευρές σ' αυτόν το δεσμό.

Από τη μια, αφού υπάρχεις ακόμα εδώ ως υλικό σώμα, μοιράζεσαι την τρωτότητα και τη θνητότητα της υλικής σου μορφής με κάθε άλλον άνθρωπο και με κάθε ζωντανή ύπαρξη. Την επόμενη φορά που θα πεις "δεν έχω τίποτε κοινό μ' αυτόν τον άνθρωπο", θυμήσου ότι έχεις πολλά κοινά: μετά από λίγα χρόνια – δύο ή εβδομήντα, δεν έχει και μεγάλη διαφορά – και οι δυο θα έχετε γίνει πτώματα που σαπίζουν, ύστερα σωροί από χώμα και μετά τίποτε απολύτως. Αυτή είναι μια συνειδητοποίηση που σου χαρίζει νηφαλιότητα και ταπεινοφροσύνη και που αφήνει πολύ λίγο χώρο για περηφάνια. Είναι αυτό αρνητική σκέψη; Όχι, είναι ένα δεδομένο. Γιατί να κλείνεις τα μάτια σου και να μην το βλέπεις; Μ΄ αυτή την έννοια, υπάρχει απόλυτη ισότητα ανάμεσα σε σένα και σε κάθε άλλο πλάσμα.

Μια από τις πιο δυναμικές πνευματικές πρακτικές είναι να διαλογίζεσαι βαθιά πάνω στη θνητότητα των υλικών μορφών, όπως και της δικής σου. Αυτή η πρακτική ονομάζεται "πέθανε πριν πεθάνεις". Όταν μπαίνεις βαθιά σ' αυτό το διαλογισμό, αισθάνεσαι ότι η υλική σου μορφή διαλύεται, παύει να υπάρχει. Τότε έρχεται μια στιγμή που όλες οι νοητικές μορφές, όλες οι σκέψεις πεθαίνουν κι αυτές. Όμως *εσύ* υπάρχεις ακόμα – η θεϊκή ύπαρξη που είσαι. Ακτινοβόλα, πλήρως αφυπνισμένη.

Τίποτε αληθινό δεν πεθαίνει ποτέ, μόνο τα ονόματα, οι μορφές και οι ψευδαισθήσεις.

Η συνειδητοποίηση αυτής της αθάνατης διάστασης, της αληθινής σου φύσης, είναι η άλλη πλευρά της συμπόνιας. Σε ένα βαθύ επίπεδο συναισθήματος, αναγνωρίζεις τώρα όχι μόνο τη δική σου αθανασία αλλά, μέσα από τη δική σου, κι αυτήν όλων των άλλων πλασμάτων. Στο επίπεδο της μορφής, μοιράζεσαι με τους άλλους τη θνητότητα και την αβεβαιότητα της ύπαρξης. Στο επίπεδο της Ύπαρξης, μοιράζεσαι την αιώνια, αστραφτερή ζωή. Αυτές είναι οι δύο πλευρές της συμπόνιας.

Στη συμπόνια, τα φαινομενικά αντίθετα συναισθήματα της λύπης και της χαράς ενώνονται σε ένα και μεταστοιχειώνονται σε βαθιά εσωτερική αταραξία. Αυτή είναι η αταραξία του Θεού. Είναι ένα από τα πιο ευγενή συναισθήματα που μπορούν να νιώσουν οι άνθρωποι και έχει μεγάλη θεραπευτική και μεταμορφωτική δύναμη.

Όμως η αληθινή συμπόνια, όπως μόλις την περιέγραψα, είναι ακόμα σπάνια. Το να έχεις βαθιά συναισθηματική κατανόηση του πόνου μιας άλλης ύπαρξης, σίγουρα απαιτεί ένα μεγάλο βαθμό συνειδητότητας, αλλά αντιπροσωπεύει μόνο μια πλευρά της συμπόνιας. Δεν είναι πλήρης. Η αληθινή συμπόνια πάει πέρα από τη συναισθηματική κατανόηση ή από το να συμπάσχεις. Δεν εκδηλώνεται παρά μόνον όταν η λύπη σμίγει με τη χαρά, τη χαρά της Ύπαρξης πέρα από τη μορφή, τη χαρά της αιώνιας ζωής.

ΠΡΟΣ ΜΙΑ ΔΙΑΦΟΡΕΤΙΚΗ ΠΡΑΓΜΑΤΙΚΟΤΗΤΑ

Δε συμφωνώ ότι το σώμα χρειάζεται να πεθάνει. Είμαι πεισμένος ότι μπορούμε να πετύχουμε τη σωματική αθανασία. Πιστεύουμε στο θάνατο, κι αυτός είναι ο λόγος που το σώμα πεθαίνει.

Το σώμα δεν πεθαίνει επειδή πιστεύουμε στο θάνατο, αλλά επειδή πιστεύουμε στο θάνατο το σώμα υπάρχει ή φαίνεται να υπάρχει. Σώμα και θάνατος είναι μέρος της ίδιας ψευδαίσθησης, που δημιουργείται από τον εγωικό τρόπο λειτουργίας της συνειδητότητας, από το νου, ο οποίος δεν έχει επίγνωση της Πηγής της ζωής, βλέπει τον εαυτό του χωρισμένο από όλους και από όλα και αισθάνεται μονίμως υπό απειλή. Έτσι, δημιουργεί την ψευδαίσθηση ότι είσαι ένα σώμα, ένα συμπαγές, υλικό όχημα που είναι μόνιμα υπό απειλή.

Το να αντιλαμβάνεσαι τον εαυτό σου σαν ένα τρωτό σώμα που γεννήθηκε και λίγο αργότερα θα πεθάνει — αυτή είναι η ψευδαίσθηση. Σώμα και θάνατος: μία ψευδαίσθηση. Δεν μπορείς να έχεις το ένα χωρίς το άλλο. Θέλεις να διατηρήσεις τη μία πλευρά της ψευδαίσθησης και να απαλλαγείς από την άλλη, αλλά αυτό είναι αδύνατο. Ή την κρατάς όλη ή την πετάς όλη.

Ωστόσο, δεν μπορείς να ξεφύγεις από το σώμα, αλλά ούτε και χρειάζεται. Το σώμα είναι μια απίστευτη παρανόηση της αληθινής σου φύσης. Όμως η αληθινή σου φύση είναι κρυμμένη κάπου μέσα σ' αυτή την ψευδαίσθηση, όχι έξω απ' αυτήν, κι έτσι το σώμα εξακολουθεί να είναι το μοναδικό σημείο πρόσβασης σ' αυτήν.

Αν έβλεπες έναν άγγελο και τον περνούσες, κατά λάθος, για πέτρινο άγαλμα, το μόνο που θα έπρεπε να κάνεις θα ήταν να προσαρμόσεις την όρασή σου και να κοιτάξεις πιο προσεκτικά το "πέτρινο άγαλμα", κι όχι να αρχίσεις να κοιτάς κάπου αλλού. Τότε θα ανακάλυπτες ότι δεν υπήρξε ποτέ πέτρινο άγαλμα.

Αν η πίστη στο θάνατο δημιουργεί το σώμα, τότε γιατί έχουν σώμα τα ζώα; Τα ζώα δεν έχουν εγώ και δεν πιστεύουν στο θάνατο...

Όμως και πάλι πεθαίνουν, ή έτσι φαίνεται.

Θυμήσου ότι ο τρόπος που αντιλαμβάνεσαι τον κόσμο είναι αντανάκλαση της κατάστασης της συνειδητότητάς σου. Δεν είσαι χωρισμένος απ' αυτόν και δεν υπάρχει αντικειμενικός κόσμος εκεί έξω. Κάθε στιγμή, η συνειδητότητά σου δημιουργεί τον κόσμο που κατοικείς. Μια από τις πιο διορατικές γνώσεις, που έχει προέλθει από τη σύγχρονη φυσική, είναι αυτή της σύνδεσης μεταξύ παρατηρητή και παρατηρούμενου: το άτομο που εκτελεί το πείραμα — ο παρατηρητής — δεν μπορεί να χωριστεί από εκείνο που παρατηρεί. Αν το κοιτάξει διαφορετικά, το παρατηρούμενο φαινόμενο συμπεριφέρεται διαφορετικά.

Αν πιστεύεις, σε ένα βαθύ επίπεδο, στο διαχωρισμό και στον αγώνα για επιβίωση, τότε βλέπεις αυτή την πεποίθηση να αντανακλάται γύρω σου, και οι αντιλήψεις σου κυριαρχούνται από το φόβο. Κατοικείς σε έναν κόσμο θανάτου και σωμάτων που μάχονται, σκοτώνουν και καταβροχθίζουν το ένα το άλλο.

Τίποτε δεν είναι αυτό που φαίνεται πως είναι. Ο κόσμος που εσύ δημιουργείς και βλέπεις μέσα από τον εγωικό νου μπορεί να φαίνεται ένα ατελές μέρος, ίσως ακόμα και μια κοιλάδα δακρύων. Όμως οτιδήποτε αντιλαμβάνεσαι είναι μόνο κάποιο είδος συμβόλου, σαν μια εικόνα σ' ένα όνειρο. Είναι το πώς ερμηνεύει η συνειδητότητά σου και πώς αλληλεπιδρά με το μοριακό ενεργειακό χορό του σύμπαντος.

Αυτή η ενέργεια είναι η πρώτη ύλη αυτού που ονομάζουμε υλική πραγματικότητα. Τη βλέπεις σε σχέση με σώματα και γέννηση και θάνατο ή σαν αγώνα για επιβίωση. Ένας άπειρος αριθμός εντελώς διαφορετικών ερμηνειών, εντελώς διαφορετικών κόσμων, είναι δυνατόν να υπάρχει και, στην πραγματικότητα, υπάρχει — όλα εξαρτώνται από τη συνειδητότητα που τα αντιλαμβάνεται.

Κάθε ύπαρξη είναι ένα εστιακό σημείο συνειδητότητας και κάθε τέτοιο εστιακό σημείο δημιουργεί το δικό του κόσμο, αν και όλοι αυτοί οι κόσμοι είναι αλληλοσυνδεόμενοι. Υπάρχει ένας ανθρωποκόσμος, ένα μυρμηγκο-κόσμος, ένας δελφινο-κόσμος και ούτω καθεξής. Υπάρχουν αμέτρητες υπάρξεις που η συνειδησιακή τους συχνότητα είναι τόσο διαφορετική από τη δική σου, ώστε πιθανότατα δεν έχεις επίγνωση της ύπαρξής τους, ούτε κι εκείνες της δικής σου. Υπάρξεις με υψηλή συνειδητότητα, που έχουν επίγνωση της σύνδεσής τους με την Πηγή και μεταξύ τους, θα κατοικούσαν έναν κόσμο που σε σένα θα φαινόταν σαν ουράνιο βασίλειο – κι όμως, τελικά, όλοι οι κόσμοι είναι ένα.

Ο συλλογικός ανθρώπινος κόσμος μας δημιουργείται κυρίως από το επίπεδο της συνειδητότητας που αποκαλούμε νου. Ακόμα και μέσα στο συλλογικό ανθρώπινο κόσμο υπάρχουν τεράστιες διαφορές, πολλοί διαφορετικοί "υπο-κόσμοι", ανάλογα με αυτούς που αντιλαμβάνονται ή δημιουργούν τους αντίστοιχους κόσμους τους. Αφού όλοι οι κόσμοι αλληλοσυνδέονται, όταν η συλλογική ανθρώπινη συνειδητότητα μεταμορφώνεται, η φύση και το ζωικό βασίλειο αντανακλούν αυτή τη μεταμόρφωση. Αυτό θέλει να πει και η φράση στη Βίβλο, που λεει ότι στην εποχή που έρχεται "το λιοντάρι θα ξαπλώνει με το αρνί". Αυτό δηλώνει την πιθανότητα μιας εντελώς διαφορετικής πραγματικότητας.

Ο κόσμος όπως εμφανίζεται σε μας τώρα, είναι, όπως είπα, κυρίως μια αντανάκλαση του εγωικού νου. Αφού ο φόβος είναι αναπόφευκτη συνέπεια της εγωικής πλάνης, είναι ένας κόσμος που κυριαρχείται απ΄ αυτήν. Όπως ακριβώς οι εικόνες σε ένα όνειρο είναι σύμβολα εσωτερικών καταστάσεων και συναισθημάτων, έτσι και η συλλογική μας πραγματικότητα είναι κυρίως μια συμβολική έκφραση του φόβου και των βαριών στρωμάτων αρνητικότητας που έχουν συσσωρευτεί στη συλλογική ανθρώπινη ψυχή.

Δεν είμαστε χωρισμένοι από τον κόσμο μας, κι έτσι όταν η πλειονότητα των ανθρώπων ελευθερωθεί από την εγωική πλάνη, αυτή η εσωτερική αλλαγή θα επηρεάσει όλη τη δημιουργία. Κυριολεκτικά θα κατοικούμε σε έναν καινούργιο κόσμο. Αυτή είναι μια αλλαγή στην πλανητική συνειδητότητα. Η παράξενη βουδιστική ρήση ότι κάθε δέντρο και κάθε χορταράκι τελικά θα φωτιστούν, δείχνει την ίδια αλήθεια.

Σύμφωνα με τον Απόστολο Παύλο, ολόκληρη η δημιουργία περιμένει να φωτιστούν οι άνθρωποι. Έτσι ερμηνεύω εγώ τη φράση του "η πλάση περιμένει με ανυπόμονη προσδοκία να αποκαλυφθούν οι γιοι του Θεού". Ο Απόστολος Παύλος συνεχίζει λέγοντας ότι όλη η δημιουργία θα λυτρωθεί μέσα απ' αυτό: "Μέχρι τώρα... ολόκληρη η πλάση, σε όλα της τα μέρη, βογκάει σαν να νιώθει τις οδύνες του τοκετού".

Αυτό που γεννιέται είναι μια νέα συνειδητότητα και, ως αναπόφευκτη αντανάκλασή της, ένας νέος κόσμος. Αυτό προλέγεται επίσης στη Αποκάλυψη της Καινής Διαθήκης: "Έπειτα είδα ένα νέο ουρανό και μια νέα γη, γιατί ο πρώτος ουρανός και η πρώτη γη είχαν πεθάνει".

Όμως μη συγχέεις την αιτία με το αποτέλεσμα. Πρωταρχικό σου καθήκον δεν είναι να αναζητήσεις τη σωτηρία μέσα από τη δημιουργία ενός καλύτερου κόσμου, αλλά να αφυπνιστείς και να βγεις από την ταύτιση με τη μορφή. Έτσι δεν είσαι πια δεμένος με τούτο τον κόσμο, με αυτό το επίπεδο της πραγματικότητας. Μπορείς να νιώσεις τις ρίζες σου στο Άδηλο κι έτσι να είσαι απαλλαγμένος από τις προσκολλήσεις στο δήλο κόσμο.

Μπορείς και πάλι να απολαμβάνεις τις περαστικές απολαύσεις ετούτου του κόσμου, αλλά δεν υπάρχει πια ο φόβος της απώλειας, κι έτσι δε χρειάζεται να γαντζώνεσαι σ' αυτές. Παρ΄ όλο που μπορείς να απολαμβάνεις τις ηδονές που σου προσφέρουν οι αισθήσεις σου, η λαχτάρα για την αισθητηριακή εμπειρία έχει πια φύγει, όπως και η μόνιμη αναζήτηση για εκπλήρωση μέσα από την ψυχολογική ικανοποίηση, μέσα από την τροφοδότηση του εγώ. Είσαι σε επαφή με κάτι απείρως μεγαλύτερο από οποιαδήποτε απόλαυση, μεγαλύτερο από οποιοδήποτε δήλο πράγμα.

Κατά κάποιον τρόπο, δε χρειάζεσαι πια τον κόσμο. Δε χρειάζεσαι καν να είναι ο κόσμος διαφορετικός απ' ό,τι είναι.

Μόνο σ' αυτό το σημείο αρχίζεις να κάνεις μια αληθινή συνεισφορά στην έλευση ενός καλύτερου κόσμου, στη δημιουργία μιας διαφορετικής πραγματικότητας. Μόνο σ' αυτό το σημείο μπορείς να νιώσεις αληθινή συμπόνια και να βοηθήσεις άλλους στο επίπεδο της αιτίας. Μόνο εκείνοι που έχουν υπερβεί τον κόσμο μπορούν να κάνουν να εμφανιστεί ένας καλύτερος κόσμος.

Μιλήσαμε ήδη για τη διπλή φύση της αληθινής συμπόνιας, που είναι η επίγνωση ενός κοινού δεσμού, της μοιρασμένης θνητότητας και της αθανασίας. Σ' αυτό το βαθύ επίπεδο, η συμπόνια γίνεται θεραπεία με την ευρύτερη έννοια. Σ' αυτή την κατάσταση, η θεραπευτική σου επίδραση βασίζεται κυρίως όχι στη δράση αλλά στην Ύπαρξη. Όλοι όσοι έρχονται σε επαφή μαζί σου αγγίζονται από την παρουσία σου και επηρεάζονται από τη γαλήνη που εκπέμπεις, είτε το συνειδητοποιούν είτε όχι.

Όταν είσαι απόλυτα παρών και οι άνθρωποι εκδηλώνουν μη συνειδητή συμπεριφορά, δε νιώθεις την ανάγκη να αντιδράσεις σ' αυτήν κι έτσι δεν της δίνεις υπόσταση. Η γαλήνη σου είναι τόσο απέραντη και τόσο βαθιά, ώστε οτιδήποτε δεν είναι γαλήνη εξαφανίζεται μέσα της σαν να μην υπήρξε ποτέ. Αυτό σπάει τον κύκλο της δράσης και της αντίδρασης. Ζώα, δέντρα, λουλούδια, όλα νιώθουν τη γαλήνη σου και ανταποκρίνονται σ' αυτήν. Διδάσκεις υπάρχοντας, εκφράζοντας την αταραξία του Θεού.

Γίνεσαι το "φως του κόσμου", μια ακτινοβολία καθαρής συνειδητότητας, κι έτσι εξαλείφεις τον πόνο στο επίπεδο της αιτίας. Εξαλείφεις την ασυνειδησία από τον κόσμο.

Αυτό δεν σημαίνει ότι δεν μπορείς επίσης να διδάσκεις και με τη δράση – για παράδειγμα, δείχνοντας πώς μπορεί να αποταυτιστεί κάποιος από το νου, πώς να αναγνωρίζει τα μη συνειδητά πρότυπα που υπάρχουν μέσα του, κλπ. Όμως, αυτό που είσαι είναι πάντα μια πιο ζωτική διδασκαλία και ένας πολύ πιο ισχυρός μεταμορφωτής του κόσμου από εκείνα που λες. Είναι πιο ουσιαστικό ακόμα κι απ' αυτό που κάνεις.

Όμως η αναγνώριση της υπεροχής της Ύπαρξης και η δουλειά στο επίπεδο της αιτίας δεν αποκλείουν την πιθανότητα να εκδηλώνεται η συμπόνια σου ταυτόχρονα στο επίπεδο της δράσης και του αποτελέσματος, ανακουφίζοντας τον πόνο όποτε τον συναντάς. Όταν ένας πεινασμένος σού ζητάει ψωμί κι εσύ έχεις, θα του το δώσεις. Όμως, καθώς δίνεις το ψωμί, παρ΄ όλο που η επαφή σου μ΄ αυτό τον άνθρωπο μπορεί να είναι πολύ σύντομη, αυτό που έχει πραγματικά σημασία είναι αυτή η στιγμή της μοιρασμένης Ύπαρξης, της οποίας το ψωμί δεν είναι παρά ένα σύμβολο. Μια βαθιά θεραπεία συντελείται μέσα της. Εκείνη τη στιγμή δεν υπάρχει δότης, δεν υπάρχει αποδέκτης.

Όμως, κατ' αρχήν, δε θα έπρεπε να υπάρχει πείνα και ασιτία. Πώς μπορούμε να δημιουργήσουμε έναν καλύτερο κόσμο χωρίς να καταπιαστούμε πρώτα με δεινά όπως η πείνα και η βία;

Όλα τα δεινά είναι αποτέλεσμα της έλλειψης συνειδητότητας. Μπορείς να ανακουφίσεις τα αποτελέσματά της, αλλά δεν μπορείς να τα εξαλείψεις, εκτός κι αν εξαλείψεις την αιτία τους. Η αληθινή αλλαγή συμβαίνει εσωτερικά, όχι εξωτερικά.

Αν νιώθεις το κάλεσμα να ανακουφίσεις τον πόνο στον κόσμο, αυτό είναι μια πολύ ευγενική φιλοδοξία, αλλά να θυμάσαι να μην εστιάζεις την προσοχή σου αποκλειστικά στα εξωτερικά φαινόμενα.

Χωρίς βαθιά αλλαγή στην ανθρώπινη συνειδητότητα, ο πόνος του κόσμου είναι απύθμενο πηγάδι. Έτσι, μην αφήσεις τη συμπόνια σου να γίνει μονόπλευρη. Η συναίσθηση του πόνου ή της έλλειψης που έχει ο άλλος και η επιθυμία να βοηθήσεις χρειάζεται να βρίσκονται σε ισορροπία με μια βαθύτερη συνειδητοποίηση της αιώνιας φύσης όλης της ζωής και της έσχατης ψευδαίσθησης κάθε πόνου. Ύστερα άφησε τη γαλήνη σου να κυλήσει μέσα σε οτιδήποτε κάνεις, και τότε θα δουλεύεις στο επίπεδο του αποτελέσματος και της αιτίας ταυτόχρονα.

Αυτό ισχύει επίσης αν υποστηρίζεις κάποια οργάνωση ή κίνηση που έχει σκοπό να εμποδίσει ανθρώπους με βαθιά ασυνειδησία να αυτοκαταστραφούν, να καταστρέψουν ο ένας τον άλλον και τον πλανήτη, ή να συνεχίσουν να προκαλούν φριχτό πόνο σε άλλα όντα. Να θυμάσαι: όπως ακριβώς δεν μπορείς να πολεμήσεις το σκοτάδι, έτσι δεν μπορείς να πολεμήσεις και την ασυνειδησία. Αν προσπαθήσεις, τα πολικά αντίθετα θα ισχυροποιηθούν και θα εδραιωθούν ακόμα πιο βαθιά. Θα ταυτιστείς με έναν από αυτούς τους πόλους, θα δημιουργήσεις έναν "εχθρό", κι έτσι η ασυνειδησία θα σε τραβήξει κι εσένα μέσα της.

Ανέβασε λοιπόν το επίπεδο της επίγνωσης απλώνοντας τη γνώση ή, στην έσχατη περίπτωση, άσκησε παθητική αντίσταση. Σιγουρέψου όμως ότι δεν κουβαλάς μέσα σου ούτε αντίσταση ούτε μίσος ούτε αρνητικότητα. "Αγάπα τους εχθρούς σου", είπε ο Ιησούς, πράγμα που φυσικά σημαίνει "μην έχεις εχθρούς".

Όταν δουλεύεις για κάτι στο επίπεδο του αποτελέσματος, είναι πάρα πολύ εύκολο να χαθείς μέσα σ' αυτό. Μείνε σε εγρήγορση και πολύ, πολύ παρών. Το επίπεδο της αιτίας χρειάζεται να παραμείνει το πρωταρχικό εστιακό σου σημείο, η διδασκαλία της φώτισης ο κύριος σκοπός σου, και η γαλήνη το πιο πολύτιμο δώρο σου στον κόσμο.

ΚΕΦΑΛΑΙΟ ΔΕΚΑ

ΤΟ ΝΟΗΜΑ ΤΗΣ ΠΑΡΑΔΟΣΗΣ

Αποδοχη του Τωρα

Έχεις αναφέρει αρκετές φορές την "παράδοση". Δε μου αρέσει αυτή η ιδέα. Ακούγεται κάπως μοιρολατρική. Αν δεχόμαστε πάντα τα πράγματα έτσι όπως είναι, τότε δεν πρόκειται να κάνουμε καμιά προσπάθεια να τα βελτιώσουμε. Νομίζω πως πρόοδος, τόσο στην προσωπική μας ζωή όσο και συλλογικά, είναι να μη δεχόμαστε τους περιορισμούς του παρόντος, αλλά να προσπαθούμε να πάμε πέρα απ' αυτούς και να δημιουργήσουμε κάτι καλύτερο. Αν δεν το είχαμε κάνει αυτό θα ζούσαμε ακόμα σε σπηλιές. Πώς συμβιβάζεις την παράδοση με την αλλαγή και τη δράση για την αλλαγή;

Για κάποιους ανθρώπους, η παράδοση μπορεί να έχει αρνητική έννοια και να υποδηλώνει ήττα, παραίτηση, αποτυχία αντιμετώπισης των προκλήσεων της ζωής, ληθαργικότητα και ούτω καθεξής. Η αληθινή παράδοση, όμως, είναι κάτι εντελώς διαφορετικό. Δε σημαίνει να ανέχεσαι παθητικά οποιαδήποτε κατάσταση και να μην κάνεις τίποτε γι' αυτήν. Ούτε σημαίνει να σταματάς να κάνεις σχέδια ή να μην μπαίνεις στη δράση.

Η παράδοση είναι η απλή αλλά βαθυστόχαστη σοφία τού να *ενδίδεις* αντί να *αντιστέκεσαι* στη ροή της ζωής. Το μόνο μέρος όπου μπορείς να βιώσεις τη ροή της ζωής είναι το Τώρα, κι έτσι η παράδοση είναι η αποδοχή της παρούσας στιγμής χωρίς όρους και χωρίς επιφυλάξεις. Είναι η εγκατάλειψη της εσωτερικής αντίστασης σ' αυτό που *υπάρχει.*

Εσωτερική αντίσταση είναι να λες "όχι" σ' αυτό που *υπάρχει,* μέσα από νοητικές κρίσεις και συναισθηματική αρνητικότητα. Αυτή η αντίσταση γίνεται ιδιαίτερα έντονη όταν τα πράγματα "πάνε στραβά", δηλαδή όταν υπάρχει ένα κενό ανάμεσα στις απαιτήσεις ή τις άκαμπτες προσδοκίες του νου σου και αυτού που *υπάρχει.* Αυτό είναι το κενό του πόνου. Αν έχεις ζήσει αρκετά, τότε ξέρεις ότι τα πράγματα "πάνε στραβά" πολύ συχνά. Ακριβώς αυτές τις στιγμές είναι που χρειάζεται να παραδοθείς, αν θέλεις να εξαλείψεις τον πόνο και τη λύπη από τη ζωή σου. Η αποδοχή αυτού που *υπάρχει* σε ελευθερώνει αμέσως από την ταύτιση με το νου κι έτσι σε συνδέει ξανά με την Ύπαρξη. Η αντίσταση *είναι* ο νους.

Η παράδοση είναι καθαρά εσωτερικό φαινόμενο. Αυτό δεν σημαίνει ότι στο εξωτερικό επίπεδο δεν μπορείς να αναλάβεις δράση και να αλλάξεις την κατάσταση. Στην πραγματικότητα, δεν είναι η γενική κατάσταση που χρειάζεται να αποδεχτείς όταν παραδίδεσαι, αλλά απλώς το ελάχιστο κλάσμα που ονομάζεται Τώρα.

Για παράδειγμα, αν είχες κολλήσει στη λάσπη κάπου, δε θα έλεγες: "Εντάξει, εγκαταλείπομαι στο κόλλημά μου στη λάσπη". Η εγκατάλειψη δεν είναι παράδοση. Δε χρειάζεται να αποδέχεσαι μια ανεπιθύμητη ή δυσάρεστη κατάσταση στη ζωή σου. Ούτε χρειάζεται να κοροϊδεύεις τον εαυτό σου και να λες ότι δεν υπάρχει τίποτε κακό στο να είσαι κολλημένος στη λάσπη. Όχι. Αναγνωρίζεις πλήρως ότι θέλεις να βγεις από κει μέσα. Έπειτα εστιάζεις την προσοχή σου στην παρούσα στιγμή, χωρίς να της δίνεις νοητικά κάποιο όνομα. Αυτό σημαίνει ότι δεν κρίνεις το Τώρα. Κατά συνέπεια, δεν υπάρχει αντίσταση, δεν υπάρχει συναισθηματική αρνητικότητα. Αποδέχεσαι το "είναι" αυτής της στιγμής. Τότε αναλαμβάνεις δράση και κάνεις ό,τι μπορείς για να βγεις από τη λάσπη.

Αυτού του είδους τη δράση την ονομάζω θετική. Είναι πολύ πιο αποτελεσματική από την αρνητική δράση, που προκύπτει από το θυμό, την απελπισία ή την αίσθηση της ματαιότητας. Μέχρι να φτάσεις στο επιθυμητό αποτέλεσμα, συνεχίζεις να ασκείσαι στην παράδοση, χωρίς να βάζεις ετικέτες στο Τώρα.

Θα σου δώσω μια αναλογία για να καταλάβεις καλύτερα τι εννοώ. Περπατάς σ' ένα μονοπάτι τη νύχτα, μέσα σε πυκνή ομίχλη. Έχεις όμως έναν ισχυρό φακό που τρυπάει την ομίχλη και δημιουργεί ένα στενό, καθαρό χώρο μπροστά σου. Η ομίχλη είναι η κατάσταση της ζωής σου, που περιλαμβάνει παρελθόν και μέλλον· ο φακός είναι η συνειδητή σου παρουσία· ο καθαρός χώρος είναι το Τώρα.

Η μη παράδοση σκληραίνει την ψυχολογική σου μορφή, το κέλυφος του εγώ, κι έτσι δημιουργεί μια έντονη αίσθηση διαχωρισμού. Ο κόσμος γύρω σου και ιδιαίτερα οι άνθρωποι καταλήγουν να θεωρούνται απειλητικοί. Νιώθεις την πιεστική ανάγκη να καταστρέψεις τους άλλους μέσα από την κριτική, όπως και την ανάγκη για ανταγωνισμό και κυριαρχία. Ακόμα και η φύση γίνεται εχθρός σου. Οι αντιλήψεις και οι ερμηνείες σου κυβερνιούνται από το φόβο. Η ψυχική νόσος που αποκαλούμε παράνοια είναι απλώς μια πιο οξεία μορφή αυτής της φυσιολογικής αλλά δυσλειτουργικής κατάστασης της συνειδητότητας.

Όχι μόνο η ψυχολογική σου μορφή, αλλά και η υλική σου μορφή – το σώμα σου – γίνεται σκληρή και άκαμπτη μέσα από την αντίσταση. Νιώθεις ένταση σε διάφορα μέρη του σώματος, και ολόκληρο το σώμα σου συστέλλεται. Η ελεύθερη ροή της ζωτικής ενέργειας μέσα στο σώμα σου, που είναι ουσιαστικής σημασίας για την υγιή λειτουργία του, περιορίζεται σε μεγάλο βαθμό.

Η δουλειά με το σώμα, καθώς και ορισμένες μορφές σωματικής θεραπείας και άσκησης μπορούν να σε βοηθήσουν να αποκαταστήσεις αυτήν τη ροή, αλλά αν δεν ασκείς την παράδοση στην καθημερινή σου ζωή, όλ΄ αυτά σου δίνουν μόνο προσωρινή ανακούφιση από τα συμπτώματα, αφού η αιτία – το πρότυπο της αντίστασης – δεν έχει διαλυθεί.

Υπάρχει κάτι μέσα σου που παραμένει ανεπηρέαστο από τις παροδικές περιστάσεις που συνθέτουν την κατάσταση της ζωής σου, και μόνο με την παράδοση έχεις πρόσβαση σ' αυτό. Είναι η ζωή σου, η ίδια σου η Ύπαρξη, που υπάρχει αιώνια στην άχρονη σφαίρα του παρόντος. Το να βρεις αυτή τη ζωή είναι "το μόνο πράγμα που χρειάζεται", αυτό για το οποίο μίλησε ο Ιησούς.

Αν βρίσκεις ότι η κατάσταση της ζωής σου δεν είναι ικανοποιητική ή τη θεωρείς ακόμα και ανυπόφορη, μόνον αν παραδοθείς πρώτα μπορείς να σπάσεις το ασυνείδητο πρότυπο της αντίστασης που διαιωνίζει αυτή την κατάσταση.

Η παράδοση είναι απόλυτα συμβατή με τη δράση, τις αλλαγές ή την επίτευξη στόχων. Όμως, στην κατάσταση της παράδοσης, μια εντελώς διαφορετική ενέργεια, μια διαφορετική ποιότητα ρέει μέσα στη δράση σου. Η παράδοση σε ξανασυνδέει με την ενέργεια της πηγής της Ύπαρξης, και όταν η δράση σου είναι εμποτισμένη με Ύπαρξη, τότε γίνεται ένας χαρούμενος ύμνος της ζωτικής ενέργειας που σε πηγαίνει πιο βαθιά στο Τώρα.

Όταν πάψεις να αντιστέκεσαι, η ποιότητα της συνειδητότητάς σου και, κατά συνέπεια η ποιότητα κάθε σου δράσης και κάθε δημιουργίας αυξάνεται απροσμέτρητα. Τα αποτελέσματα θα φροντίσουν στη συνέχεια μόνα τους τον εαυτό τους και θα καθρεφτίζουν αυτή την ποιότητα. Αυτήν τη διαδικασία θα μπορούσαμε να την ονομάσουμε "παραδομένη δράση". Δεν είναι δουλειά, όπως την ξέρουμε εδώ και χιλιάδες χρόνια. Καθώς όλο και περισσότεροι άνθρωποι αφυπνίζονται, η λέξη *δουλειά* θα εξαφανιστεί από το λεξιλόγιό μας, και ίσως να δημιουργηθεί μια νέα λέξη για να την αντικαταστήσει.

Η ποιότητα της συνειδητότητάς σου ετούτη τη στιγμή είναι το κύριο καθοριστικό στοιχείο για το τι είδους μέλλον θα βιώσεις, κι έτσι η παράδοση είναι το πιο σημαντικό πράγμα που μπορείς να κάνεις για να φέρεις κάποια θετική αλλαγή. Οποιαδήποτε δράση είναι δευτερεύουσα. Καμιά αληθινά θετική αλλαγή δεν μπορεί να προέλθει από μια μη παραδομένη κατάσταση συνειδητότητας.

Καταλαβαίνω ότι αν βρίσκομαι σε μια δυσάρεστη ή μη ικανοποιητική κατάσταση και αποδεχτώ πλήρως τη στιγμή όπως είναι, δε θα νιώθω πόνο ή δυστυχία. Θα έχω υψωθεί πάνω απ' αυτά. Όμως ακόμα δεν μπορώ να καταλάβω από πού θα προέλθει η ενέργεια ή το κίνητρο για να αναλάβω δράση και να κάνω αλλαγές αν δε νιώθω κάποια δυσαρέσκεια.

Στην κατάσταση της παράδοσης, βλέπεις πολύ καθαρά τι χρειάζεται να γίνει. Αναλαμβάνεις δράση κάνοντας ένα πράγμα τη φορά και εστιάζοντας την προσοχή σου σε ένα πράγμα τη φορά. Μάθαινε από τη φύση: δες πώς γίνονται τα πάντα και πώς το θαύμα της ζωής ξεδιπλώνεται χωρίς καμιά δυστυχία, χωρίς καμιά έλλειψη ικανοποίησης. Γι' αυτό είπε ο Ιησούς: "Δείτε τα κρίνα του αγρού πώς μεγαλώνουν· ούτε μοχθούν ούτε γνέθουν".

Αν η γενική κατάσταση της ζωής σου δεν είναι ικανοποιητική, αν είναι δυσάρεστη, *ξεχώρισε ετούτη τη στιγμή* και παραδόσου σ' αυτό που *υπάρχει.* Αυτός είναι ο φακός που διαπερνάει την ομίχλη. Η συνειδητότητά σου παύει τότε να ελέγχεται από εξωτερικές συνθήκες. Δε λειτουργείς πια από αντίδραση και αντίσταση.

Έπειτα κοίτα τις λεπτομέρειες της κατάστασης. Ρώτα τον εαυτό σου: "Υπάρχει κάτι που μπορώ να κάνω για να αλλάξω την κατάσταση ή για να βγάλω τον εαυτό μου απ' αυτήν;" Αν ναι, αναλαμβάνεις την ανάλογη δράση. Μην εστιάζεις την προσοχή σου στα εκατό πράγματα που θα κάνεις ή που μπορεί να χρειαστεί να κάνεις σε κάποιο μελλοντικό χρόνο, αλλά στο ένα που μπορείς να κάνεις τώρα.

Αυτό δεν σημαίνει ότι δεν πρέπει να κάνεις σχέδια. Τα σχέδια ίσως είναι το μοναδικό πράγμα που μπορείς να κάνεις τώρα. Σιγουρέψου όμως ότι δεν αρχίζεις να παίζεις "νοητικές ταινίες", να προβάλεις τον εαυτό σου στο μέλλον κι έτσι να χάνεις το Τώρα. Οποιαδήποτε δράση αναλάβεις μπορεί να μην καρποφορήσει αμέσως. Μέχρι να καρποφορήσει, μην αντιστέκεσαι σε ό,τι υπάρχει. Αν δεν μπορείς να αναλάβεις κάποια δράση και δεν μπορείς ούτε και να απομακρυνθείς από την κατάσταση, τότε χρησιμοποίησε την κατάσταση για να μπεις πιο βαθιά στην παράδοση, πιο βαθιά στο Τώρα, πιο βαθιά στην Ύπαρξη.

Όταν μπαίνεις σ' αυτή την άχρονη διάσταση του παρόντος, η αλλαγή έρχεται συνήθως με παράξενους τρόπους, χωρίς την ανάγκη για μεγάλη δράση εκ μέρους σου. Η ζωή γίνεται συνεργάσιμη, σε βοηθάει. Αν κάποιοι εσωτερικοί παράγοντες όπως ο φόβος, η ενοχή ή η αδράνεια σε εμπόδιζαν να δράσεις, διαλύονται στο φως της συνειδητής σου παρουσίας.

Μη συγχέεις την παράδοση με μια στάση του είδους "δεν μπορώ πια να ασχολούμαι" ή "απλούστατα, δε δίνω δεκάρα". Αν την κοιτάξεις προσεκτικά, θα δεις ότι μια τέτοια στάση είναι χρωματισμένη με αρνητικότητα με τη μορφή κρυμμένης μνησικακίας. Ετσι, δεν είναι σε καμιά περίπτωση παράδοση, αλλά μεταμφιεσμένη αντίσταση.

Καθώς παραδίνεσαι, στρέψε την προσοχή σου προς τα μέσα για να ελέγξεις αν υπάρχει κάποιο ίχνος αντίστασης που απομένει μέσα σου. Να βρίσκεσαι σε μεγάλη εγρήγορση όταν το κάνεις αυτό· διαφορετικά, ένας σπόρος αντίστασης μπορεί να συνεχίσει να κρύβεται σε κάποια σκοτεινή γωνιά, με τη μορφή μιας σκέψης ή ενός συναισθήματος που δεν έχεις ακόμη αναγνωρίσει.

Απο τη νοητικη ενεργεια στην πνευματικη ενεργεια

Εύκολο να μιλάς για παραίτηση από την αντίσταση, αλλά δύσκολο να το κάνεις. Ακόμα δεν μπορώ να καταλάβω πώς να το κάνω. Αν μου πεις "το κάνεις με το να παραδοθείς", το ερώτημα παραμένει: "Πώς;"

Ξεκίνα αναγνωρίζοντας ότι *υπάρχει* αντίσταση. Να είσαι εκεί όταν εμφανίζεται. Παρατήρησε πώς τη δημιουργεί ο νους σου, πώς βάζει ετικέτες στην κατάσταση, στον εαυτό σου ή στους άλλους. Παρατήρησε τη διαδικασία της σκέψης σου. Νιώσε την ενέργεια του συναισθήματος. Βλέποντας την αντίσταση, θα δεις ότι δεν εξυπηρετεί κανένα σκοπό. Εστιάζοντας όλη σου την προσοχή στο Τώρα, η ασυνείδητη αντίσταση γίνεται συνειδητή, κι αυτό είναι το τέλος της.

Δεν μπορείς να είσαι συνειδητός *και* δυστυχισμένος, συνειδητός *και* σε αρνητικότητα. Αρνητικότητα, δυστυχία ή πόνος με οποιαδήποτε μορφή, σημαίνει ότι υπάρχει αντίσταση και η αντίσταση είναι πάντα ασυνείδητη.

Μα πώς είναι δυνατόν να μην καταλαβαίνω ότι αισθάνομαι δυστυχισμένος;

Θα επέλεγες τη δυστυχία; Αν δεν την επέλεξες, πώς προέκυψε; Ποιος είναι ο σκοπός της; Ποιος τη διατηρεί ζωντανή; Λες ότι έχεις συνείδηση της δυστυχίας, αλλά η αλήθεια είναι ότι είσαι ταυτισμένος μαζί της και διατηρείς τη διαδικασία ζωντανή μέσα από την ψυχαναγκαστική σκέψη. Όλα αυτά είναι ασυνείδητα.

Αν ήσουν συνειδητός, δηλαδή απόλυτα παρών στο Τώρα, κάθε αρνητικότητα θα διαλυόταν σχεδόν αμέσως. Δε θα επιβίωνε με την παρουσία σου. Μπορεί να επιβιώνει μόνο με την απουσία σου. Ακόμα και το πονο-σώμα σου δεν μπορεί να επιβιώσει για πολύ όταν είσαι παρών. Διατηρείς τη δυστυχία σου ζωντανή όταν της δίνεις χρόνο. Αυτό είναι το αίμα της ζωής της. Αφαίρεσε το χρόνο μέσα από την έντονη επίγνωση της παρούσης στιγμής, και θα πεθάνει. Θέλεις όμως να πεθάνει; Την έχεις αληθινά χορτάσει; Ποιος θα ήσουν χωρίς αυτήν;

Μέχρι να παραδοθείς, η πνευματική διάσταση είναι κάτι για το οποίο διαβάζεις, μιλάς, ενθουσιάζεσαι, γράφεις βιβλία, σκέφτεσαι, πιστεύεις ή δεν πιστεύεις, ανάλογα με την περίπτωση. Δεν έχει διαφορά. Μέχρι να παραδοθείς, δε θα γίνει ζωντανή πραγματικότητα στη ζωή σου.

Όταν παραδοθείς, η ενέργεια που εκπέμπεις και που κυβερνάει τη ζωή σου έχει μια πολύ υψηλότερη δόνηση απ' ό,τι η νοητική ενέργεια που εξακολουθεί να κυβερνάει τον κόσμο μας. Είναι αυτή που δημιούργησε τις υπάρχουσες κοινωνικές, πολιτικές και οικονομικές δομές του πολιτισμού μας, και που επίσης συνεχώς διαιωνίζει τον εαυτό της μέσα από τα εκπαιδευτικά μας συστήματα και τα μέσα ενημέρωσης.

Με την παράδοση, η πνευματική ενέργεια μπαίνει σε τούτο τον κόσμο. Δε δημιουργεί πόνο για σένα, για άλλους ανθρώπους ή για οποιαδήποτε άλλη μορφή ζωής στον πλανήτη. Αντίθετα με τη νοητική ενέργεια, δε ρυπαίνει τη Γη και δεν υπόκειται στο νόμο της πολικότητας, που υπαγορεύει ότι τίποτε δεν μπορεί να υπάρξει χωρίς το αντίθετό του, ότι δεν μπορεί να υπάρξει καλό χωρίς κακό.

Εκείνοι που λειτουργούν με τη νοητική ενέργεια, που αποτελούν ακόμα τη συντριπτική πλειονότητα του πληθυσμού της Γης, δε γνωρίζουν την ύπαρξη της πνευματικής ενέργειας. Αυτή ανήκει σε μια διαφορετική τάξη πραγματικότητας και θα δημιουργήσει έναν διαφορετικό κόσμο όταν ένας επαρκής αριθμός ανθρώπων μπει στην κατάσταση της παράδοσης κι ελευθερωθεί εντελώς από την αρνητικότητα. Αν επιβιώσει η Γη, αυτή θα είναι η ενέργεια εκείνων που θα την κατοικούν.

Ο Ιησούς αναφέρθηκε σ' αυτή την ενέργεια όταν είπε την περίφημη προφητική του φράση στο Όρος των Ελαιών: "Μακάριοι οι πράοι· γιατί αυτοί θα κληρονομήσουν τη Γη". Είναι η σιωπηλή αλλά έντονη παρουσία αυτή που διαλύει τα ασυνείδητα πρότυπα του νου. Αυτά μπορεί να παραμείνουν ενεργά για λίγο, αλλά δε διοικούν πια τη ζωή σου. Οι εξωτερικές συνθήκες στις οποίες αντιστεκόσουν έχουν επίσης την τάση να αλλάζουν ή να διαλύονται γρήγορα μέσα από την παράδοση, που είναι ένας ισχυρός μεταμορφωτής καταστάσεων και ανθρώπων. Αν οι συνθήκες δεν αλλάξουν αμέσως, η αποδοχή του Τώρα εκ μέρους σου σου δίνει τη δυνατότητα να υψωθείς πάνω απ' αυτές. Έτσι κι αλλιώς, είσαι ελεύθερος.

Η ΠΑΡΑΔΟΣΗ ΣΤΙΣ ΠΡΟΣΩΠΙΚΕΣ ΣΧΕΣΕΙΣ

Τι γίνεται με τους ανθρώπους που θέλουν να με χρησιμοποιήσουν, να με χειραγωγήσουν ή να με ελέγξουν; Πρέπει να τους παραδοθώ;

Αυτοί οι άνθρωποι είναι ξεκομμένοι από την Ύπαρξη, κι έτσι προσπαθούν ασυνείδητα να πάρουν ενέργεια και δύναμη από σένα. Είναι αλήθεια ότι μόνο ένα μη συνειδητό άτομο προσπαθεί να χρησιμοποιήσει ή να χειραγωγήσει άλλους, αλλά είναι εξίσου αλήθεια ότι μόνο ένα μη συνειδητό άτομο *μπορεί* να χρησιμοποιηθεί και να χειραγωγηθεί. Αν αντιστέκεσαι ή μάχεσαι την ασυνείδητη συμπεριφορά στους άλλους, γίνεσαι και ο ίδιος μη συνειδητός.

Παράδοση, όμως, δε σημαίνει ότι επιτρέπεις στον εαυτό σου να χρησιμοποιείται από μη συνειδητούς ανθρώπους. Σε καμιά περίπτωση. Είναι απόλυτα δυνατόν να πεις σε κάποιον "όχι", ξεκάθαρα και σταθερά, ή να φύγεις από μια κατάσταση, και ταυτόχρονα να μην έχεις καμιά εσωτερική αντίσταση. Όταν λες "όχι" σε έναν άνθρωπο ή σε μια κατάσταση, άφησέ το αυτό να προέλθει όχι από αντίδραση αλλά από ενόραση, από μια ξεκάθαρη συνειδητοποίηση του τι είναι καλό ή όχι για σένα εκείνη τη στιγμή. Ας είναι ένα μη αντιδραστικό "όχι", ένα "όχι" υψηλής ποιότητας, ένα "όχι" απαλλαγμένο από κάθε αρνητικότητα, που δε δημιουργεί κι άλλο πόνο.

Αντιμετωπίζω στη δουλειά μου μια δυσάρεστη κατάσταση. Έχω προσπαθήσει να παραδοθώ σ' αυτήν, αλλά μου είναι αδύνατον. Συνεχώς μου βγαίνει μεγάλη αντίσταση.

Αν δεν μπορείς να παραδοθείς, ανάλαβε δράση αμέσως. Μίλα ή κάνε κάτι που θα φέρει κάποια αλλαγή στην κατάσταση – ή απομακρύνσου απ' αυτήν. Πάρε την ευθύνη της ζωής σου. Μη ρυπαίνεις την πανέμορφη, αστραφτερή σου εσωτερική Ύπαρξη και τη Γη με αρνητικότητα. Μη δίνεις στη δυστυχία και σε οποιαδήποτε μορφή της έναν τόπο κατοικίας μέσα σου.

Αν δεν μπορείς να κάνεις κάτι, αν, για παράδειγμα, βρίσκεσαι στη φυλακή, τότε σου μένουν δύο επιλογές: αντίσταση ή παράδοση. Δεσμά ή εσωτερική ελευθερία από τις εξωτερικές συνθήκες. Πόνος ή εσωτερική γαλήνη.

Χρειάζεται να ασκούμε τη μη αντίσταση και στην εξωτερική συμπεριφορά της ζωής μας, όπως τη μη αντίσταση στη βία, ή είναι κάτι που απλώς αφορά στην εσωτερική μας ζωή;

Αυτό που χρειάζεται να σε απασχολεί είναι μόνο η εσωτερική πλευρά. Αυτή είναι η πρωταρχική. Φυσικά, αυτό θα μεταμορφώσει επίσης και τον τρόπο που χειρίζεσαι την εξωτερική σου ζωή, τις σχέσεις σου κλπ.

Οι σχέσεις σου αλλάζουν βαθιά με την παράδοση. Αν δεν μπορείς ποτέ να δεχτείς αυτό που *υπάρχει*, είναι επόμενο ότι δεν μπορείς να δεχτείς κανέναν άνθρωπο όπως είναι. Κρίνεις, κατακρίνεις, κολλάς ετικέτες, απορρίπτεις ή επιχειρείς να αλλάξεις τους άλλους. Επιπλέον, αν κάνεις συνεχώς το Τώρα μέσο για κάποιο σκοπό στο μέλλον, τότε κάνεις επίσης και κάθε άνθρωπο που συναντάς ή με τον οποίο σχετίζεσαι μέσο για ένα σκοπό. Η σχέση ή ο άνθρωπος – έχει τότε δευτερεύουσα σημασία για σένα ή καμιά απολύτως.

Πρωταρχική σημασία έχει αυτό που μπορείς να πάρεις από τη σχέση, είτε πρόκειται για υλικό κέρδος, για αίσθηση δύναμης, για σωματική απόλαυση είτε για κάποια μορφή ικανοποίησης του εγώ.

Θα ήθελα να σου δείξω πώς μπορεί να λειτουργήσει η παράδοση στις σχέσεις. Όταν εμπλέκεσαι σε μια λογομαχία ή σε κάποια σύγκρουση με το σύντροφό σου ή με κάποιον κοντινό σου άνθρωπο, ξεκίνα παρατηρώντας πόσο αμυντικός γίνεσαι καθώς η θέση σου δέχεται επίθεση, ή νιώσε τη βία της δικής σου επιθετικότητας καθώς επιτίθεσαι στη θέση του άλλου. Παρατήρησε την προσκόλλησή σου στη δική σου άποψη, στη δική σου γνώμη. Νιώσε τη νοητική και τη συναισθηματική ενέργεια πίσω από την ανάγκη σου να έχεις δίκιο και να βγάλεις τον άλλον λάθος.

Αυτή είναι η ενέργεια του εγωικού νου. Την κάνεις συνειδητή αναγνωρίζοντάς τη, νιώθοντάς την όσο πληρέστερα μπορείς. Τότε, κάποια μέρα, στη μέση μιας λογομαχίας, θα συνειδητοποιήσεις ξαφνικά ότι έχεις επιλογή και μπορεί να αποφασίσεις να παραιτηθείς από την αντίδρασή σου – μόνο και μόνο για να δεις τι θα συμβεί. Παραδίνεσαι.

Δεν εννοώ να παραιτηθείς από την αντίδραση μόνο λεκτικά, λέγοντας "εντάξει, έχεις δίκιο", με μια έκφραση στο πρόσωπό σου που λέει "είμαι υπεράνω όλης αυτής της παιδιάστικης ασυνειδησίας". Αυτό δείχνει την αντίσταση σε ένα άλλο επίπεδο, με τον εγωικό νου ακόμα στα ηνία, να διεκδικεί την ανωτερότητά του. Μιλάω για παραίτηση από ολόκληρο το νοητικό–συναισθηματικό ενεργειακό πεδίο μέσα σου που μάχεται για εξουσία.

Το εγώ είναι πονηρό, κι έτσι πρέπει να επαγρυπνείς διαρκώς, να είσαι έντονα παρών και ολότελα ειλικρινής με τον εαυτό σου, για να δεις αν έχεις αληθινά εγκαταλείψει την ταύτισή σου με μια νοητική θέση κι αν έχεις ελευθερωθεί έτσι από το νου σου. Αν ξαφνικά νιώσεις πολύ ανάλαφρος, ξεκάθαρος και βαθιά γαλήνιος, αυτό είναι αλάθητο σημάδι ότι έχεις πραγματικά παραδοθεί. Παρατήρησε τότε τι συμβαίνει στη νοητική θέση του άλλου, καθώς δεν την ενεργοποιείς πια με την αντίστασή σου. Όταν η ταύτιση με νοητικές θέσεις έχει βγει από τη μέση, τότε αρχίζει η αληθινή επικοινωνία.

Τι έχεις να πεις για τη μη αντίσταση μπροστά στη βία, την επιθετικότητα και τα παρόμοια;

Μη αντίσταση δεν σημαίνει απαραίτητα απραξία. Το μόνο που σημαίνει είναι ότι η δράση γίνεται μη αντιδραστική. Θυμήσου τη βαθιά σοφία που διαποτίζει τις πολεμικές τέχνες της Ανατολής: μην αντιστέκεσαι στη βία του αντιπάλου. Για να νικήσεις, χρειάζεται να ενδώσεις.

Τώρα που το είπαμε αυτό, μπορώ να σου πω επίσης ότι το "να μην κάνεις τίποτε" όταν βρίσκεσαι σε κατάσταση έντονης παρουσίας έχει μια πολύ ισχυρή μεταμορφωτική και θεραπευτική δύναμη. Στον ταοϊσμό, υπάρχει ένας όρος που ονομάζεται *βου βέι*, που συνήθως μεταφράζεται ως "δραστηριότητα χωρίς δράση" ή "κάθομαι ήσυχα χωρίς να κάνω τίποτε".

Στην αρχαία Κίνα αυτό το θεωρούσαν ως ένα από τα ύψιστα επιτεύγματα, ως μία από τις ύψιστες αρετές. Είναι κάτι ριζικά διαφορετικό από την απραξία στη συνηθισμένη κατάσταση της συνειδητότητας, ή μάλλον της μη συνειδητότητας, που πηγάζει από το φόβο, την αδράνεια ή την αναποφασιστικότητα.

Το αληθινό "δεν κάνω τίποτε" προϋποθέτει εσωτερική μη αντίσταση και έντονη εγρήγορση.

Από την άλλη, αν χρειάζεται να δράσεις, δεν αντιδράς πια από τα εξαρτημένα αντανακλαστικά του νου σου, αλλά ανταποκρίνεσαι στην κατάσταση από τη συνειδητή σου παρουσία. Σ' αυτή την κατάσταση, ο νους σου είναι απελευθερωμένος από έννοιες, όπως και από την έννοια της μη βίας. Έτσι, ποιος μπορεί να προβλέψει τι θα κάνεις;

Το εγώ πιστεύει ότι η δύναμή σου βρίσκεται στην αντίστασή σου, ενώ, στην πραγματικότητα, η αντίσταση σε ξεκόβει από την Ύπαρξη, το μόνο μέρος αληθινής δύναμης. Η αντίσταση είναι αδυναμία και φόβος που μασκαρεύονται σε δύναμη. Αυτό που το εγώ βλέπει σαν αδυναμία είναι η Ύπαρξή σου, στην καθαρότητα, την αθωότητα και τη δύναμή της. Αυτό που βλέπει σαν δύναμη είναι αδυναμία. Έτσι, το εγώ λειτουργεί διαρκώς με την αντίσταση και παίζει κίβδηλους ρόλους για να καλύψει την "αδυναμία" σου, που στην πραγματικότητα είναι η δύναμή σου.

Μέχρι να υπάρξει παράδοση, αυτό το ασυνείδητο παίξιμο ρόλων αποτελεί ένα μεγάλο μέρος της ανθρώπινης αλληλεπίδρασης. Στην παράδοση, δε χρειάζεσαι πια τις άμυνες του εγώ και τις ψεύτικες μάσκες. Γίνεσαι πολύ απλός, πολύ αληθινός. "Αυτό είναι επικίνδυνο", λέει το εγώ. "Θα πληγωθείς. Θα γίνεις τρωτός". Αυτό που το εγώ δε γνωρίζει, φυσικά, είναι ότι μόνο μέσα από την παραίτηση από την αντίσταση, μόνο με το να γίνεις "τρωτός" μπορείς να ανακαλύψεις πόσο αληθινά και ουσιαστικά άτρωτος είσαι.

ΜΕΤΑΜΟΡΦΩΝΟΝΤΑΣ ΤΗΝ ΑΡΡΩΣΤΙΑ ΣΕ ΦΩΤΙΣΗ

Αν κάποιος είναι σοβαρά άρρωστος, αλλά δέχεται απόλυτα την κατάστασή του και παραδίνεται στην αρρώστια, τότε δεν παραιτείται από τη θέλησή του να ξαναγίνει καλά; Η αποφασιστικότητα να παλέψει την αρρώστια δεν υπάρχει πια, έτσι δεν είναι;

Η παράδοση είναι η εσωτερική αποδοχή αυτού που *υπάρχει* χωρίς επιφυλάξεις. Μιλάμε για τη *ζωή* σου – αυτή τη στιγμή – όχι για τις συνθήκες ή τις περιστάσεις τις ζωής σου, όχι για την κατάσταση της ζωής σου. Έχουμε ήδη μιλήσει γι' αυτό.

Σε ό,τι αφορά στην αρρώστια, αυτό σημαίνει το εξής: η αρρώστια είναι μέρος της κατάστασης της ζωής σου και επομένως έχει παρελθόν και μέλλον. Παρελθόν και μέλλον σχηματίζουν ένα αδιάσπαστο συνεχές, εκτός κι αν η λυτρωτική δύναμη του Τώρα δραστηριοποιηθεί με τη συνειδητή σου παρουσία. Όπως ξέρεις, κάτω από τις διάφορες συνθήκες που συνθέτουν την κατάσταση της ζωής σου, η οποία υπάρχει στο χρόνο, υπάρχει κάτι βαθύτερο, πιο ουσιαστικό: η Ζωή σου, ή ίδια σου η Ύπαρξη στο άχρονο Τώρα.

Αφού δεν υπάρχουν προβλήματα στο Τώρα, δεν υπάρχει ούτε και αρρώστια. Η πίστη σε μια ετικέτα που κολλάει κάποιος στην κατάστασή σου διατηρεί αυτή την κατάσταση στη θέση της, τη δυναμώνει και φτιάχνει μια φαινομενικά στερεή πραγματικότητα από μια προσωρινή έλλειψη ισορροπίας. Δεν της προσδίδει μόνο πραγματικότητα και υπόσταση, αλλά και μια συνέχεια στο χρόνο που δεν την είχε πριν.

Εστιάζοντας την προσοχή σου σε τούτη τη στιγμή και αποφεύγοντας να της δώσεις νοητικά ένα όνομα, η αρρώστια υποβιβάζεται σε έναν ή πολλούς από τους εξής παράγοντες: σε σωματικό πόνο, αδυναμία, δυσφορία ή αναπηρία. Σ' *αυτό* παραδίνεσαι – τώρα. Δεν παραδίνεσαι στην ιδέα της "αρρώστιας".

Επίτρεψε στην ταλαιπωρία να σε βάλει αναγκαστικά μέσα στην παρούσα στιγμή, σε μια κατάσταση έντονης συνειδητής παρουσίας. Χρησιμοποίησέ τη για τη φώτιση.

Η παράδοση δεν μεταμορφώνει αυτό που *υπάρχει*, τουλάχιστον όχι άμεσα. Η παράδοση μεταμορφώνει *εσένα*. Όταν μεταμορφώνεσαι *εσύ*, τότε μεταμορφώνεται ολόκληρος ο κόσμος σου, επειδή ο κόσμος δεν είναι παρά μια αντανάκλαση.

Αν κοίταζες τον εαυτό σου στον καθρέφτη και δε σου άρεσε αυτό που έβλεπες, θα ήταν τρελό να επιτεθείς στην εικόνα μέσα στον καθρέφτη. Αυτό ακριβώς κάνεις όταν βρίσκεσαι σε κατάσταση μη αποδοχής. Και, φυσικά, αν επιτεθείς στην εικόνα, η εικόνα σού ανταποδίδει την επίθεση. Αν δεχτείς την εικόνα, όποια κι αν είναι, αν γίνεις φιλικός απέναντί της, *δεν* μπορεί να μη γίνει φιλική μαζί σου. *Έτσι* αλλάζεις τον κόσμο.

Η αρρώστια δεν είναι το πρόβλημα. *Εσύ* είσαι το πρόβλημα – όσο έχει τον έλεγχο ο εγωικός νους. Όταν είσαι άρρωστος ή ανάπηρος, μη νιώθεις ότι έχεις αποτύχει με κάποιον τρόπο, μη νιώθεις ένοχος. Μην κατηγορείς τη ζωή ότι σου φέρεται άδικα, αλλά μην κατηγορείς ούτε τον εαυτό σου. Αν έχεις μια σοβαρή αρρώστια, χρησιμοποίησέ τη για φώτιση. Ό,τι κακό συμβαίνει στη ζωή σου – χρησιμοποίησέ το για φώτιση. Απόσυρε το χρόνο από την αρρώστια. Μην της δίνεις παρελθόν και μέλλον. Άφησέ τη να σε εξαναγκάσει να αποκτήσεις έντονη επίγνωση της παρούσας στιγμής – και δες τι θα συμβεί.

Γίνε αλχημιστής. Μεταστοιχείωσε το ευτελές μέταλλο σε χρυσάφι, τον πόνο σε συνειδητότητα, την καταστροφή σε φώτιση.

Είσαι σοβαρά άρρωστος και νιώθεις θυμωμένος γι' αυτά που μόλις είπα; Τότε αυτό είναι καθαρό σημάδι ότι η αρρώστια έχει γίνει μέρος του εαυτού σου και ότι τώρα προστατεύεις την ταυτότητά σου – καθώς και την αρρώστια. Η κατάσταση που έχει την ετικέτα με το όνομα "αρρώστια" δεν έχει καμιά σχέση με το ποιος αληθινά είσαι.

ΟΤΑΝ ΧΤΥΠΑΕΙ Η ΣΥΜΦΟΡΑ

Σε ό,τι αφορά τους περισσότερους ανθρώπους, που δεν είναι ακόμα συνειδητοί, μόνο μια κρίσιμη, οριακή κατάσταση έχει τη δυνατότητα να σπάσει το σκληρό κέλυφος του εγώ, να τους αναγκάσει να παραδοθούν και να μπουν έτσι στην αφυπνισμένη κατάσταση.

Μια οριακή κατάσταση εμφανίζεται όταν, μέσα από μια συμφορά, μια δραστική αναστάτωση, μια μεγάλη απώλεια ή έναν έντονο πόνο, ολόκληρος ο κόσμος σου συντρίβεται. Είναι μια συνάντηση με το θάνατο, είτε σωματικό είτε ψυχολογικό. Ο εγωικός νους, ο δημιουργός αυτού του κόσμου, καταρρέει. Από τις στάχτες του παλιού κόσμου μπορεί να γεννηθεί ένας καινούργιος.

Δεν υπάρχει εγγύηση, φυσικά, ότι ακόμα και μια οριακή κατάσταση θα το κάνει αυτό, αλλά το δυναμικό είναι πάντα εκεί. Η αντίσταση κάποιων ανθρώπων σ' αυτό που *υπάρχει* μπορεί ακόμα και να ενταθεί σε μια τέτοια κατάσταση, που γίνεται έτσι μια κάθοδος στην κόλαση. Σε άλλους, μπορεί να φέρει μερική μόνο παράδοση, αλλά ακόμα κι αυτό θα τους δώσει ένα βάθος και μια ηρεμία που δεν είχαν πριν. Κάποια κομμάτια από το κέλυφος του εγώ θα αποσπασθούν, κι αυτό θα επιτρέψει σε μικρές ποσότητες της ακτινοβολίας και της γαλήνης που βρίσκονται πέρα από το νου να περάσουν και να λάμψουν.

Οι οριακές καταστάσεις έχουν προκαλέσει πολλά θαύματα. Έχουν υπάρξει δολοφόνοι που περίμεναν την εκτέλεση στα κελιά των μελλοθανάτων, οι οποίοι, τις τελευταίες ώρες της ζωής τους, βίωσαν την κατάσταση του μη εγώ και τη βαθιά χαρά και γαλήνη που τη συνοδεύει. Η εσωτερική αντίσταση στην κατάσταση στην οποία βρέθηκαν έγινε τόσο έντονη, ώστε τους προκάλεσε αβάσταχτο πόνο. Δεν μπορούσαν να τρέξουν πουθενά ούτε να κάνουν τίποτε για να τον αποφύγουν, ούτε καν σ' ένα νοητικά προβαλλόμενο μέλλον. Έτσι, υποχρεώθηκαν να αποδεχτούν απόλυτα το αναπόφευκτο. Υποχρεώθηκαν να παραδοθούν. Με αυτό τον τρόπο, μπόρεσαν να μπουν σε μια κατάσταση θείας χάριτος με την οποία έρχεται η λύτρωση: να απελευθερωθούν απόλυτα από το παρελθόν.

Φυσικά, στην πραγματικότητα δεν είναι η οριακή κατάσταση που κάνει χώρο για το θαύμα της θείας χάριτος και της λύτρωσης, αλλά η πράξη της παράδοσης.

Έτσι, οποτεδήποτε έρχεται οποιοδήποτε είδος συμφοράς, ή κάτι πάει σοβαρά "άσχημα" — μια αρρώστια, μια αναπηρία, η απώλεια του σπιτιού ή της περιουσίας ή μιας κοινωνικά προσδιορισμένης ταυτότητας, η διάλυση μιας στενής σχέσης, ο πόνος ή ο θάνατος ενός αγαπημένου προσώπου ή ο δικός σου επικείμενος θάνατος γνώριζε ότι η συμφορά έχει κι άλλη μια πλευρά, ότι απέχεις μόνο ένα βήμα από κάτι απίστευτο: από μια πλήρη αλχημιστική μεταστοιχείωση του ευτελούς μετάλλου του πόνου και της συμφοράς σε χρυσάφι. Αυτό το ένα βήμα ονομάζεται παράδοση.

Δε θέλω να πω ότι θα γίνεις ευτυχισμένος σε μια τέτοια κατάσταση. Δε θα γίνεις. Όμως ο φόβος και ο πόνος θα μεταστοιχειωθούν σε εσωτερική γαλήνη και ηρεμία, που προέρχονται από πολύ βαθιά – από το ίδιο το Άδηλο. Είναι "η αταραξία του Θεού που υπερβαίνει κάθε κατανόηση". Σε σύγκριση μ' αυτήν, η ευτυχία είναι κάτι πολύ ρηχό. Με αυτή την ακτινοβόλα αταραξία έρχεται η συνειδητοποίηση – όχι στο επίπεδο του νου, αλλά στα βάθη της Ύπαρξής σου – ότι είσαι άφθαρτος, αθάνατος. Αυτό δεν είναι μια πεποίθηση. Είναι απόλυτη βεβαιότητα που δε χρειάζεται εξωτερικές ενδείξεις ή αποδείξεις από κάποια δευτερεύουσα πηγή.

Μεταμορφώνοντας τον πόνο σε γαλήνη

Διάβασα για κάποιο στωικό φιλόσοφο στην αρχαία Ελλάδα που όταν του είπαν ότι ο γιος του είχε σκοτωθεί σε κάποιο δυστύχημα, απάντησε: "Το γνώριζα ότι δεν ήταν αθάνατος". Είναι αυτό παράδοση; Αν είναι, τότε δεν τη θέλω. Υπάρχουν κάποιες καταστάσεις στις οποίες η παράδοση φαίνεται αφύσικη και απάνθρωπη.

Το να ξεκόβεσαι από τα συναισθήματά σου δεν είναι παράδοση. Όμως δεν ξέρουμε ποια ήταν η εσωτερική κατάσταση εκείνου του ανθρώπου όταν είπε αυτά τα λόγια. Σε ορισμένες ακραίες καταστάσεις, μπορεί και πάλι να είναι αδύνατον να δεχτείς το Τώρα. Όμως θα έχεις πάντα μια δεύτερη ευκαιρία για παράδοση.

Η πρώτη σου ευκαιρία είναι να παραδίνεις την κάθε στιγμή στην πραγματικότητα εκείνης της στιγμής. Γνωρίζοντας ότι αυτό που *υπάρχει* δεν μπορεί να "ξεγίνει" – επειδή ήδη *υπάρχει* – λες "ναι" σ' αυτό που *υπάρχει* ή δέχεσαι αυτό που δεν υπάρχει. Τότε κάνεις αυτό που χρειάζεται να κάνεις, οτιδήποτε είναι αυτο που απαιτεί η περίσταση. Αν παραμένεις σ' αυτή την κατάσταση της αποδοχής, τότε δε δημιουργείς άλλη αρνητικότητα, άλλο πόνο, άλλη δυστυχία. Ζεις σε μια κατάσταση μη αντίστασης, μια κατάσταση θείας χάριτος και ελαφράδας, απαλλαγμένος από τον αγώνα.

Όποτε δεν είσαι σε θέση να το κάνεις αυτό, όποτε χάνεις αυτή την ευκαιρία – είτε επειδή δεν έχεις αρκετή συνειδητή παρουσία για να εμποδίσεις την εμφάνιση κάποιου επαναλαμβανόμενου και ασυνείδητου προτύπου αντίστασης είτε επειδή η κατάσταση είναι τόσο ακραία ώστε να σου είναι εντελώς απαράδεκτη – τότε δημιουργείς κάποια μορφή πόνου. Μπορεί να φαίνεται ότι η κατάσταση δημιουργεί τον πόνο, αλλά τελικά δεν είναι έτσι – η αντίστασή σου τον δημιουργεί.

Να τώρα η δεύτερη ευκαιρία σου για παράδοση. Αν δεν μπορείς να δεχτείς αυτό που υπάρχει απέξω, τότε δέξου αυτό που υπάρχει *μέσα σου.* Αν δεν μπορείς να δεχτείς την εξωτερική κατάσταση, δέξου την εσωτερική κατάσταση. Αυτό σημαίνει: μην αντιστέκεσαι στον πόνο. Επίτρεψέ του να υπάρχει. Παραδόσου στο πένθος, στην απελπισία, στο φόβο, στη μοναξιά ή σε οποιαδήποτε μορφή παίρνει ο πόνος. Δες τον χωρίς να του δίνεις κάποιο όνομα νοητικά.

Αγκάλιασέ τον. Ύστερα, δες πώς το θαύμα της παράδοσης μετατοιχειώνει το βαθύ πόνο σε βαθιά γαλήνη. Αυτή είναι η σταύρωσή σου. Ας γίνει η ανάσταση και η ανάληψή σου.

Δεν καταλαβαίνω πώς μπορεί κάποιος να παραδοθεί στον πόνο. Όπως τόνισες κι εσύ ο ίδιος, ο πόνος είναι μη παράδοση. Πώς παραδίνεσαι στη μη παράδοση;

Ξέχνα για μια στιγμή την παράδοση. Όταν ο πόνος σου είναι βαθύς, τότε κάθε συζήτηση σχετικά με παράδοση σου φαίνεται μάταιη και χωρίς νόημα. Όταν ο πόνος σου είναι βαθύς, έχεις την έντονη παρόρμηση να ξεφύγεις απ' αυτόν κι όχι να του παραδοθείς. Δε θέλεις να νιώθεις αυτό που νιώθεις. Τι θα μπορούσε να είναι πιο φυσιολογικό;

Όμως δεν υπάρχει απόδραση, δεν υπάρχει διαφυγή. Υπάρχουν πολλές ψευδο-αποδράσεις – δουλειά, ποτό, ναρκωτικά, θυμός, προβολή, απώθηση και άλλα – αλλά δε σε απαλλάσσουν από τον πόνο. Ο πόνος δε μειώνεται σε ένταση όταν τον κάνεις ασυνείδητο.

Όταν αρνιέσαι το συναισθηματικό πόνο, τότε οτιδήποτε κάνεις ή σκέφτεσαι, καθώς και οι σχέσεις σου, μολύνονται απ' αυτόν. Είναι σαν να τον εκπέμπεις, όπως την ενέργεια που απορρέει από σένα, και οι άλλοι τον συλλαμβάνουν υποσυνείδητα. Αν είναι μη συνειδητοί, μπορεί ακόμα και να νιώσουν την παρόρμηση να σου επιτεθούν ή να σε πληγώσουν με κάποιον τρόπο, ή μπορεί να τους πληγώσεις εσύ με μια ασυνείδητη προβολή του πόνου σου.

Έλκεις και εκδηλώνεις οτιδήποτε αντιστοιχεί στην εσωτερική σου κατάσταση.

Όταν δεν υπάρχει διέξοδος, και πάλι υπάρχει *δίοδος*. Έτσι, μην αποστρέφεσαι τον πόνο. Αντιμετώπισέ τον. Νιώσε τον απόλυτα. *Νιώσε τον* – μην τον σκέφτεσαι! Έκφρασέ τον, αν χρειάζεται, αλλά μη δημιουργείς σενάρια γύρω απ' αυτόν στο νου σου. Δώσε όλη σου την προσοχή στο συναίσθημα, όχι στον άνθρωπο, το περιστατικό ή την κατάσταση που φαίνεται να τον έχει προκαλέσει. Μην αφήνεις το νου να χρησιμοποιήσει τον πόνο για να σου δημιουργήσει μια ταυτότητα θύματος απ' αυτόν.

Το να νιώθεις οίκτο για τον εαυτό σου και να λες την ιστορία σου σε άλλους σε κρατάει κολλημένο στον πόνο. Αφού είναι αδύνατον να απομακρυνθείς από το συναίσθημα, η μόνη πιθανότητα για αλλαγή είναι να μπεις μέσα του· διαφορετικά, τίποτε δε θα αλλάξει. Δώσε λοιπόν όλη σου την προσοχή σ' αυτό που αισθάνεσαι και απόφυγε να του δώσεις νοητικά ένα όνομα.

Καθώς μπαίνεις στο συναίσθημα, να είσαι σε έντονη εγρήγορση. Στην αρχή, μπορεί να σου φανεί σαν ένα ζοφερό και τρομαχτικό μέρος. Όταν έρχεται η παρόρμηση να το αποφύγεις, παρατήρησέ την, αλλά μην την ακολουθήσεις. Συνέχισε να κρατάς την προσοχή σου εστιασμένη στον πόνο, συνέχισε να νιώθεις τη θλίψη, το φόβο, τον τρόμο, τη μοναξιά, ό,τι κι αν είναι. Μείνε άγρυπνος, μείνε παρών – παρών με όλη σου την Ύπαρξη, με κάθε κύτταρο του σώματός σου. Έτσι, φέρνεις ένα φως μέσα σ' αυτό το σκοτάδι. Αυτή είναι η φλόγα της συνειδητότητάς σου.

Σ' αυτό το στάδιο, δε χρειάζεται πια να ασχολείσαι με την παράδοση. Έχει ήδη συμβεί. Πώς; Η πλήρης προσοχή είναι πλήρης αποδοχή, είναι παράδοση. Δίνοντας την πλήρη προσοχή σου, χρησιμοποιείς τη δύναμη του Τώρα, που είναι η δύναμη της παρουσίας σου.

Κανένας σπόρος αντίστασης δεν μπορεί να επιβιώσει σ' αυτήν. Η παρουσία αφαιρεί το χρόνο. Χωρίς χρόνο, ούτε ο πόνος ούτε η αρνητικότητα μπορούν να επιβιώσουν.

Η αποδοχή του πόνου είναι ένα ταξίδι μέσα στο θάνατο. Το να αντιμετωπίζεις το βαθύ πόνο, να του επιτρέπεις να υπάρχει, να στρέφεις την προσοχή σου μέσα του, σημαίνει να εισέρχεσαι συνειδητά στο θάνατο. Όταν έχεις βιώσει αυτόν το θάνατο, τότε συνειδητοποιείς ότι δεν υπάρχει θάνατος – και δεν υπάρχει τίποτε να φοβάσαι. Μόνο το εγώ πεθαίνει. Φαντάσου μια ακτίνα φωτός που έχει ξεχάσει ότι είναι αξεχώριστο μέρος του ήλιου και έχει την αυταπάτη να πιστεύει ότι πρέπει να πολεμήσει για να επιβιώσει, ότι πρέπει να δημιουργήσει και να γαντζωθεί σε μια ταυτότητα διαφορετική από αυτή του ήλιου. Δε θα ήταν απίστευτα λυτρωτικός ο θάνατος αυτής της πλάνης;

Θέλεις έναν εύκολο θάνατο; Θα προτιμούσες να πεθάνεις χωρίς πόνο, χωρίς αγωνία; Τότε πέθαινε ως προς το παρελθόν κάθε στιγμή, και άφηνε το φως της παρουσίας σου να διώχνει με τη λάμψη του το βαρύ, δεμένο με το χρόνο εαυτό που θεωρούσες ότι είσαι "εσύ".

Ο ΔΡΟΜΟΣ ΤΟΥ ΣΤΑΥΡΟΥ

Υπάρχουν πολλές περιγραφές ανθρώπων που λένε ότι βρήκαν το Θεό μέσα από το βαθύ τους πόνο. Υπάρχει και η χρι-

στιανική έκφραση "ο δρόμος του σταυρού", που υποθέτω ότι δηλώνει το ίδιο πράγμα.

Τίποτε άλλο δε μας απασχολεί εδώ.

Με τη στενή έννοια, δε βρήκαν το Θεό μέσα από τον πόνο τους, επειδή ο πόνος προϋποθέτει αντίσταση. Βρήκαν το Θεό μέσα από την παράδοση, μέσα από την ολοκληρωτική αποδοχή αυτού που *υπάρχει*, μέσα στο οποίο υποχρεώθηκαν να μπουν από τον έντονο πόνο τους. Θα πρέπει να έχουν συνειδητοποιήσει σε κάποιο επίπεδο ότι ο πόνος τους είχε δημιουργηθεί από τον εαυτό τους.

Πώς εξισώνεις την παράδοση με την εύρεση του Θεού;

Αφού η αντίσταση είναι αδιαχώριστη από το νου, η παραίτηση από την αντίσταση — η παράδοση — είναι το τέλος του νου ως αφέντη σου, του "τσαρλατάνου" που προσποιείται ότι είναι "εσύ", του ψεύτικου θεού. Κάθε κριτική και κάθε αρνητικότητα διαλύεται. Η σφαίρα της Ύπαρξης, που είχε συσκοτιστεί από το νου, ανοίγει και ακτινοβολεί. Ξαφνικά, μια μεγάλη ησυχία εμφανίζεται μέσα σου, μια απύθμενη αίσθηση γαλήνης. Και μέσα σ' αυτή τη γαλήνη, υπάρχει μεγάλη χαρά. Και μέσα σ' αυτή τη χαρά, υπάρχει αγάπη. Και στον εσώτατο πυρήνα, υπάρχει το ιερό, το απροσμέτρητο. Αυτό που δεν μπορεί να κατονομαστεί.

Δεν το ονομάζω "εύρεση του Θεού", επειδή πώς μπορείς να βρεις αυτό που δε χάθηκε ποτέ, την ίδια τη ζωή που είσαι; Η λέξη *Θεός* είναι περιοριστική, όχι μόνο εξαιτίας χιλιάδων ετών λαθεμένης αντίληψης και κακής χρήσης, αλλά και επειδή υπονοεί μια οντότητα διαφορετική από σένα. Ο Θεός είναι η ίδια η Ύπαρξη, όχι μία ύπαρξη.

Δεν μπορεί να υπάρξει εδώ σχέση υποκειμένου–αντικειμένου, δεν μπορεί να υπάρξει δυϊσμός, εσύ και ο Θεός. Η συνειδητοποίηση του Θεού είναι το πιο φυσικό πράγμα που υπάρχει. Το εκπληκτικό και ακατανόητο δεν είναι ότι μπορείς να αποκτήσεις συνείδηση του Θεού, αλλά ότι δεν έχεις συνείδηση του Θεού.

Ο δρόμος του σταυρού που ανέφερες είναι ο παλιός δρόμος προς τη φώτιση, και μέχρι πρόσφατα ήταν ο μόνος δρόμος. Όμως μην απορρίπτεις και μην υποτιμάς την αποτελεσματικότητά του. Εξακολουθεί να λειτουργεί.

Ο δρόμος του σταυρού είναι μια πλήρης αντιστροφή. Σημαίνει ότι το χειρότερο πράγμα στη ζωή σου, ο σταυρός σου, μετατρέπεται στο καλύτερο πράγμα που σου συνέβη ποτέ, υποχρεώνοντάς σε σε παράδοση, σε "θάνατο", υποχρεώνοντάς σε να γίνεις σαν Θεός.

Αυτή την εποχή, για τη μη συνειδητή πλειονότητα των ανθρώπων, ο δρόμος του σταυρού είναι ο μόνος δρόμος. Θα αφυπνιστούν μόνο μέσα από μεγαλύτερο πόνο και, πριν τη φώτιση, ως συλλογικό φαινόμενο, θα προηγηθούν τεράστιες αναταραχές. Αυτή η διαδικασία αντανακλά τη λειτουργία ορισμένων συμπαντικών νόμων που διέπουν την ανάπτυξη της συνειδητότητας, κι έτσι είχε προβλεφθεί από κάποιους προφήτες. Αυτό περιγράφεται, μεταξύ άλλων κειμένων, στην Αποκάλυψη, αν και είναι καλυμμένο με σκοτεινούς και μερικές φορές αδιαπέραστους συμβολισμούς.

Αυτός ο πόνος δεν επιβάλλεται από το Θεό, αλλά από τους ανθρώπους πάνω στον εαυτό τους και μεταξύ τους, καθώς και από ορισμένα αμυντικά μέτρα που η Γη, η οποία είναι ένας ζωντανός, νοήμων οργανισμός, θα πάρει για να προστατευτεί από την επίθεση της ανθρώπινης παραφροσύνης.

Ωστόσο, υπάρχουν άνθρωποι – και ο αριθμός τους ολοένα αυξάνεται – που η συνειδητότητά τους είναι αρκετά εξελιγμένη ώστε να μη χρειάζονται κι άλλο πόνο πριν την πραγμάτωση της φώτισης. Μπορεί να είσαι ένας απ' αυτούς.

Φώτιση μέσα από τον πόνο – ο δρόμος του σταυρού – σημαίνει ότι υποχρεώνεσαι να μπεις στο βασίλειο των ουρανών, τσιρίζοντας και κλωτσώντας! Τελικά παραδίνεσαι επειδή δεν μπορείς πια να αντέξεις τον πόνο, αλλά ο πόνος μπορεί να συνεχιστεί για πολύ καιρό μέχρι να συμβεί αυτό.

Συνειδητά επιλεγμένη φώτιση σημαίνει να εγκαταλείπεις την προσκόλλησή σου στο παρελθόν και στο μέλλον και να κάνεις το Τώρα κύριο εστιακό σημείο της ζωής σου. Σημαίνει να επιλέγεις να μένεις στην κατάσταση της παρουσίας μάλλον, παρά στο χρόνο. Σημαίνει να λες "ναι" σ' αυτό που *υπάρχει*. Τότε δε χρειάζεσαι πια τον πόνο. Πόσο περισσότερο χρόνο πιστεύεις ότι θα χρειαστείς πριν μπορέσεις να πεις "δε θα δημιουργήσω άλλο πόνο, άλλα βάσανα"; Πόσο περισσότερο πόνο χρειάζεσαι πριν μπορέσεις να κάνεις αυτή την επιλογή;

Αν νομίζεις ότι χρειάζεσαι περισσότερο χρόνο, τότε θα έχεις περισσότερο χρόνο – και περισσότερο πόνο. Ο χρόνος και ο πόνος είναι αδιαχώριστοι.

Η ΔΥΝΑΜΗ ΝΑ ΕΠΙΛΕΓΕΙΣ

Τι γίνεται με όλους αυτούς τους ανθρώπους που φαίνεται πως πραγματικά θέλουν να υποφέρουν; Έχω μια φίλη που ο σύντροφός της την κακομεταχειρίζεται σωματικά. Η προηγούμενη σχέση της ήταν παρόμοια. Γιατί επιλέγει τέτοιους άντρες και γιατί αρνείται να βγει από αυτή την κατάσταση τώρα; Γιατί τόσο πολλοί άνθρωποι επιλέγουν τον πόνο;

Ξέρω ότι η λέξη *επιλέγω* είναι ένας δημοφιλής όρος της Νέας Εποχής, αλλά δεν είναι απόλυτα ακριβής σ' αυτό το πλαίσιο. Είναι παραπλανητικό να λέμε ότι κάποιος άνθρωπος "επέλεξε" μια δυσλειτουργική σχέση ή οποιαδήποτε άλλη αρνητική κατάσταση στη ζωή του. Η επιλογή προϋποθέτει συνειδητότητα — υψηλό βαθμό συνειδητότητας. Χωρίς αυτή δεν έχεις επιλογή. Η επιλογή αρχίζει τη στιγμή που αποταυτίζεσαι από το νου και τα εξαρτημένα του πρότυπα, τη στιγμή που γίνεσαι παρών.

Μέχρι να φτάσεις σ' αυτό το σημείο, είσαι μη συνειδητός από πνευματική άποψη. Αυτό σημαίνει ότι εξαναγκάζεσαι να σκέφτεσαι, να αισθάνεσαι και να ενεργείς με ορισμένους τρόπους, σύμφωνα με την εκπαίδευση του νου σου. Γι' αυτό ο Ιησούς είπε: "Άφες αυτοίς, ου γαρ οίδασι τι ποιούσι".

Αυτό δεν σχετίζεται με τη νοημοσύνη, με τη συμβατική έννοια της λέξης. Έχω συναντήσει πολλούς εξαιρετικά ευφυείς και μορφωμένους ανθρώπους που ήταν επίσης εντελώς μη συνειδητοί, δηλαδή εντελώς ταυτισμένοι με το νου τους. Στην πραγματικότητα, αν η νοητική ανάπτυξη και η αυξημένη γνώση δεν εξισορροπούνται από μια αντίστοιχη ανάπτυξη σε συνειδητότητα, τότε το δυναμικό για δυστυχία και συμφορά είναι πολύ μεγάλο.

Η φίλη σου είναι κολλημένη σε μια σχέση με έναν άντρα που την κακομεταχειρίζεται, και δεν είναι η πρώτη φορά. Γιατί; Δεν έχει επιλογή. Ο νους, εξαρτημένος όπως είναι από το παρελθόν, επιδιώκει πάντα να αναδημιουργήσει αυτό που γνωρίζει και με το οποίο είναι εξοικειωμένος. Ακόμα κι αν είναι οδυνηρό, τουλάχιστον είναι οικείο. Ο νους εμμένει πάντα στο γνωστό. Το άγνωστο είναι επικίνδυνο, επειδή ο νους δεν έχει έλεγχο πάνω του. Γι' αυτό αντιπαθεί και αγνοεί την παρούσα στιγμή.

Η επίγνωση της παρούσας στιγμής δημιουργεί ένα κενό όχι μόνο στη ροή του νου, αλλά και στο συνεχές παρελθόν–μέλλον. Τίποτε αληθινά καινούργιο και δημιουργικό δεν μπορεί να μπει σ' αυτό τον κόσμο, παρά μόνο μέσα από αυτό το κενό, αυτόν τον καθαρό χώρο των άπειρων πιθανοτήτων.

Έτσι η φίλη σου, όντας ταυτισμένη με το νου της, μπορεί να αναδημιουργεί ένα πρότυπο που έμαθε στο παρελθόν, στο οποίο η οικειότητα και η κακοποίηση είναι άρρηκτα δεμένες. Ή μπορεί να υποδύεται ένα νοητικό πρότυπο που έμαθε στην παιδική της ηλικία, σύμφωνα με το οποίο είναι ανάξια και της αξίζει να τιμωρείται. Είναι επίσης δυνατόν να ζει ένα μεγάλο μέρος της ζωής της μέσα από το πονο-σώμα, που επιδιώκει πάντα περισσότερο πόνο για να μπορεί να τρέφεται.

Ο σύντροφός της έχει τα δικά του ασυνείδητα πρότυπα, που συμπληρώνουν τα δικά της. Φυσικά η κατάστασή της είναι δημιουργημένη από τον εαυτό, αλλά ποιος ή τι είναι ο εαυτός που δημιουργεί; Ένα νοητικό–συναισθηματικό πρότυπο από το παρελθόν, τίποτε περισσότερο. Γιατί να φτιάχνει έναν εαυτό απ' αυτό; Αν της πεις ότι έχει επιλέξει την κατάστασή της, τότε δυναμώνεις την ταύτισή της με το νου της.

Όμως, η φίλη σου είναι το νοητικό της πρότυπο; Είναι αυτό το πρότυπο ο εαυτός της; Η αληθινή της ταυτότητα αντλείται από το παρελθόν; Δείξε στη φίλη σου πώς να είναι η παρουσία που παρατηρεί πίσω από τις σκέψεις και τα συναισθήματά της. Πες της για το πονο–σώμα και πώς να ελευθερωθεί απ' αυτό. Δίδαξέ της την τέχνη της επίγνωσης του εσώτερου σώματος. Δείξε της το νόημα της παρουσίας. Μόλις μπορέσει να προσεγγίσει τη δύναμη του Τώρα και να ξεφύγει από το εξαρτημένο της παρελθόν, τότε *θα έχει* επιλογή.

Κανείς δεν *επιλέγει* τη δυσαρμονία, τη σύγκρουση, τον πόνο. Κανείς δεν επιλέγει την παραφροσύνη. Αυτά συμβαίνουν επειδή δεν υπάρχει αρκετή παρουσία μέσα σου για να διαλύσει το παρελθόν, δεν υπάρχει αρκετό φως για να σκορπίσει το σκοτάδι. Δεν είσαι ολοκληρωτικά εδώ. Δεν έχεις ξυπνήσει ακόμα εντελώς. Στο μεταξύ, ο εξαρτημένος νους διοικεί τη ζωή σου.

Παρόμοια, αν είσαι ένας από τους πολλούς ανθρώπους που έχουν πρόβλημα με τους γονείς τους, αν τρέφεις ακόμα μνησικακία για κάτι που έκαναν ή δεν έκαναν, τότε εξακολουθείς να πιστεύεις ότι είχαν επιλογή – ότι μπορούσαν να είχαν ενεργήσει διαφορετικά. Πάντα *φαίνεται* ότι οι άνθρωποι είχαν επιλογή, αλλά αυτό είναι μια ψευδαίσθηση. Όσο ο νους σου με τα εξαρτημένα του πρότυπα κυβερνάει τη ζωή σου, όσο *είσαι* ο νους σου, τι επιλογή έχεις; Καμιά. Δεν υπάρχεις καν.

Η κατάσταση της ταύτισης με το νου είναι σοβαρά δυσλειτουργική. Είναι μια μορφή παραφροσύνης. Όλοι σχεδόν υποφέρουν από αυτή την αρρώστια σε διαφορετικούς βαθμούς. Τη στιγμή που θα το αντιληφθείς αυτό, δεν μπορεί να υπάρχει πια μνησικακία. Πώς μπορείς να αγανακτείς με την αρρώστια κάποιου; Η μόνη κατάλληλη ανταπόκριση είναι η συμπόνια.

Αυτό επομένως σημαίνει ότι κανείς δεν είναι υπεύθυνος γι' αυτό που κάνει; Δε μ' αρέσει αυτή η ιδέα.

Όταν σε κυβερνάει ο νους σου, παρ΄ όλο που δεν έχεις επιλογή, εξακολουθείς να υφίστασαι τις συνέπειες της μη συνειδητότητας και δημιουργείς κι άλλο πόνο. Κουβαλάς το φορτίο του φόβου, της σύγκρουσης, των προβλημάτων και του πόνου. Τα βάσανα που δημιουργούνται έτσι σε αναγκάζουν τελικά να βγεις από τη μη συνειδητή κατάσταση.

Αυτό που λες για τις επιλογές ισχύει επίσης και για τη συγχώρηση υποθέτω. Χρειάζεται να είσαι απόλυτα συνειδητός και να παραδοθείς, πριν μπορέσεις να συγχωρήσεις.

Η "συγχώρηση" είναι ένας όρος που χρησιμοποιείται εδώ και 2.000 χρόνια, αλλά οι περισσότεροι άνθρωποι έχουν πολύ περιορισμένη αντίληψη για το τι σημαίνει. Δεν μπορείς να συγχωρήσεις πραγματικά τον εαυτό σου όσο αντλείς την αίσθηση του εαυτού σου από το παρελθόν. Μόνο μέσα από την πρόσβαση στη δύναμη του Τώρα, που είναι η δική σου δύναμη, μπορεί να υπάρξει αληθινή συγχώρηση. Αυτό καθιστά το παρελθόν ανίσχυρο, και συνειδητοποιείς βαθιά ότι τίποτε απ' όσα έκανες ή που σου έκαναν δεν μπορούν να αγγίξουν έστω και στο ελάχιστο την αστραφτερή ουσία τού ποιος είσαι. Όλη η έννοια της συγχώρησης γίνεται τότε περιττή.

Και πώς θα φτάσω σ' αυτό το σημείο της συνειδητοποίησης;

Όταν παραδοθείς σ' αυτό που *υπάρχει* κι έτσι γίνεις απόλυτα παρών, το παρελθόν παύει να έχει οποιαδήποτε δύναμη πάνω σου. Δεν το χρειάζεσαι πια. Η παρουσία είναι το κλειδί. Το Τώρα είναι το κλειδί.

Πώς θα ξέρω ότι έχω παραδοθεί;

Όταν δε θα χρειάζεται πια να κάνεις αυτή την ερώτηση.

Δεν κρίνω
Δεν κρατώ κακία
Δεν σκέφτομαι το παρελθόν
η το μέλλον.
Δεν αφήνω τις σκέψεις να
με καταβάλουν
Ζω το τώρα. Απολαμβάνω
το τώρα. Γνωρίζω τον Θεό.
Δεν απολαμβάνω τη μιζέρια

ΤΑ ΒΙΒΛΙΑ
ΠΟΥ ΑΛΛΑΖΟΥΝ ΤΗ ΖΩΗ ΜΑΣ

ΕΦΟΔΙΑ ΓΙΑ ΤΟ ΝΟΥ
ΤΗΝ ΚΑΡΔΙΑ ΚΑΙ ΤΟ ΣΩΜΑ

Οι εκδόσεις "Η ΔΥΝΑΜΙΚΗ ΤΗΣ ΕΠΙΤΥΧΙΑΣ"
ανοίγουν ένα παράθυρο
στον υπέροχο κόσμο της παγκόσμιας σκέψης,
της εσωτερικής δύναμης και της προσωπικής επιτυχίας.
Τα βιβλία μας είναι μια επιλογή
από τα μεγαλύτερα μπεστ σέλερ της παγκόσμιας βιβλιογραφίας
και από τους σημαντικότερους δασκάλους του καιρού μας.
Είναι πολύτιμα και εκπληκτικά αποτελεσματικά εργαλεία
για το νου, την καρδιά και το σώμα.

Προσοχή από το πονο-σώμα
Να δέχομαι τα πράγματα ως έχουν
Παράδοση στο Τώρα!

ΓΙΑ ΝΑ ΒΑΛΕΙΣ ΓΕΡΑ ΘΕΜΕΛΙΑ...

- *Η δυναμική της επιτυχίας*, του Αντώνη Καλογήρου
- *Έτσι πετυχαίνεις,* του Αντώνη Καλογήρου
- *Μεταμορφώστε τη ζωή σας*, της Louise L. Hay
- *Η δύναμη είναι μέσα σου*, της Louise L. Hay
- *Δημιούργησε το πεπρωμένο σου*, του Dr. Wayne W. Dyer

ΣΥΓΧΡΟΝΑ ΚΑΙ ΔΥΝΑΜΙΚΑ ΕΡΓΑΛΕΙΑ ΓΙΑ ΝΑ ΧΤΙΣΕΙΣ ΤΗ ΖΩΗ ΠΟΥ ΘΕΛΕΙΣ

- *Ευτυχώς, δεν είμαι τέλειος,* της Brené Brown
- *Όλα είναι καλά,* των Louise L. Hay & Mona Lisa Schulz
- *Γνώρισε τη δύναμη του νου σου*, της Anne Linden
- *Σκέψου σαν τον Αϊνστάιν*, του Scott Thorpe
- *Βρες χρόνο για τη ζωή σου*, της Cheryl Richardson
- *Αλάνθαστη στρατηγική για κάθε σου επιθυμία*, των Jack Canfield, Mark Victor Hansen, Les Hewitt
- *Σπάσε τα όριά σου*, του Juergen Hoeller
- *Τα βήματα της επιτυχίας,* του Anthony Robbins
- *Αυτό που υπάρχει... κι εσύ,* της Byron Katie
- *Για σένα, γυναίκα,* των Fran Hewitt & Les Hewitt

ΘΕΛΕΙΣ ΝΑ ΚΑΝΕΙΣ ΘΑΥΜΑΤΑ ΣΤΙΣ ΣΧΕΣΕΙΣ ΣΟΥ;

- *Ο άντρας που θέλουν οι γυναίκες*, του Elliott Katz
- *Θαύματα επικοινωνίας για ζευγάρια*, του Jonathan Robinson
- *Αντρική υπόθεση*, του David Deida
- *Πώς να ζεις τον έρωτα κάθε στιγμή, σ' όλη σου τη ζωή*, της Barbara De Angelis, Ph.D.
- *Μυστικά των αντρών που κάθε γυναίκα πρέπει να ξέρει*, της Barbara De Angelis, Ph.D.
- *Υπέροχοι τρόποι ν' αγαπήσεις ένα παιδί*, της Judi Ford
- *Όταν ο άντρας το βάζει στα πόδια*, του John Lee
- *Εφηβικοί έρωτες*, της Kimberly Kirberger

ΓΕΛΑΣΕ, ΑΠΟΛΑΥΣΕ, ΜΑΘΕ

- *Στροφή στην ευτυχία*, του Robert Holden
- *Πώς να γίνεις απόλυτα και ολοκληρωτικά αποτυχημένος, στη ζωή, στη δουλειά και στα πάντα*, του Steve McDermott
- *Οι σκύλοι καλά περνάνε, εμείς;* του Alan Cohen

ΘΕΛΕΙΣ ΝΑ ΦΕΡΕΙΣ ΤΗΝ ΕΠΙΤΥΧΙΑ ΚΑΙ ΤΗΝ ΑΦΘΟΝΙΑ ΣΤΗ ΖΩΗ ΣΟΥ;

- *Η καρδιά σου έχει δίκιο*, της Sonia Choquette
- *Το πέρασμα στην αφθονία*, του Arnold Patent
- *Γεννήθηκες για να πετύχεις*, του Colin Turner
- *Ο δρόμος της δικής σου ευτυχίας*, της Naomi Stephan, Ph.D.
- *Γυναικεία δύναμη*, της Louise L. Hay
- *Αν η ζωή είναι παιχνίδι... αυτοί είναι οι κανόνες του*, της Cherie Carter–Scott, Ph.D.
- *Ρούφηξε τη ζωή αντί να σε ρουφάει*, του Alan Cohen
- *Εκατομμυριούχος σε ένα λεπτό*, των Mark Victor Hansen, Robert G. Allen

ΟΤΑΝ ΦΙΛΟΣΟΦΕΙΣ, ΑΝΟΙΓΕΣΑΙ ΣΕ ΚΑΙΝΟΥΡΓΙΟΥΣ ΚΟΣΜΟΥΣ...

- *Συζήτηση με το Θεό, βιβλίο 1*, του Neale Donald Walsch
- *Συζήτηση με το Θεό, βιβλίο 2*, του Neale Donald Walsch
- *Συζήτηση με το Θεό, βιβλίο 3*, του Neale Donald Walsch
- *Θεϊκή φιλία*, του Neale Donald Walsch
- *Συζήτηση με το Θεό για το θάνατο*, του Neale Donald Walsch
- *Η σοφία των αιώνων*, του Dr. Wayne W. Dyer
- *Η δύναμη του Τώρα*, του Eckhart Tolle
- *Στάσου σαν βουνό, κύλα σαν νερό*, του Brian Luke Seaward, Ph.D.
- *Υπάρχει πάντα μια λύση*, του Dr. Wayne W. Dyer

ΟΤΑΝ ΦΑΝΤΑΖΕΣΑΙ... ΔΗΜΙΟΥΡΓΕΙΣ!

- *Έλκεις αυτό που δηλώνεις*, της Louise L. Hay
- *Κάνε τη φαντασία σου πραγματικότητα*, της Shakti Gawain
- *Είσαι σπουδαίος!* της Julia Hastings
- *Μπορείς να έχεις ό,τι θέλεις*, της Julia Hastings
- *Κάνε τη ζωή σου να λάμψει*, της Shakti Gawain

ΑΝ ΑΥΤΟ ΔΕΝ ΛΕΙΤΟΥΡΓΗΣΕΙ ΣΤΗ ΖΩΗ ΣΟΥ, ΤΙΠΟΤΕ ΑΛΛΟ ΔΕΝ ΕΧΕΙ ΣΗΜΑΣΙΑ!

- *Το μυστικό της ζωής*, με τους Louise Hay, Dr. Wayne W. Dyer κ.α.
- *Αγάπη, ένας δρόμος χωρίς φόβο*, του Dr. Jerald Jampolsky

ΠΟΛΥΤΙΜΕΣ ΣΤΑΓΟΝΕΣ ΣΟΦΙΑΣ...

- *Ο μικρός οδηγός της ευτυχίας*, του Dr. Wayne W. Dyer
- *Σημειώσεις για το ταξίδι της ψυχής*, του Hugh Prather
- *Μια βαθιά ανάσα ζωής*, του Alan Cohen
- *Οι δράκοι δε ζούνε πια εδώ*, του Alan Cohen
- *Ποιος είναι ο σκοπός σου;*, του Dan Millman
- *Άδραξε τη στιγμή*, της Barbara De Angelis, Ph.D.
- *Μαθήματα πλούτου από τον δισεκατομμυριούχο Γεν Τσου*, του Colin Turner
- *Πηγή δύναμης και σοφίας*, της Louise L. Hay
- *Ο Δρόμος του Μάγου*, του Deepak Chopra

ΜΙΑ ΑΛΗΘΙΝΗ ΙΣΤΟΡΙΑ...

- *Η υπόσχεση*, του Dr. Wayne W. Dyer
- *Τα σημάδια*, του Joel Rothschild

ΑΝΑΡΩΤΗΘΗΚΕΣ...

- *Μετά τη ζωή, τι;* της Sylvia Browne

ΕΝΑΣ ΑΛΛΟΣ ΤΡΟΠΟΣ ΔΙΕΥΡΥΝΣΗΣ...

- *Οι Ουράνιοι*, της Βασιλικής Μαρούδα
- *Το ταξίδι στη χώρα που δε βλέπουν τα μάτια...*, του Αντώνη Καλογήρου
- *Ένας "άγιος" άνθρωπος*, της Susan Trott
- *Καθημερινά θαύματα*, των Yitta Halberstam και Judith Leventhal
- *Ένα ευτυχές ατύχημα*, του Colin Turner

ΠΡΑΚΤΙΚΑ ΚΑΙ ΑΠΑΡΑΙΤΗΤΑ

- *Αύρα – έχει πολλά να σου αποκαλύψει για σένα και τους άλλους*, του Ted Andrews
- *Feng Shui: Άλλαξε το περιβάλλον σου, άλλαξε τη ζωή σου*, της Terah Kathryn Collins
- *Κάπνισμα STOP σε 1 ώρα*, της Susan Hepburn
- *Uri Geller's Αστερισμοί Ζωής*, του Uri Geller

ΚΑΙ ΓΙΑ ΤΟΥΣ ΜΠΟΜΠΙΡΕΣ...

- *Όσα βλέπω ...είμαι εγώ!* της Chara Curtis
- *Πες το με μια ιστορία*, του Arthur Rowshan
- *Το νησί της αρμονίας*, της Μαριβίτας Γραμματικάκη

ΕΚΔΟΣΕΙΣ
Η ΔΥΝΑΜΙΚΗ
ΤΗΣ ΕΠΙΤΥΧΙΑΣ

Πανόρμου 70-72, 115 23 Αθήνα
Τηλ: 210 6459500, Fax: 210 6471050
e-mail: info@apofasizo.gr
www.apofasizo.gr